Norman Bücher

Ich kann. Ich will.

NORMAN BÜCHER

ICH KANN. ICH WILL.

WIE DU DURCH SELBSTMOTIVATION DEINE ZIELE ERREICHST

GOLDEGG

Umschlagrechte: Danni Wiebelhaus, www.danniwiebelhaus.de
Rechte Autorenfoto: Adina Bitterlich

Der Verlag und seine Autor:innen sind für Reaktionen, Hinweise oder Meinungen dankbar. Bitte wenden Sie sich diesbezüglich an verlag@goldegg-verlag.com.

Der Goldegg Verlag achtet bei seinen Büchern und Magazinen auf nachhaltiges Produzieren. Goldegg-Bücher sind umweltfreundlich produziert und orientieren sich in Materialien, Herstellungsorten, Arbeitsbedingungen und Produktionsformen an den Bedürfnissen von Gesellschaft und Umwelt.

ISBN: 978-3-99060-359-8

Unter den Linden 21 • D-10117 Berlin
Telefon: +49 800 505 43 76-0

Goldegg Verlag GmbH, Österreich
Mommsengasse 4/2 • A-1040 Wien
Telefon: +43 1 505 43 76-0

E-Mail: office@goldegg-verlag.com
www.goldegg-verlag.com

Layout, Satz und Herstellung: Goldegg Verlag GmbH, Wien
Printed in the EU

Für Marla und Sabine.
Danke für eure Liebe.

Inhaltsverzeichnis

Einlaufen

Was haben ein Extremläufer, eine Führungskraft, ein Student, ein Landwirt und ein Künstler gemeinsam? Worin liegt die Schnittmenge zwischen dem Extremsport und dem »normalen« Berufs- und Alltagsleben? Was sind die entscheidenden Erfolgsfaktoren? Es spielt sich fast alles im Kopf ab. Genauer gesagt stellt unser Wille das berühmte Zünglein an der Waage für unseren Erfolg dar. Doch es gibt noch mehr Gemeinsamkeiten zwischen dem Extremsport und dem Alltags- und Berufsleben.

Du musst jetzt nicht gleich durch eine Wüste laufen oder ein ambitionierter Sportler sein. Wenn es um deinen eigenen Berufs- oder Alltagsmarathon geht, wie immer dieser ausschaut, gelten nämlich dieselben Gesetzmäßigkeiten und Erfolgsprinzipien. Ob du bei einem großen Kunden die entscheidende Verkaufspräsentation hältst, deine Mitarbeiter jeden Tag in einem bedeutsamen Projekt motivierst, kurz vor einer wichtigen Klausur stehst oder eine fünfköpfige Familie »managst«: Ausdauer, Zielsetzung, Selbstmanagement, mentale Stärke, Willenskraft und vor allem die eigene Motivation sind in allen Lebensbereichen wichtig. Auf dem Weg zum Ziel gehören Hindernisse, Rückschläge und schwierige Situationen dazu. Die Kunst besteht darin, in solchen Momenten nicht aufzugeben, sondern diese Krisensituationen zu meistern und beharrlich seinen Weg weiterzugehen. Ob im Sport, Beruf oder Alltag.

Ich bin bestimmt kein Spitzensportler, der mit Siegen, Rekorden und Bestzeiten auftrumpfen kann. Definitiv bin ich auch kein Profisportler, der mit seinem Sport seinen Lebensunterhalt bestreiten kann. Darum geht es mir gar nicht. Ich gewinne bei meinen Laufabenteuern auf eine andere Art und Weise: nämlich für mein eigenes Leben. Ich habe von meinem Sport sehr viel für mein gesamtes Leben gelernt.

Wie ich mit Rückschlägen umgehe, wie ich mich in kritischen Situationen wieder selbst motivieren kann oder wie ich mir richtige Ziele setze und diese umsetze.

Das sind alles Dinge, die ich genauso in anderen Lebensbereichen wie in meinem Beruf als Vortragsredner oder in meiner Rolle als Familienvater benötige. Meiner Meinung nach gibt es allgemeingültige Regeln und Grundsätze, die einem zum Erfolg verhelfen können. Und genau diese gemeinsamen Erfolgsprinzipien will ich dir näherbringen.

Ich möchte dir keine Weisheiten anbieten nach dem Motto »Der weiß doch eh alles besser«, sondern einfach von meinen Erfahrungen als Extremsportler erzählen und dir damit Impulse und neue Denkanstöße geben, wie auch du davon in deinem eigenen Leben profitieren kannst.

»Extrem«, das ist das, was häufig mit meinen sportlichen Abenteuern assoziiert wird. FÜR MICH BEDEUTET »EXTREM«, DASS MAN SEINE PERSÖNLICHE KOMFORTZONE VERLÄSST, SICH IN UNBEKANNTES TERRAIN WAGT UND AN SEINE INDIVIDUELLE GRENZE GEHT. Diese sieht bei jedem Menschen anders aus. Dabei muss es nicht immer um höher, schneller und weiter gehen. »Extrem« ist für mich ein relativer Begriff, denn ich traue vielen anderen Menschen ebenfalls solche sportlichen Leistungen zu, wie ich sie erbringe. Keine Angst, ich will aus dir keinen Extremsportler machen. Auch und gerade für Nichtsportler ist dieses Buch konzipiert.

Mir liegt es am Herzen, aufzuzeigen, dass der extreme Ausdauersport als Metapher und Erfolgsmodell herangezogen werden kann, von dem du für andere Lebensbereiche lernen und profitieren kannst.

DER EXTREMSPORT BEWEGT SICH VIEL NÄHER AM WIRKLICHEN LEBEN, ALS DU VIELLEICHT DENKST.

Ich verfüge nicht über magische Fähigkeiten und bin auch kein außergewöhnliches Talent, um solche Leistungen wie beispielsweise meinen Lauf durch die Atacamawüste zu vollbringen. 600 Kilometer durch die trockenste und höchstgelegene Wüste der Erde zu laufen, ist zwar für viele Menschen unvorstellbar, doch diese Leistung hat nichts mit übermenschlichen Fähigkeiten zu tun. Ich bin auch kein Motivationsguru nach dem Motto »Tsjakaa, du schaffst es«. Ich bin ein normaler Mensch wie du auch. Das, was ich geschafft habe, können viele andere auch, wenn sie gewisse Erfolgsprinzipien, Muster und Grundsätze beachten.

Viel Freude beim Lesen,
DEIN NORMAN

Am Start

Erfolg = 166 Kilometer + 9.400 Höhenmeter?

Es ist Freitag, 25. August 2007. Gut 2.300 Läufer aus aller Herren Länder haben sich auf dem Marktplatz in Chamonix, dem Zentrum des Alpinismus in Frankreich, versammelt. Es herrscht totaler Ausnahmezustand. Tausende Zuschauer sind zusammengekommen, um bei einem faszinierenden und besonderen Laufabenteuer hautnah dabei zu sein. Sie sorgen für eine regelrechte Volksfeststimmung. Mittendrin stehe ich. Eine mächtige Bergkulisse umgibt uns. Imposante Viertausender reihen sich aneinander und ein einzelner Berg sticht deutlich hervor: der Mont Blanc. Der Weiße Berg, der, frei von Wolken am tiefblauen Himmel, sämtliche Blicke auf sich zieht. Eine Aussicht, die mir schier den Atem raubt. Eine gewaltige Herausforderung liegt vor mir. Allein die nackten Zahlen rufen eine gehörige Portion Respekt in mir hervor: 166 Kilometer, 9.400 Höhenmeter und zehn schwere Bergpässe durch hochalpines Gelände gilt es nonstop zu bewältigen. Das Zeitlimit beträgt dabei nur 46 Stunden. In den nächsten gut 40 Stunden werde ich, bis auf wenige Ausnahmen, ohne Schlafpausen unterwegs sein. Drei Länder, Frankreich, Italien und die Schweiz, werden insgesamt durchlaufen. Ich befinde mich kurz vor dem Startschuss beim Ultra-

Trail Mont Blanc, einem der längsten und anspruchsvollsten Bergläufe der Welt. Monatelang habe ich mich sehr intensiv auf diesen Lauf vorbereitet, körperlich wie mental. Jetzt sind es nur noch ein paar Minuten bis zum Start. Der Platz füllt sich immer mehr mit Läufern und das Gedränge nimmt zu. Die letzten Minuten sind immer die schlimmsten. Die Zeit vergeht dabei nur unendlich langsam. Wie werden wohl die nächsten Stunden verlaufen? Stimmt die Wetterprognose und es bleibt trocken? Wie anspruchsvoll ist die Strecke wohl tatsächlich, geht es mir durch den Kopf. Gleichzeitig beschleicht mich eine Gänsehaut, wenn ich an das brutale Höhenprofil denke. Doch den anderen Läufern scheint es genauso zu gehen. Auch sie wirken angespannt, nervös und kribbelig. Die unterschiedlichsten Charaktere laufen hier mit. An der Mimik kann ich die Emotionen ablesen, die den Einzelnen bewegen: Begeisterung, Anspannung, Skepsis, Freude und Ungeduld. Links neben mir steht ein Läufer, der ungeduldig von einem Bein auf das andere hüpft. Sein rot-gelbes Kopftuch mit der Aufschrift »Cataluna« signalisiert mir, dass er aus Spanien kommt. Sein kleiner Rucksack, der mit zahlreichen Riegeln und Gels gefüllt ist, sitzt fest an seinem durchtrainierten Oberkörper, der von seinem hautengen, bunten Funktionsshirt bedeckt ist. An seinen muskulösen Oberarmen scheint jede einzelne Ader gleich durch die Haut zu kommen. Fast wie ein Stier, der mit seinen Hufen scharrt und gleich in die Arena darf, kommt er mir vor. Er trägt, wie viele Läufer hier, lange, schwarze Kompressionsstrümpfe, durch die die Muskulatur besser mit Sauerstoff versorgt wird. Während er ein paar Schlucke aus seiner Trinkblase zu sich nimmt, hält er mir seine Hand hin zum Einschlagen. »Good luck!« Rechts neben mir steht Klaus, ein guter Lauffreund von mir, und sehnt endlich den Startschuss herbei. »Wie geht's dir?«, fragt er mich. »Ausgezeichnet«, antworte ich ihm. »Ich muss aber jetzt loslaufen, sonst platzt mein Körper vor Anspannung.« Ich schaue wiederholt auf meine Laufuhr: noch fünf Minuten. Die Luft vibriert vor Anspannung! Der Veranstalter spricht noch ein paar Worte übers Mikrofon zu uns Läufern. Ich verstehe ihn nicht und es ist mir auch egal, was er sagt, denn ich will endlich starten. Zum wiederholten Mal zupfe ich an meinem Laufshirt. Sitzt alles richtig? Habe ich auch alles dabei? Schließlich erklingt Conquest of Paradise, die Hymne des Rennens. Damit ist allen klar: Gleich geht's los. Mein Herz schlägt schneller. Die Musik elektrisiert mich, jede Faser meines Körpers ist angespannt und auf dieses einzigartige Laufabenteuer programmiert. Es kribbelt in mir vom Kopf bis zur Fußspitze. »Ich will«, sage ich mir. »Ich will und werde diesen Lauf finishen. Ich bin bereit für diese extreme Herausforderung.« Um 18:30 Uhr ertönt endlich der Startschuss. Jetzt geht es los. Einmal um den Mont Blanc: 166 Kilometer und 9.400 Höhenmeter. Nonstop, innerhalb von 46 Stunden.

Von Chamonix führt zunächst ein sanfter Anstieg auf der rechten Seite des Arvetals nach Les Houches. In einem lockeren Laufschritt bewege ich mich vorwärts. »Mach langsam«, sage ich mir. Ein zu schnelles Loslaufen kann in Anbetracht der exorbitant langen Strecke fatale Folgen haben. Dicht an dicht geht es auf den ersten Kilometern zu. Doch diese ersten acht Kilometer auf weitgehend flachem Gelände sollen die letzten dieser Art gewesen sein. Schon sehr bald wird der erste von zehn langen und zermürbenden Anstiegen kommen. Ein Gefühl des Schauerns durchfährt meinen Körper bei diesem Gedanken. Wenig später bricht die Nacht herein. Alles um mich herum verändert sich. Die Wahrnehmung reduziert sich hauptsächlich auf den Schein der Stirnlampe. Ich kann nur noch ein paar Meter weit sehen. Jetzt geht das Rennen richtig los. Das Laufen bei Nacht wird auf den schmalen Gebirgspfaden zu einem echten Abenteuer.

Es ist mittlerweile weit nach Mitternacht und ich habe fast eine Marathondistanz zurückgelegt. Die nächste Herausforderung wartet auf mich: der Anstieg zum Col du Bonhomme. Das bedeutet 1.000 Höhenmeter – am Stück bergauf. Mit Blick auf den Boden und voll konzentriert, starte ich ganz langsam, Schritt für Schritt, diesen steilen Anstieg. Vor mir liegt ein schlammiger Pfad, übersät mit Geröll und rutschigen Felsen. Dieser schlängelt sich im Zickzackkurs steil nach oben. Bis zu 35 Prozent Steigung darf man bei diesem Rennen bewältigen. Der technische Anspruch ist beim Ultra-Trail Mont Blanc enorm. Links und rechts des Pfades ist es stockdunkel. Bei Nacht erhält das Rennen einen komplett anderen Charakter. Um mich herum ist es mystisch, unheimlich, geheimnisvoll. Mein Sichtfeld ist merklich eingeschränkt. Nur der schmale Schein meiner Stirnlampe gibt mir Orientierung. Ich sehe stellenweise nur noch ein paar Meter weit. Es herrscht eine eigenartige, faszinierende und auch gespenstische Atmosphäre. Wenn du bei Tageslicht läufst, kannst du die Umgebung in der Regel voll wahrnehmen. Du siehst, dass vor dir ein spitzer Stein liegt. Du siehst den holprigen und steilen Bergpfad. Bei Nacht ist dies alles nicht möglich. Ich hebe meinen Kopf und schaue nach vorn. »Was ist das denn, bitte? Sind das etwa schon die Sterne am Himmel?«, frage ich mich. »Doch warum bewegen sie sich?« Bei genauerer Betrachtung gefriert mir fast das Blut in den Adern. »Das sind die Stirnlampen der Läufer!« Wie Glühwürmchen, die sich den Berg hochschlängeln. Einerseits ist es faszinierend, andererseits lässt es mich erschauern, weil ich sehe, welche Strecke ich noch vor mir habe. Nach dem Schock gehe ich weiter und stoße mich mit meinen Trekkingstöcken vom Boden ab. Diese stellen eine enorme Erleichterung bei diesem Rennen dar. Fast jeder Läufer hat welche dabei. Tick, tack, tick, tack – in der Stille der Nacht hört man nur den Klang der Stöcke, die auf den nassen Felsen aufsetzen. Ansonsten ist es ruhig.

Auf einmal taucht im Schein meiner Stirnlampe ein Läufer auf, der am Wegesrand steht und nicht mehr weitergeht. Er hat seinen Oberkörper nach vorne gebeugt, mit seinen

Händen stützt er sich auf den Knien ab. Als ich mich ihm nähere, bemerke ich, dass er fix und fertig ist. Er keucht wie ein Stier und scheint sich erbrochen zu haben. Vor ihm sehe ich eine braune, widerlich riechende Flüssigkeit auf dem Boden. »Are you alright?«, frage ich ihn. Er schüttelt nur den Kopf und signalisiert mir, dass ich weitergehen soll. So grausam kann der Mont Blanc sein, und das nach nur einem Viertel des Rennens. Noch über 120 Kilometer liegen vor uns. Doch daran verschwende ich keinen Gedanken. Mein Fokus richtet sich immer nur auf den jeweils nächsten Schritt. Auf jeden einzelnen Felsen, den ich passiere. Ich bin nur im Hier und Jetzt. DU BEKOMMST HIER BEI NACHT FAST AUTOMATISCH EINEN TUNNELBLICK UND SIEHST NUR EINEN WINZIGEN AUSSCHNITT AUS DIESER GEWALTIGEN BERGWELT. Alles andere ist in diesem Moment ausgeblendet. Meter für Meter steige ich hinauf und die Luft wird immer kälter. Jeder Atemzug erzeugt eine weiße Wolke, die schnell wieder in der pechschwarzen Nacht verschwindet. Ich fühle mich wie eine langsame, schwere Dampflok, die sich den Berg hinaufquält. Über Felsen, Geröll und Schotter bewege ich mich weiter vorwärts. Weiter oben kann ich leise einzelne Stimmen wahrnehmen. »Ist das endlich der Gipfel?« Dann, nach der letzten steilen Kurve, habe ich es geschafft und stehe auf dem Croix du Bonhomme, »dem Kreuz des guten Mannes«, auf 2.479 Metern.

Nach einem kurzen Augenblick des Rastens folgt für mich einer der anspruchsvollsten Streckenabschnitte des gesamten Rennens: der Abstieg nach Les Chapieux. Knapp 1.000 Meter auf nur 5,9 Kilometern geht es sehr steil bergab! Kantige Felsen, matschige Pfade, feuchte Wiesenabschnitte und immer wieder tückische Schluchten machen diesen Abstieg äußerst anspruchsvoll. Die Anstiege beim Ultra-Trail Mont Blanc sind schon heftig und verlangen einem wirklich alles ab, doch dieser Lauf wird definitiv bergab entschieden. Jeder Schritt bestimmt über deine Gesundheit.

Mach einen falschen und das Rennen kann vorbei sein. Ich muss bei jedem Schritt genau wissen, wo ich meinen Fuß als Nächstes hinsetze. Der Untergrund ist rutschig und schlammig, immer wieder muss ich über Felsen steigen. 100 Prozent Aufmerksamkeit sind hier angesagt. »Konzentriere dich!«, sage ich mir immer wieder. Plötzlich funkelt etwas Goldfarbenes im Schein meiner Stirnlampe. Ein Läufer liegt vor mir am Wegesrand, eingehüllt in seine Überlebensdecke, mit schmerzverzerrtem Gesicht kämpft er mit sich und seinen Emotionen. Tränen kullern ihm über die Wangen. Für ihn scheint das Rennen nach nicht einmal einem Drittel der Strecke beendet. Weiter unten sehe ich eine kleine Lichtquelle. Ist das etwa die Verpflegungsstation? Nur langsam komme ich dieser näher. Über steile und rutschige Wiesen geht es bergab. Ein Weg ist fast nicht mehr auszumachen. Im Winter dient dieser Untergrund als Skipiste, an diesem August-Wochenende dürfen wir Läufer den Abhang hinunterpreschen. Was für ein Mörderabstieg! Die Lichtquelle unten im Tal wird immer größer und ich nehme auch leise Musikgeräusche wahr. Mit jedem gelaufenen Meter werden sie lauter. Die Klänge von »Satisfaction« der Stones dröhnen mir entgegen. In mir steigt ein Gefühl der Wärme und Sicherheit auf. »Bald bist du unten«, sage ich mir. »Ist es nicht geil, hier in der pechschwarzen Nacht inmitten der mächtigen Bergwelt die Rolling Stones zu hören?«, denke ich. Der Rhythmus beflügelt mich und im lockeren Laufschritt erreiche ich schließlich den Verpflegungspunkt in Les Chapieux. 50 Kilometer habe ich bereits zurückgelegt. Meine Uhr zeigt 4:45 Uhr. Ich bin schon seit über zehn Stunden nonstop unterwegs und begebe mich gleich ins große und warme Zelt. Mein Magen schreit nach etwas Essbarem, in den letzten Stunden habe ich mich ausschließlich von Riegeln und Gels ernährt. Das ist bei diesem Lauf definitiv zu wenig, denn hier hast du einen ganz anderen Energiebedarf: das Acht- bis Zehnfache eines normalen Marathonlaufs. Der köstliche Geruch von

Nudelsuppe steigt mir in die Nase. Ich esse gleich zwei Teller davon, bevor ich mir noch ein gut belegtes Käsebrot in den Mund schiebe. »Ah, was für eine Wohltat!« Die Verpflegung ist beim Ultra-Trail Mont Blanc wirklich ausgezeichnet und reichhaltig. Von Brot, Obst, diversen Riegeln, Schokolade, Keksen, verschiedenen Wurst- und Käsesorten, Suppe und Nudeln gibt es fast alles, was das Läuferherz begehrt. Und das im Abstand von 15 Kilometern. Die sehr angenehmen Temperaturen, die Musik und die fantastische Atmosphäre im Zelt laden zu einem längeren Verweilen ein. Doch wenn man es sich hier erst einmal bequem gemacht hat, fällt es einem umso schwerer, wieder weiterzulaufen. »Ich will weiter«, sage ich mir und verlasse das Zelt.

Fünf Stunden später genieße ich einen der besten Ausblicke auf das gewaltige Mont-Blanc-Massiv. Ich befinde mich auf dem Gipfel des Col de la Seigne, 2.516 Meter über dem Meeresspiegel. Die ersten Sonnenstrahlen kitzeln meine Haut. Die Kälte der Nacht und die Finsternis sind damit überstanden, und ich habe die Gewissheit, einen weiteren schwierigen Streckenabschnitt erfolgreich bewältigt zu haben. Ich bleibe stehen, schnaufe noch ein paar Mal kräftig durch und warte, bis sich mein Atem ein wenig beruhigt hat. Weitere 1.000 Höhenmeter Aufstieg liegen hinter mir. Doch die Aussicht hier oben entschädigt für die Strapazen. Wohin ich auch blicke: Berge, Berge und nochmals Berge! Ich lasse meinen Blick weiterschweifen: schneebedeckte Gipfel, saftig grüne Wiesen und imposante Gletscher. Keine einzige Wolke bedeckt den tiefblauen Himmel und ich kann kilometerweit sehen. Was für ein Genuss! Die Sonne taucht die Berge ringsum in ein warmes Orange, der majestätische Mont Blanc leuchtet fast rot in diesem Morgenlicht. Sieben Täler, 71 Gletscher und 400 Gipfel – das ist das Faszinierende am Mont-Blanc-Massiv. Hier wechseln sich Fels, Wasser, Eis und Licht ständig ab. Gerade dieses Gefangensein in der mächtigen Natur stellt für mich einen wesentlichen Beweggrund zur Teilnahme an diesem Lauf dar. In der letzten Stunde des Aufstiegs ist mir jeder Schritt unheimlich schwergefallen, doch jetzt scheint alles wie weggeblasen. Ich spüre eine absolute Reinheit in mir. Die klare, saubere Luft, die in meine Lungen strömt. Ich sauge diesen Moment in mich auf. Alles andere um mich herum nehme ich in diesem Augenblick nicht mehr wahr. Ich lächle und Glücksgefühle durchströmen meinen Körper. »Ist es nicht ein absolutes Privileg, hier in dieser traumhaften Landschaft laufen zu dürfen?«

Von der eisigen Kälte, die nachts hier oben herrscht, ist fast nichts mehr zu spüren. Die Temperaturunterschiede im Hochgebirge können enorm sein. Von zweistelligen Minusgraden in der Nacht bis zu 30 Grad am Tag musst du als Läufer bei diesem Rennen auf alles gefasst sein. Das bedeutet natürlich, dass du von der persönlichen Ausrüstung her sehr gut vorbereitet sein musst. Warme Kleidung ist, speziell bei Nacht, extrem wichtig und schützt den Körper vor dem Auskühlen. Doch am Gipfel des Col de la Seigne ziehe ich meine Mütze und Handschuhe aus, bleibe für ein paar Sekunden stehen, genieße noch einmal den fantastischen Rundblick, nehme einen Riegel zu mir und mache mich danach an den Abstieg.

»Bald hast du die Hälfte des Rennens geschafft«, motiviere ich mich. Diesem Streckenabschnitt, bei Kilometer 83, fiebere ich entgegen. Er bildet für mich einen der wichtigsten Punkte des gesamten Laufs. Gedanklich strukturiere ich mir immer die gesamte Strecke in kleine Abschnitte. Das hilft mir ungemein, gerade wenn ich mich in einer Tiefphase befinde. 166 Kilometer am Stück sind für mich unvorstellbar, aber beispielsweise zwölf Kilometer sind überschaubar. Es wird immer wärmer, die Sonne steht fast senkrecht über mir und der Pfad bietet kaum schattenspendende Bäume. 30 Grad in der Sonne – ich fühle mich wie in einem Backofen. »Wann kommt der nächste Verpflegungspunkt?«, geht es mir immer wieder durch den Kopf. Am Wegesrand sehe ich einen Läufer, der sich an einem Felsen festklammert und sich ausruht. Sein aschfahles Gesicht und seine dunklen Augenränder sprechen Bände.

Ich fühle mich wie bei einer Achterbahnfahrt: Hochs und Tiefs wechseln sich permanent ab. Nachdem ich die letzten Stunden auf italienischer Seite gelaufen bin, betrete ich nun Schweizer Terrain. Über 100 Kilometer liegen hinter mir. Seit dem Start gestern Abend in Chamonix sind bereits 26 Stunden vergangen. Langsam wird es wieder dunkel und die zweite Nacht bricht herein. Ich werde auf einmal hundemüde. »Quäl dich, du Sau«, sage ich mir immer wieder. Die lange Dauer des Rennens und das damit verbundene Laufen durch zwei Nächte stellen einen großen Härtefaktor dar. Insbesondere in der zweiten Nacht, nach mittlerweile fast 30 Stunden durchgehend laufen, ist es außerordentlich schwer, gegen die Müdigkeit und die Finsternis anzukämpfen. Ich schlafe teilweise während des Laufens fast ein. »Verdammte Scheiße, bleib konzentriert«, sage ich mir laut. Ich schlage mir mit meinen Händen auf die Brust – wie ein wildgewordener Gorilla – und reiße meine müden Augen so weit wie möglich auf. Ich will mit aller Kraft wach bleiben und den nächsten Checkpoint erreichen.

IN SOLCH EINEM MOMENT ENTSCHEIDET NUR NOCH DIE MENTALE STÄRKE. WILLST DU DIE MÜDIGKEIT BESIEGEN? ODER BESIEGT SIE DICH?

Die Versuchung ist groß, sich an einer der komfortablen Verpflegungsstationen entlang der Strecke niederzulassen und für ein paar Stunden zu schlafen. In meiner Vorstellung taucht ein großes, weiches Bett auf, zarte Hände massieren meine geschundenen Beine, genüsslich trinke ich von meiner heißen Schokolade ... Das stellt leider nur mein Wunschdenken dar, die Realität sieht anders aus: kalt, dunkel, ungemütlich. Meine Augenlider werden immer schwerer, nicht einmal ein Streichholz würde mehr dazwischen passen. Den anderen Läufern geht es genauso. Mit ihren dunklen Augenringen und einem starren Gesichtsausdruck bewegen sie sich ganz langsam voran – fast wie Gespenster. Mit größter Müdigkeit schleppe ich mich zum Verpflegungspunkt Champex-Lac im Schweizer Wallis. 122 Kilometer, 6.000 Höhenmeter und gut drei Viertel des Rennens liegen jetzt hinter mir. Mir ist bewusst, dass ich meinem Körper sehr viel abverlange. Ich kenne aber auch meine Möglichkeiten und meine Grenzen. Ich weiß aus jahrelanger Erfahrung, wann es zu viel ist und wann ich meinem Körper eine Pause gönnen muss. Was sich an dieser Stelle für den Außenstehenden als abnormal und völlig ungesund anhört, ist für mich also durchaus kalkulierbar. »Nur« noch ein Marathon mit 3.000 Höhenmetern liegt vor mir, denke ich. Wenn du schon über 120 Kilometer in diesem Terrain in den Beinen hast, kommt dir der Marathon im Vergleich dazu als nicht mehr so ehrfurchtgebietend vor. Wenn du es als Läufer bis Champex innerhalb des Zeitlimits geschafft hast, dann steigen die Chancen, das Ziel in Chamonix zu erreichen.

Es ist kurz nach Mitternacht. Ich habe über drei Stunden Puffer auf das Zeitlimit. Verschiedene Gedanken schießen mir durch den Kopf. »Wie verlaufen wohl die nächsten Stunden? Komme ich gesund und verletzungsfrei durch die Nacht? Es liegt nur noch ein Marathon vor dir«, sage ich mir immer wieder. Ich bewege mich körperlich wie mental nahe am Limit. Die Verlockung ist groß, sich im warmen

Zelt einfach hinzulegen und für ein paar Stunden zu schlafen. Mein Körper schreit nach einem Bett, doch meine Willenskraft sehnt den Zieleinlauf herbei und sagt mir: »Auf, weiter geht's!«

Plötzlich finde ich mich auf meinem Allerwertesten wieder. »Bleib konzentriert«, sage ich mir. Eine kleine Unachtsamkeit hat mich wegrutschen lassen. »In ein paar Stunden wirst du im Ziel sein«, bestärke ich mich. Kurz vor dem Ziel eines so langen Laufes verletzungsbedingt auszuscheiden, ist besonders ärgerlich. Da hast du dich ein Jahr lang vorbereitet, hast sehr viel Zeit und Energie in das Projekt »Ultra-Trail Mont Blanc« investiert und nur ein kurzer Augenblick der Unachtsamkeit kann alles zunichtemachen. Auch das ist Teil des Langstreckenlaufens. Vor mir erblicke ich einen Läufer, der sich nur noch humpelnd vorwärtsbewegt. Mit seinem rechten Fuß kann er fast nicht mehr auftreten, bei jedem Schritt verzieht er sein Gesicht vor Schmerzen. »Wenn es sein muss, krabble ich auf allen Vieren über die Ziellinie«, gibt er mir in seinem akzentfreien Englisch zu verstehen. Die letzten Kilometer ziehen sich noch einmal gewaltig, Minuten kommen mir wie Stunden vor. Alle Gedanken fokussiere ich nur noch auf meinen Zieleinlauf. Ich will unbedingt durch die Ziellinie in Chamonix laufen.

Dann habe ich nur noch zwei Kilometer bis zum Ziel. Ich lasse das Ortsschild von Chamonix hinter mir. Überall stehen Menschen, die mich anfeuern und meinen Namen rufen. Allez! Allez! Glücksgefühle durchströmen meinen ganzen Körper, jeder Meter ist jetzt ein einziger Genuss zu laufen. Dann die allerletzten Meter. Nach 42 Stunden und 30 Minuten stoppe ich meine Uhr. Ich habe es geschafft. Mit Worten kann ich nicht beschreiben, was in mir vorgeht. Tränen laufen mir über die Wangen. Ich bin endlich im Ziel. Damit geht für mich ein großer Traum in Erfüllung.

WAS BEDEUTET FÜR DICH ERFOLG?

Dieser Lauf hat sehr vieles in meinem Leben zum Positiven verändert. Als ich vor Jahren zum ersten Mal von diesem Rennen hörte, konnte ich mir die Dimensionen zunächst überhaupt nicht vorstellen. Ich weiß noch gut, wie ich einem Freund sagte, dass so etwas für mich niemals infrage kommt. Das sei einfach eine Nummer zu groß für mich. Doch nachdem ich mich sehr intensiv mit diesem Lauf beschäftigt hatte, über Monate und Jahre, änderte sich mein Vorstellungsvermögen. Dazu kamen Tausende von Trainingskilometern und viele Wettkämpfe, durch die für mich dieser große Lauf Schritt für Schritt möglich schien. Ich wollte dieses Rennen unbedingt laufen. Und nicht nur laufen, sondern auch finishen. Deshalb investierte ich sehr viel Zeit und Energie in die Vorbereitung. Nun hatte ich es tatsächlich geschafft. Ich fühlte mich wie im siebten Himmel. Es war ein Sieg für mich. Ein toller Erfolg. Okay, 1.135 Läufer liefen vor mir über die Ziellinie, doch diese Tatsache interessierte mich überhaupt nicht. Sie war für mich genauso unwichtig wie die Information, dass nur gut die Hälfte der gestarteten Läufer überhaupt die Ziellinie erreichte. Ich hatte es geschafft, mein eigenes, großes Ziel zu erreichen. Und das bedeutet für mich Erfolg.

Für mich als Extremsportler sind nicht Bestzeiten, irgendwelche Platzierungen oder Rekorde entscheidend. Ich habe, außer einem Fünf-Kilometer-Volkslauf als Jugendlicher, noch keinen einzigen Wettkampf gewonnen. Das stört mich nicht, solange ich meine persönlich gesteckten Ziele erreichen kann. Nicht die Wettkämpfe sind für mich entscheidend, nicht auf das Sammeln von Marathonläufen kommt es mir an und nicht irgendwelche Medaillen und Pokale motivieren mich. Für mich stehen die persönlichen Erfahrungen bei meinen Läufen im Vordergrund. Die sehr intensiven Lebensmomente bei meinen Abenteuern, sich an seine persönlichen Grenzen heranzuwagen und diese zu überwinden. Diese Erfahrungen und Eindrücke sind in meinen Augen viel mehr wert als irgendeine Zeit in Minuten und Sekunden.

So sieht es in meiner Welt, in der Welt eines Extremsportlers, aus. Wie schaut es bei dir aus? Was bedeutet für dich Erfolg? Wir stehen heute, bewusst oder unbewusst, ständig im Wettbewerb. Immer höher, schneller, weiter und besser als der andere zu sein, lautet scheinbar das Motto. In der heutigen, westlichen Gesellschaft kommt es fast immer nur darauf an, erfolgreich zu sein. Erfolgreich im Job, erfolgreich als Vater oder Mutter, erfolgreich in den Hobbys. Und vor allem erfolgreich*er*. Erfolgreicher als der Nachbar, erfolgreicher als der Kollege, erfolgreicher als der Freund oder die Freundin. Wir sind oft im Vergleich.

Und ehrlich gesagt: Wer möchte nicht erfolgreich sein? Wer möchte keinen Erfolg haben? Doch was bedeutet Erfolg? Wie definierst du Erfolg? Der Beste zu sein, wie es besonders von den Medien häufig suggeriert wird? Die Nummer eins auf seinem Gebiet zu sein? Zur absoluten Weltspitze zu gehören? Sicher ist es bewundernswert, wenn jemand es schafft, in seinem Bereich die Nummer eins zu sein. Wenn jemand Rekorde aufstellt, Medaillen gewinnt und Bestzeiten erzielt. Meine Hochachtung vor solchen Leistungen. DOCH FÜR WIE VIELE MENSCHEN GEHT ES WIRKLICH DARUM, DIE NUMMER EINS ZU SEIN UND ZUR ABSOLUTEN SPITZE IN IHREM BEREICH ZU ZÄHLEN? Ich definiere Erfolg anders.

Meine persönliche Definition von Erfolg lautet: ERFOLG IST DAS, WAS FOLGT, WENN DU DIR SELBST FOLGST. Lass den Satz einen Moment auf dich wirken.

Der dänische Philosoph Søren Kierkegaard drückte es wie folgt aus: »Das Vergleichen ist das Ende des Glücks und der Anfang der Unzufriedenheit.«

Wie viele Menschen orientieren sich an Topmodels, Profisportlern oder Hollywoodschauspielern? An anderen, scheinbar erfolgreicheren Menschen? Ein Vorbild zu haben, inspiriert und gibt Orientierung. Doch wenn du ständig den Erfolg anderer Menschen zum eigenen Maßstab nimmst, kann der Schuss sehr schnell nach hinten losgehen. Unglücklichsein, Demotivation und Depression sind häufig die Folge. In dieser Hinsicht kann ich als gutes Beispiel dienen, denn ich bin kein Spitzensportler, kein Profiathlet und habe bis auf eine Ausnahme noch keinen Lauf-Wettbewerb gewonnen. Doch ich gewinne trotzdem, eben auf meine Art und Weise.

Erfolg ist also immer subjektiv und eine Frage der Betrachtungsweise. Vor Kurzem besuchte ich ein Klassentreffen meiner alten Schule. Dort habe ich vor 28 Jahren meine Mittlere Reife gemacht. Es war sehr interessant, die Mitschüler:innen nach so langer Zeit wiederzusehen. Ich traf dort auch einen meiner damaligen Sitznachbarn wieder. Wir führten eine lange und sehr intensive Unterhaltung. Er erzählte mir, dass er immer noch in seinem Dorf wohnt und dass er immer noch beim selben Verein Fußball spielt. Nach der Schule ging er gleich zum Finanzamt, wo er bis heute tätig ist. Und weißt du was? Er scheint glücklich damit zu sein. Er ist mit seiner kleinen, überschaubaren Welt absolut zufrieden. Warum Karriere machen, wenn ich doch einen ruhigen Job habe? Warum in der Welt herumreisen, wenn es daheim am schönsten ist? Warum an die körperliche Grenze gehen, wenn auch ein »normales« Fußballspiel Freude bringt? Auf dem Nachhauseweg dachte ich sehr lange über unser Gespräch und seinen Werdegang nach.

MUSS ES IMMER HÖHER, SCHNELLER UND WEITER SEIN? IMMER EXTREMER?

Nun habe ich dir einiges über meine Sichtweise von Erfolg erzählt. Wie sieht es bei dir aus? Wie definierst du Erfolg? Ein elementar wichtiger Baustein, um erfolgreich sein zu können, ist, sich selbst zu kennen beziehungsweise sich erst einmal kennenzulernen. Dies ist ein langer Prozess, der voraussetzt, dass du dich sehr intensiv mit dir selbst beschäftigst. Selbstreflexion lautet das Zauberwort. Bist du bereit, dich mit dir selbst auseinanderzusetzen?

BERUF ABENTEURER ODER WIE DU DEIN SPIELFELD FINDEST.

Ein wesentlicher Faktor, damit du persönlichen Erfolg erzielst, ganz gleich in welchem Lebensbereich, ist Begeisterung. Begeisterung ist für mich der Schlüssel zu einem erfolgreichen und erfüllten Leben. Dazu später mehr. Damit du ein begeistertes und zufriedenes Leben führen kannst, ist es unerlässlich, auf dem richtigen Spielfeld zu agieren. Mit Spielfeld meine ich damit nicht den grünen Fußballplatz, sondern eine Aufgabe oder Tätigkeit, die den eigenen Werten, Interessen und Stärken entspricht. Wie ich mein eigenes Spielfeld gefunden habe, möchte ich dir im Folgenden erzählen.

Die Inspiration meines Vaters

Zunächst hatte ich einen ganz »normalen« Werdegang. Nach meiner Mittleren Reife und meinem Abitur verbrachte ich zehn Monate bei der Bundeswehr. Anschließend fing ich an, Betriebswirtschaftslehre an der Berufsakademie Karlsruhe zu studieren. Anfangs aus Überzeugung. Doch je länger das Studium ging, desto mehr favorisierte und genoss ich Aktivitäten, die außerhalb der Hochschule lagen.

Einen Höhepunkt stellte in dieser Zeit mein Auslandssemester im kanadischen Toronto dar. Dieser Aufenthalt war eines meiner Schlüsselerlebnisse, wie du später noch erfahren wirst. Je näher das Ende meines Studiums rückte, umso nervöser wurde ich, weil ich immer noch keine genaue Vorstellung davon hatte, was ich einmal beruflich machen wollte. Ich hatte zwar sehr viele Interessen, doch ich hatte keine Ahnung, wie ich diese im beruflichen Kontext einsetzen konnte.

Ein für mich sinnstiftendes Element war und ist immer der Sport gewesen. Ich spielte lange Jahre Fußball im Verein. Im Sturm, Linksaußen. Dies betrieb ich sehr intensiv und leistungsorientiert. Ich war Mitglied der Südbadischen Auswahl. Das bedeutete zwei Mal die Woche Vereinstraining, einmal pro Woche Training mit der Auswahl und mindestens ein Spiel am Wochenende. Nach und nach bereitete mir der Fußball keine Freude mehr. Die Abhängigkeit von einem Team störte mich und ich hörte mit fünfzehn Jahren mit dem Fußballspielen auf und fing an, Tennis zu spielen. Doch auch hier ließ die Begeisterung nach kurzer Zeit nach und ich suchte nach einer neuen Sportart für mich. »Wie bist du denn schließlich zum Laufen gekommen?«, werde ich an dieser Stelle häufig gefragt. Inspiriert hat mich definitiv mein Vater Lothar, der 30 Jahre lang Marathon- und Ultramarathonläufe bestritt. Jedes Jahr im September stand bei unserer Familie ein Besuch beim Baden Marathon in Karlsruhe auf dem Programm, um meinen Vater zu unterstützen. Es faszinierte mich schon damals, die Atmosphäre rund um einen Marathon live mitzuerleben. Für mich waren die Läufer wahrhafte Helden. In dieser Zeit, ich war ungefähr 14 Jahre alt, verspürte ich zum ersten Mal den Wunsch, auch einmal an einem Laufwettbewerb oder gar Marathon teilzunehmen. Die stolzen Gesichter im Zielbereich imponierten mir, und ich wollte eines Tages auch zu diesen Läufern dazugehören. Beeindruckt von diesen Erlebnissen fing ich an, Strecken von fünf bis zehn Kilometern zu laufen. Eine Grundausdauer hatte ich bereits durch den Fußball und das Tennisspielen. Das Laufen bereitete mir von Anfang an riesige Freude. Es bedeutete für mich, frei und unabhängig zu sein, nicht mehr auf Mitspieler angewiesen zu sein. Ich war nun auf mich allein gestellt und auch nur mir selbst gegenüber verantwortlich. Auch das Eintauchen in die Natur begeisterte mich beim Laufen. Ich wohnte zu dieser Zeit in Rheinstetten, einer Stadt zehn Kilometer südlich von Karlsruhe. Die Rheinebene hatte landschaftlich viel zu bieten und bot unzählige Laufstrecken. Ich war nicht mehr auf einem umzäunten Platz gefangen, sondern konnte dort laufen, wo ich wollte. Nach ein paar Wochen lief ich zum ersten Mal bei der Rheinstettener Laufgruppe mit, an der auch mein Vater regelmäßig teilnahm. Diese Laufgruppe besteht nur aus sechs Läufern, jeder davon verfügt jedoch über jahrelange Marathonerfahrung. Für mich als Laufneuling war es also eine Ehre und wahrhafte Herausforderung, hier mitlaufen zu dürfen. 17 Kilometer standen auf dem Plan. Ich bin bis zu diesem Zeitpunkt noch nie so lange am Stück gelaufen. Nach diesem Training war ich körperlich am Limit, doch gleichzeitig glücklich, dass ich solch eine Distanz, zusammen mit erfahrenen Marathonis, gelaufen war.

Im September 1999 lief ich dann meinen allerersten Wettkampf, den Halbmarathon in Karlsruhe. Zusammen mit meinem Vater nahm ich die damals für mich unvorstellbar lange Distanz von 21,1 Kilometern in Angriff. Zunächst konnte ich den Lauf, die sagenhafte Atmosphäre, in vollen Zügen genießen. Doch die letzten fünf Kilometer waren für mich die Hölle, und der Lauf wollte einfach kein Ende nehmen. Schließlich erreichte ich überglücklich das Ziel und schmiedete bereits Pläne für mein nächstes Rennen.

Im Frühjahr 2000 lief ich meinen ersten Marathon. An der Deutschen Weinstraße, einer idyllischen Gegend in der Pfalz, in der man nicht nur gut laufen kann. Bei diesem Rennen machte ich so ziemlich alles falsch, was man überhaupt falsch machen konnte. Es sollte für diese Jahreszeit ein warmer Tag werden. Was machte ich? Ich lief mit langem Shirt und langer Hose. Schon nach der ersten Stunde bereute ich diesen Fehler. Gerade als Anfänger solltest du eher verhalten beginnen, wie es jeder Laufratgeber empfiehlt. Was machte ich? Ich lief los, für meine Verhältnisse viel zu schnell. Den Kilometer unter fünf Minuten. Nach der Hälfte der Strecke war ich platt! Muskelkrämpfe quälten meine Oberschenkel und Waden. Ich wäre am liebsten ausgestiegen und hätte mich an einer kühlen Weinschänke niedergelassen. Aber es lagen ja noch 21 Kilometer vor mir. Dank meiner Willenskraft besiegte ich schließlich meinen inneren Schweinehund und beendete den Lauf. Da lernte ich, was es bedeutet, ein selbst gestecktes Ziel mit aller Kraft zu erreichen und an die persönliche Grenze zu gehen. Im Ziel schwor ich mir zunächst, nie mehr solch eine Distanz zu laufen. Doch wenn der Schmerz erst einmal vorüber ist und ein paar Tage ins Land gezogen sind, überwiegt der Stolz. Und ich war richtig stolz auf meinen ersten Marathon! Nach ein paar Tagen schmiedete ich bereits Pläne für meine nächsten Marathonziele. Ich war regelrecht vom Laufvirus infiziert und lief noch im selben Jahr drei weitere Marathons. Das Laufen wurde zu einem festen Bestandteil in meinem Leben.

DOCH ICH WOLLTE MEHR.

Die Marathondistanz empfand ich für mich persönlich nach einiger Zeit nicht mehr als die absolute Leistungsobergrenze. Im Sommer 2001, nur 14 Monate nach meinem ersten Marathon, lief ich meinen ersten Ultramarathon. Ultramarathons sind Distanzen, die über die normale Marathonstrecke von 42,195 Kilometern hinausgehen. Und ich wollte nicht irgendeinen Ultramarathon laufen. Es mussten schon die legendären 100 Kilometer von Biel sein. Dieser Lauf in der Schweiz ist ein Klassiker unter den Ultraläufen. Zum ersten Mal wurde er im Jahr 1959 mit nur einer Handvoll Läufern ausgetragen. Das Besondere bei diesem Rennen ist, dass es erst um 22 Uhr abends gestartet wird. Du läufst dann die ganze Nacht hindurch. Bei diesen 100 Kilometern erlebte ich ein Wechselbad der Gefühle. Von Magenschmerzen über muskuläre Probleme und mentale Krisen bis zu noch nie dagewesenen Glücksgefühlen erfuhr ich alles bei diesem einen Lauf. Nach sage und schreibe fast 18 Stunden erreichte ich das Ziel. Danach schwor ich mir, nie mehr an solch einem Event teilzunehmen. Ich verfluchte diesen Lauf. Doch wie schon bei meinem ersten Marathon sah die Welt nach ein paar Tagen schon wieder ganz anders aus. Ich dachte bereits an meinen nächsten Ultralauf.

Mit der Zeit favorisierte ich immer mehr die ultralangen Distanzen, weil ich dort meine Stärken, Ausdauer und Willenskraft, am besten ausspielen kann. Ich lief zum Beispiel den Lapland Ultra, einen landschaftlich reizvollen 100-Kilometer-Lauf in Nordschweden, oder den Rennsteiglauf im Thüringer Wald, bei dem 72 Kilometer und 1.500 Höhenmeter zu überwinden sind. Bei einem Ultramarathon ist das

Tempo nicht ganz so entscheidend wie bei Mittelstrecken oder auch bei einem Marathon. Hier kommt es vor allem auf Durchhaltevermögen, Leidensfähigkeit, mentale Stärke und eben auf die Willenskraft an. Und genau diese Eigenschaften kommen mir beim Ultralauf entgegen. Das Laufen, besonders das Langstreckenlaufen, wurde also zu meiner großen Leidenschaft. Doch wie ich diese Leidenschaft zu einem Beruf machen konnte, blieb mir zur damaligen Zeit noch verborgen beziehungsweise zog ich erst gar nicht in Erwägung. Nach Abschluss meines BWL-Studiums im Herbst 2003 ging ich zunächst für ein Jahr nach Australien, was für mich bis heute eine sehr bereichernde und lehrhafte Zeit war.

Der unzufriedene Unternehmensberater

Als ich wieder in Deutschland war, hatte ich ein großes Ziel: Ich wollte unbedingt in der Marketingabteilung bei Adidas arbeiten. Adidas war zu dieser Zeit für mich der Traumarbeitgeber und hier konnte ich meine Leidenschaft für den Sport mit meinen betriebswirtschaftlichen Kompetenzen verbinden. Ich war richtig motiviert und wollte nach der tollen Zeit in Down Under so richtig mit Vollgas ins Berufsleben starten. Ich schrieb meine Bewerbung an den Sportartikelhersteller in Herzogenaurach und wartete. Als Diplombetriebswirt mit Auslandserfahrung, kombiniert mit meiner Laufleidenschaft, rechnete ich mir gute Chancen auf einen Job aus. Doch ich erhielt schließlich eine Absage und damit brach eine Welt für mich zusammen. Ich erweiterte daraufhin meinen Aktionsradius und bewarb mich bei zahlreichen anderen Sportfirmen, ohne Erfolg. Parallel nahm ich einen Gelegenheitsjob im Verkauf an, um mich finanziell über

Wasser zu halten. Die Situation gestaltete sich für mich zunehmend schwierig. Ich fühlte mich zeitweise richtig deprimiert. Jemand zu sein, der voller Tatendrang ist und etwas bewegen möchte, aber nicht kann, entsprach nicht meiner Vorstellung. Ich schrieb weiter eine Bewerbung nach der anderen und bekam Absage um Absage.

Schließlich erhielt ich ein Angebot von einem IT-Beratungsunternehmen in München. Ich nahm die Stelle als Junior Consultant an, obwohl mir meine innere Stimme sagte, dass es nicht der richtige Job war. Für die Materie Berichtswesen, Datenauswertung und Softwareimplementierung konnte ich mich überhaupt nicht begeistern. Schon nach dem ersten Arbeitstag fühlte ich: »Das ist überhaupt nicht dein Ding!« Kunden bei IT-Projekten zu beraten und Daten zu analysieren, entsprach einfach nicht meinen Vorstellungen und Fähigkeiten. Entsprechend schwach war meine Motivation. Ich stand zu dieser Zeit um 7:30 Uhr auf und fing um neun Uhr meine Arbeit an. Heute wäre dies für mich undenkbar, so spät in den Tag zu starten, weil ich einfach so viele Ideen habe und vor Tatendrang nur so strotze. Davon war ich jedoch zur damaligen Zeit meilenweit entfernt. Ich bin immer froh gewesen, wenn ich Feierabend hatte und endlich laufen gehen konnte. Für mich war das Laufen mehr als ein Ausgleich. Ich konnte darin meine Unzufriedenheit im Job abbauen und wieder positive Energie tanken. Das Laufen stellte an einem öden Arbeitstag für mich meist den Höhepunkt dar. Beim Laufen fühlte ich mich einfach wohl und mir ging es danach immer unheimlich gut.

SO LEBTE ICH VON WOCHENENDE ZU WOCHENENDE.

Nach sechs Monaten kündigte ich die Stelle wieder, ohne zu diesem Zeitpunkt einen neuen Job in der Tasche zu haben. Damit ging die gleiche Prozedur wieder von vorne los: Bewerbungen schreiben und zahlreiche Absagen hinnehmen. Anstatt jetzt konsequent einen Job im Sportbereich zu suchen, bewarb ich mich weiter bei Unternehmen, die mir aufgrund meines bisherigen Werdegangs am erfolgversprechendsten erschienen. Ich ließ mich sehr stark von meinem Umfeld und meinem bisherigen Ausbildungsweg beeinflussen, anstatt auf mein eigenes Bauchgefühl zu hören.

Ein Tag, der alles veränderte

Im Rahmen eines Bewerbertrainings wurde ich im November 2006 zu Wieland Consulting nach Berlin eingeladen. Ich hatte zuvor noch nichts von Daniel Wieland, dem Eigentümer der Beratungsfirma, gehört. Mit ihm, einem ehemaligen Leistungssportler im Bodybuilding, verstand ich mich sofort. Schon als er mich an der Eingangstür empfing, war gegenseitige Sympathie vorhanden. Da wir beide aus dem Leistungssport kommen, hatten wir gleich eine gemeinsame Gesprächsbasis. Es gab noch eine weitere Eigenschaft, die ich an ihm bewunderte. Daniel Wieland schaffte es, Menschen zu begeistern. In dem Seminar sprach er mit einer ungeheuren Leidenschaft, die sofort auf die anderen Teilnehmer überging. Er verfügte über eine enorme Ausstrahlungskraft. In den Pausen erzählte er mir, dass er als Redner und Trainer aktiv ist, zeigte mir seine Auszeichnungen als Speaker und Referenzen von begeisterten und zufriedenen Kunden. Ich war beeindruckt. Dieser Tag in Berlin veränderte mein ganzes Leben. An diesem Tag, dem 20. November 2006, wurde mir zum ersten Mal meine Berufung bewusst.

Ich begriff, dass ich meine Leidenschaft für den Sport zu meinem Beruf machen konnte, indem ich meine Erfahrungen aus dem Sport in Vorträgen, Seminaren und Coachings weitergebe. Zuvor gab es für mich immer zwei komplett unterschiedliche Welten. Da war zum einen mein Sport, der mich ausfüllte und mir Sinn stiftete, von dem ich aber nicht leben konnte. Ich hatte zu diesem Zeitpunkt erst eine Handvoll Ultraläufe und ein Dutzend Marathons absolviert und diese meistens im ersten Drittel des Feldes gefinisht. Auf der anderen Seite stand der Betriebswirt Norman Bücher, der irgendeinen Job ausübte, der ihm aber überhaupt keine Freude bereitete. Auf einmal hatte ich eine neue Perspektive, einen völlig neuen Blickwinkel. Daniel Wieland war die Initialzündung für meinen weiteren Lebensweg. Auf der Rückfahrt ließ ich noch einmal die vergangenen Stunden auf mich wirken. Ich hatte sehr viele Eindrücke gewonnen und befand mich in einem euphorisierten Zustand. Doch das Wichtigste war, dass ich ein Ziel hatte. Und nicht irgendein Ziel, sondern erstmals ein Lebensziel. Dass man nach einem Motivationsseminar inspiriert und motiviert nach Hause fährt, ist ein bekanntes Phänomen. Die Kunst besteht darin, die in dem Seminar gewonnenen Erkenntnisse tatsächlich umzusetzen. Und das tat ich. Kaum war ich wieder zu Hause, fing ich an, meine Ideen schriftlich festzuhalten. Ich nahm mir ein Blatt Papier (das besitze ich heute noch) und schrieb meine Wünsche, Vorstellungen und Ziele auf. Alles, was mir einfiel. Ich nahm ein weiteres Blatt, schrieb groß das Wort Lebensplan darauf und skizzierte meine Lebensziele und Lebensaufgaben. Ich erstellte intuitiv eine Übersicht, die für mich mein Leben bedeutete. Zum ersten Mal in meinem Leben beschäftigte ich mich mit meinen Werten, Überzeugungen und Glaubenssätzen und fragte mich: Was ist für dich wirklich wichtig im Leben? Wie und nach welchen Grundsätzen willst du leben? Welche Stärken besitzt du? Welche Eigenschaften hast du immer schon gut beherrscht?

Mir war zu diesem Zeitpunkt nicht bewusst, was es bedeutet, hauptberuflich als Redner zu arbeiten. Ich wollte einfach meine Erfahrungen aus dem Extremsport an andere Menschen weitergeben. Dies stellte meine Vision dar. Ob als Trainer, Coach, Redner oder alles zusammen – das war mir in diesem Moment überhaupt noch nicht klar.

Das Thema Motivation und persönlicher Erfolg zog mich immer mehr in den Bann. Ich vertiefte mich darin und lernte alles darüber, was es gab. Ich eignete mir auf verschiedensten Wegen all das an, was ich benötigte, um mein Vorhaben zu starten. Neben dieser konkreten und für mich begeisternden Lebensvision erkannte ich aber auch sehr schnell, dass noch ein sehr langer und beschwerlicher Weg vor mir lag. Was ich jedoch dringend benötigte, war ein Job, mit dem ich Geld verdiente und dadurch meine Selbstständigkeit aufbauen konnte.

Ich hatte das Glück, wieder bei einer Unternehmensberatung, bei der ich schon zu Studienzeiten beschäftigt war, arbeiten zu können. Am 1. März 2007 fing ich dort als Consultant an. Es war für mich ein harter Schritt, wieder eine Aufgabe anzutreten, für die ich mich nicht richtig begeistern konnte.

JETZT HATTE ICH IMMER MEINE LEBENSVISION IM HINTERKOPF. UND DIESE BEFLÜGELTE MICH.

Zu dieser Zeit übte ich mehr oder weniger zwei Jobs zur gleichen Zeit aus. Den offiziellen als Unternehmensberater und den verdeckten als angehender Speaker. Nebenbei betrieb ich weiterhin sehr intensiv meinen Laufsport.

Als nächsten Schritt begann ich, Vorträge von bekannten Rednern zu besuchen. Ich schaute mir ihren Präsentationsstil, ihre Sprache und ihre Inhalte an. Davon inspiriert begann ich selbst die ersten Inhalte für meinen eigenen Vortrag zusammenzustellen.

Ein weiteres Schlüsselerlebnis markierte mein allererster Vortrag, den ich am 18. Januar 2008 hielt. In einem kleinen Clubhaus einer Gaststätte referierte ich über meine sportlichen Abenteuer. Dank eines guten Freundes hatte ich es geschafft, meine Bilder in eine sinnvolle Reihenfolge zu bringen und das Ganze auch musikalisch zu untermalen. Die Nacht zuvor hatte ich kein Auge zugemacht. Ich war einfach zu nervös, um zu schlafen. Angespannt und mit einer großen Portion Lampenfieber stand ich dann am darauffolgenden Abend in der Gaststätte und erzählte von meinen Erlebnissen. Ausgehend von meinen sportlichen Erfahrungen schlug ich immer wieder die Brücke zu Berufs- und Alltagsthemen. Wie schafft man es, sich aus kritischen Situationen zu befreien? Auf welche Weise kann man sich für Höchstleistungen motivieren? Wie sieht eine ausgewogene Ernährung aus? Dabei hielt ich in der einen Hand das Mikrofon und in der anderen die PC-Maus, um die Präsentation zu steuern. Ich erzähle das so genau, weil für mich dieser Abend einen der wichtigsten Meilensteine in meiner Karriere als Vortragsredner darstellte. Mit diesem Vortrag startete ich. Er markierte den ersten großen Schritt und bestätigte mich gleichzeitig darin, dass ich mich auf dem richtigen Weg befand. An diesem Abend bekam ich so viele positive Rückmeldungen, die mich zusätzlich motivierten, weiterzumachen. Nach dem Vortrag fuhr ich nach Hause mit der Gewissheit, dass ich der richtigen Berufung gefolgt war.

Der Weg in die Selbstständigkeit

Am 1. Juli 2008 gab ich meinen sicheren Job als Unternehmensberater auf und machte mich als Extremläufer und Vortragsredner selbstständig. Einige Freunde und Bekannte staunten über diesen Schritt. Doch ich wusste, dass es für mich die absolut richtige Entscheidung war. Von einem Monat auf den anderen bekam ich zwar kein festes Gehalt mehr, dafür erhielt ich etwas, was in meinen Augen unbezahlbar ist: Freiheit! Und die Tatsache, dass ich das machen konnte, wofür mein Herz schlägt, wofür ich mich voll und ganz begeistern konnte. In einem fremdbestimmten Job, wie als angestellter Berater, wäre ich niemals glücklich geworden. Es ist einfach nicht mein Ding. Ich bin auch nicht der Typ, der brav mit Anzug und Krawatte Dienst nach Vorschrift macht, pünktlich um acht Uhr seine Arbeit aufnimmt und um Punkt 17:00 Uhr in den Feierabend geht. Ich mache keine halben Sachen. Entweder ganz oder gar nicht, lautet meine Devise. Nur achtzig oder neunzig Prozent gibt es bei mir nicht. Insofern war für mich der Schritt in die Selbstständigkeit nur folgerichtig und konsequent.

Es war ein beschwerlicher und langer Weg, bis ich endlich meine Berufung als Extremläufer und Vortragsredner gefunden hatte.

APROPOS EXTREMLÄUFER – WAS IST DAS ÜBERHAUPT?

Sicherlich ist dies kein typischer »Beruf« wie Bankkaufmann, Dachdecker oder Immobilienmakler. Es ist auch nicht immer einfach für mich, einem Außenstehenden rational zu erklären, was ich mache. Ich selbst definiere einen Extremläufer oder Extremsportler folgendermaßen: eine Person, die im sportlichen Bereich persönliche Grenzen überwindet. Grenzen körperlicher wie mentaler Art. Dabei müssen es nicht immer Rekorde, Bestzeiten oder Leistungen sein, die zuvor noch kein anderer Mensch erreicht hat. Für mich geht es einfach darum, meine eigene Grenze zu verschieben.

Das eigene Spielfeld

Jeder Mensch hat sein eigenes Spielfeld. Für Dieter Bohlen ist es die Musik, für Angela Merkel war es die Politik und für Albert Einstein die Physik. Ein begeistertes und leidenschaftliches Leben kann sich nicht einstellen, wenn man auf dem falschen Spielfeld agiert. An dieser Stelle mag der eine oder andere Leser den berechtigten Einwand bringen: Gibt es denn auch für »normale« Berufe und Tätigkeiten ein Spielfeld? Nicht jeder Mensch ist Künstler, Sportler, Physiker oder Politiker. Muss man auch nicht sein, denn jede Tätigkeit oder Aufgabe, die einem Menschen Sinn stiftet, kann ein Spielfeld sein. Für den einen ist das Töpfern das ein und alles, der andere begeistert sich für den Verkauf und für den nächsten ist das Pflegen von kranken Menschen die passende Tätigkeit. Ein guter Freund von mir ist beispielsweise als Steuerberater tätig. Er brennt für dieses Thema und jedes Mal, wenn wir uns treffen und auf die Steuern zu sprechen kommen, redet er ohne Punkt und Komma. Dabei leuchten seine Augen. Selbst ein so trockenes Thema wie »Steuern« kann ein Spielfeld darstellen, wenn dieses den eigenen Stärken entspricht und man sich dafür begeistern kann.

Begeisterung setzt voraus, dass ich eine Tätigkeit gerne mache, dass ich bei einer Tätigkeit mit mir im Reinen bin und dass ich eine Tätigkeit ein Stück weit besser beherrsche als die anderen. Doch zuvor gilt es zunächst einmal zu erkennen, wer du überhaupt bist. Welche Eigenschaften machen dich aus? Welche Werte und Überzeugungen sind dir wichtig? Nach welchen Grundsätzen handelst du?

Eine Frage habe ich mir vor meiner Selbstständigkeit sehr oft gestellt. Diese Frage ist meiner Meinung nach für jeden Menschen elementar wichtig und stellt eine von drei Schlüsselfragen in diesem Kapitel dar:

WER BIN ICH?

Kannst du diese Frage für dich beantworten? Ehrlich gesagt, ich hatte Probleme damit. Ich fand zunächst keine Antwort auf diese Frage. Deshalb fragte ich weiter: Was machst du gerne? Bei welchen Tätigkeiten läuft alles spielerisch ab? Welche Themen interessieren dich? Was treibt dich an? Für was kannst du dich begeistern? Zunächst konnte ich diese Fragen nicht sofort beantworten. Deshalb ging ich in meine Vergangenheit zurück und stellte mir weitere Fragen: Welche Lieblingsbeschäftigungen hattest du in deiner Kindheit? Welche Dinge haben dich besonders interessiert? Welche Lieblingsfächer hattest du? Wo hast du schneller gelernt als die anderen Kinder? Bei meinen Antworten kam ich fast immer auf den Sport und die Bewegung. Seit meiner frühesten Kindheit treibe ich leidenschaftlich Sport und interessiere mich dafür. Bewegung ist für mich ein Lebenselixier. Es war also nur folgerichtig, dass ich irgendwann meine Berufung darin fand.

Was ich aus meinem eigenen Werdegang gelernt habe: Höre stärker auf das, wofür dein Herz schlägt. Mehr auf sein Bauchgefühl und seine innere Stimme zu hören, anstatt immer nur den Verstand einzusetzen, ist dabei sicherlich ein entscheidender Ansatzpunkt. Nicht was vernünftig erscheint, ist häufig das Beste, sondern was einen emotional bewegt. Wenn ich immer nur vernünftig gewesen wäre, dann würde ich heute weiter im gleichförmigen Fluss der Berater schwimmen. Ich bin froh, dass ich den Schritt in die Selbstständigkeit gewagt habe und diesen Weg konsequent gegangen bin mit allen Vor- und Nachteilen. Ich kann jedem nur empfehlen, dasselbe zu tun. Das muss nicht der Sport und schon gar nicht der Extremsport sein. Es muss auch nicht jeder ein Unternehmer werden. Es gibt unzählige andere Möglichkeiten. Eine Freundin von mir hat beispielsweise ihren gut bezahlten Job als Managerin in einem deutschen Konzern gekündigt und ist nach Australien ausgewandert, um dort auf einer Farm zu arbeiten. Die Tätigkeit, für die man sich begeistert, muss nicht dem bisherigen Werdegang entsprechen und kann auf den ersten Blick ein wenig exotisch erscheint. Muss es immer ein solider und allgemein akzeptierter Beruf sein? SIND IMMER DIE ALLSEITS BEKANNTEN UND SICHEREN WEGE DIE RICHTIGEN? MUSS MAN SICH IMMER DER GESELLSCHAFTSNORM ANPASSEN UND DAS TUN, WAS ANDERE VON EINEM ERWARTEN? Oder kann es auch ganz anders gehen? Ich bin überzeugt, wenn jeder Mensch seinen eigenen Weg geht, der seinem eigenen Wesen entspricht, hätten wir eine ganz andere Zufriedenheit in unserer Gesellschaft.

Die einzigen Dinge, die du dazu benötigst, sind eine große Portion Mut und die Bereitschaft, über dich nachzudenken und etwas zu verändern. Das ist nicht immer leicht.

Im Gegenteil, es erfordert einiges an Kraft und Energie, sich mit seinem tiefsten Inneren zu beschäftigen, sich auch unangenehme Dinge einzugestehen, auf die Schattenseiten zu schauen, Gewohnheiten zu ändern und unbequeme Wege zu gehen. Da sitzen dann plötzlich zehn große Schweinehunde in dir und sagen: »Och nö, will ich doch nicht. Ich mache weiter wie bisher.« Kurzfristig erfordert es eine enorme Kraftanstrengung, Veränderungen herbeizuführen. Doch langfristig zahlt sich der Mut zur Veränderung, der Mut zum Ich, für künftige größere Zufriedenheit und mehr Lebenssinn aus.

LEBE DEINE STÄRKEN!

Zu seinem Ich zu stehen, sein Leben zu leben, auf seinem eigenen Spielfeld zu agieren, hat sehr viel damit zu tun, seine Stärken zu erkennen und nach ihnen zu leben. Wenn ich dich nach deinen Stärken fragen würde, kannst du mir diese Frage sofort beantworten?

KENNST DU DEINE STÄRKEN?

Nach der Frage »Wer bin ich?« lautet die zweite Schlüsselfrage »Was kann ich?« Auch diese Frage habe ich mir sehr häufig gestellt. Und im sportlichen Kontext konnte ich sie relativ schnell beantworten. Meine Stärken liegen hier im extremen Ausdauersport und nicht im klassischen Laufsportbereich.

Auf einer Halbmarathon- oder Marathonstrecke kann ich nicht mein gesamtes Potenzial ausschöpfen. Das wurde mir recht schnell klar, als ich nach meinen ersten Marathons versuchte, meine Zielzeit auf dieser Strecke zu verbessern. Ich investierte sehr viel Energie in mein Lauftraining und lief dennoch im Wettkampf nicht die Zeit, die ich aufgrund meiner Trainingsleistungen hätte laufen können. Meine große Stärke ist die Willenskraft und diese kommt mir gerade bei sehr langen Distanzen zugute. Je länger eine Strecke, umso mehr spielen die mentale Stärke und die Willenskraft wichtige Rollen. Natürlich ist auch bei einem Zehn-Kilometer-Lauf, einem Halbmarathon und Marathon der Kopf ein zentraler Erfolgsfaktor, doch bei einem Ultramarathon kommt dem geistigen Bereich ein noch höherer Stellenwert zu.

Meine Stärken im beruflichen Kontext waren mir nicht sofort bewusst. Hier habe ich mich zunächst sehr schwergetan, meine Stärken zu erkennen. Ich hatte zum Beispiel keine Ahnung, dass ich eine angenehme Stimme habe und diese auch sehr gut einsetzen kann. Bis mich eines Tages eine gute Freundin darauf aufmerksam machte. Mein sprachliches Talent war mir nie so richtig bewusst. Ich ging davon aus, dass ein akzentuiertes Sprechen und eine gute Präsentation Selbstverständlichkeiten sind.

Was mir mit der Zeit immer mehr bewusst geworden ist, ist die Tatsache, dass die Dinge, die mir Freude bereiten, gleichzeitig meine Stärken darstellen. WAS DICH BEGEISTERT, DAS MACHST DU GERNE UND WAS DU GERNE MACHST, DARIN BIST DU AUCH GUT. Klingt logisch, oder? Jeder Mensch hat etwas, das ihn begeistert. Der eine sammelt leidenschaftlich gern Briefmarken, der andere arbeitet ehrenamtlich im Musikverein, der nächste engagiert sich für sein Leben gerne in einer Hilfsorganisation. Wenn ich diese Leute fragen würde, ob sie in ihrer jeweiligen Aufgabe gut sind, bekäme ich sicherlich ein Ja als Antwort. Dabei muss es sich nicht immer um die hauptberufliche Tätigkeit handeln, von der man lebt.

In der Schulzeit habe ich mich immer sehr schwergetan, handwerkliche Aufgaben durchzuführen. Fächer wie Bildende Kunst oder Technisches Werken hasste ich. Es überrascht dich wohl nicht, wenn ich dir verrate, dass ich in diesen Fächern nie besonders gute Noten schrieb. Sport hingegen zählte von Beginn an zu meinen Lieblingsfächern. Ich verstehe bis heute nicht, warum wir als Schüler an einem Unterrichtsfach dauerhaft teilnehmen müssen, obwohl wir dafür offensichtlich kein Interesse haben und keine Begabung mitbringen. Diese Zeit könnten wir doch viel effektiver in Fächer investieren, die uns begeistern und für die wir Talent haben.

WAS IST STÄRKE?

Du hast in den letzten Zeilen einige Mal das Wort Stärke gefunden. Was verstehst du darunter? Meine Definition von Stärke lautet folgendermaßen:

STÄRKE =
TALENT + WISSEN + KÖNNEN + WOLLEN

Lass uns die einzelnen Begriffe genauer betrachten. Talent ist wichtig, überhaupt keine Frage, doch es stellt in meinen Augen von diesen vier Faktoren den unbedeutendsten dar. Talent wird in der heutigen Zeit maßlos überbewertet. Wenn du nicht gerade Spitzensportler, Elitemaler oder Profimusiker werden möchtest, spielt Talent für dich eine eher zweitrangige Rolle. Mit Talent allein kommen wir nicht weit im Leben. Ich bin beispielsweise kein überdurchschnittlich talentierter Läufer. Es gibt Athleten, die verfügen über deutlich mehr Talent, als ich es habe. Und trotzdem geben diese etwa bei einem Ultraberglauf wie am Mont Blanc vorzeitig auf. Talent kann also nicht alles sein.

Glücklicherweise existieren noch weitere Faktoren, die eine echte Stärke ausmachen, allen voran das Wollen. Nehmen wir dazu ein bekanntes Beispiel aus dem Tennissport: Ivan Lendl. Ivan Lendl zählt ohne Frage zu den erfolgreichsten Tennisspielern aller Zeiten. Er gewann acht Grand-Slam-Titel und stand insgesamt 270 Wochen an der Spitze der Weltrangliste. Doch Ivan Lendl war sicherlich nicht der talentierteste Spieler seiner Zeit. Im Gegenteil, ihm wurde häufig nachgesagt, dass seine Art, Tennis zu spielen, an eine Maschine erinnere. Andere Tennisgrößen wie Boris Becker oder Stefan Edberg wiesen ein weitaus größeres Talent auf. Doch was Ivan Lendl auszeichnete, waren sein eiserner Wille, seine Disziplin und sein Fleiß. Er trainierte jeden Tag mehrere Stunden und wollte den Erfolg um fast jeden Preis, auch wenn er wusste, dass er dafür nicht das größte Talent mitbrachte. Mit seinem enormen Willen kompensierte er sein – im Vergleich zu anderen Tennisgrößen an der Weltspitze – fehlendes Talent.

Das Wollen ist für mich der elementarste Faktor, um eine Stärke zu kultivieren. DENN WENN ICH EINE SACHE UNBEDINGT WILL, DANN SETZE ICH MICH AUCH DAFÜR EIN, DIESE SACHE GUT ZU KÖNNEN. Ich eigne mir das nötige Wissen an, besuche Fortbildungen, lese Bücher und arbeite an den Fähigkeiten, die ich brauche, um die Sache gut zu beherrschen. Der Faktor Wollen bedingt also das Können und das Wissen.

Das Ziel beim Ultra-Trail du Mont Blanc habe ich hauptsächlich dadurch erreicht, weil ich es unbedingt wollte. Mir ist das Laufen, so wie ich es betreibe, sicherlich nicht in die Wiege gelegt worden. Ein Extremlauf über 166 Kilometer und 9.400 Höhenmeter ist mit viel Trainingsfleiß, Engagement und Disziplin verbunden. Diese Attribute lassen sich nur umsetzen, wenn man sein großes Ziel mit jeder Faser seines Körpers auch wirklich will. Weil ich eben diesen Lauf um jeden Preis erfolgreich beenden wollte, setzte ich alle Hebel in Bewegung, um körperlich und mental topfit in Chamonix an den Start zu gehen.

Und da sind wir schon bei der dritten Schlüsselfrage. Die erste lautete: »Wer bin ich?«, die zweite »Was kann ich?« und die dritte heißt: »Was will ich?« Und dieser Frage habe ich gleich ein ganzes Kapitel gewidmet.

Ich will, ich will, ich will

Ich will – Erfolgsfaktor Nr. 1

Ich bin über den Wolken! Vor mir habe ich eine Aussicht, die mir schier den Atem raubt. Weiße Riesen, die fast senkrecht in den Himmel ragen und diesen berühren zu scheinen. Unglaublich schöne und beeindruckende Formationen aus Felsen, Schnee und Eis. Dimensionen, die mit Worten nicht zu beschreiben sind. Bunte Gebetsfahnen flattern im eisigen Wind. Mit meinen kalten Händen klatsche ich immer wieder gegen mein Gesicht, um sicherzustellen, dass dies hier alles Realität ist. Nein, ich träume nicht. Ich bin wahrhaftig hier. Ich stehe auf meinen eigenen Beinen im höchsten Gebirge der Erde. Vor mir breitet sich ein Panorama aus, das mich schier aus meinen Laufschuhen haut: Mount Everest, Lhotse, Makalu und Kanchengjunga. Das Höchste, was unsere Welt zu bieten hat. Ich komme mir wie ein absoluter Winzling gegenüber diesen Bergriesen vor. Mein Atem geht gleichmäßig in der dünnen Luft auf über 3.600 Metern. Ich befinde mich in Sandakphu im indischen Teil des Himalayas im Bundesstaat Westbengalen. Dieses kleine Bergdorf ist einer der ganz wenigen Orte in der Welt, von dem man Ausblicke auf vier der fünf höchsten Berge der Erde hat. Besonders das beeindruckende Massiv des Kanchengjunga, des dritthöchsten Bergs der Erde, fasziniert mich. 8.586 Meter über dem Meeresspiegel. In Worten: Achttausendfünfhundertsechsundachtzig Meter! Ich war schon häufiger in den Alpen und am Mont Blanc unterwegs, doch was ich hier sehe, sprengt alle Grenzen. Ich bin sprachlos! Angeblich würde das Matterhorn, mit 4.478 Metern einer der höchsten Gipfel der Alpen, gut 30-mal in das Kanchengjunga-Massiv hineinpassen. Seit drei Tagen laufe ich schon beim Himalaya 100 Mile Race durch das höchste Gebirge der Erde. Bei diesem Rennen gilt es, insgesamt 162 Kilometer und über 7.000 Höhenmeter in fünf Tagen zu bewältigen. Als ich vor drei Tagen, zusammen mit 42 anderen Athleten aus der ganzen Welt, losgelaufen bin, konnte ich nicht im entferntesten Sinne erahnen, was mich hier alles erwarten wird. Schon am ersten Tag geht es auf eine Höhe von fast 4.000 Metern. Da bleibt dir beim Laufen fast die Luft weg. Doch unsere Muskulatur benötigt Sauerstoff, um überhaupt arbeiten zu können. Nach dem Startschuss ist fast jeder Läufer noch locker getrabt, doch spätestens nach der vierten oder fünften Serpentine ist dann für die allermeisten nur noch Gehen möglich. Und es geht immer höher und höher. Von 2.000 Metern ausgehend, haben wir schnell eine Höhe von 2.500 Metern erreicht und nähern uns dann der 3.000-Meter-Grenze. Der Laufuntergrund zeichnet sich durch unangenehme Kopfsteinpflasterwege aus. Gift für die Fußsohlen – Konzentration für den Kopf.

Ich laufe auf Richard, einen Südafrikaner, auf, der mir schon vor dem Start des Rennens aufgefallen ist. »Was will der denn bitte bei diesem Rennen?«, fragte ich mich, als ich ihn zum ersten Mal gesehen habe. Groß, kräftig, ja einfach wuchtig kommt er daher. Wie ein Wrestler, der es nicht erwarten kann, endlich in den Ring zu steigen. Ich konnte es zunächst gar nicht glauben, dass er der dünnen Höhenluft und den steilen Anstiegen bei diesem Rennen überhaupt gewachsen ist. Doch schon auf den ersten Kilometern zeigt er mir, dass er auch ein guter Läufer ist. »Do you like the race so far?«, frage ich ihn. »I love it. But that is just the beginning. We are going to run higher and higher«, gibt er locker zurück. Und wie recht er damit hat. Irgendwann ist es mit unserem Gespräch vorbei, denn vor lauter Schnaufen bringe ich kein Wort mehr heraus. Ich ziehe wieder allein weiter. Plötzlich kreuzt eine Herde Yaks den Weg. Imposant und ein wenig angsteinflößend, bewegen sich diese majestätischen Tiere auf mich zu. Erst im letzten Moment gehen sie zur Seite. Ich erreiche wenig später den nächsten Verpflegungsposten. »Are you ok?«, empfangen mich freundliche und zuvorkommende Helfer, die mir Wasser, Kekse und Kartoffeln anbieten. Mir geht es blendend, ich könnte die ganze Welt umarmen. Ich gebe zur Kontrolle meine Unterschrift in der Liste ab. Es stehen auch ein paar neugierige Kinder am Stand, die mich wie einen Außerirdischen anstarren. Einen Mann mit langen, blonden Haaren haben sie wohl noch nicht so häufig hier gesehen. Ich lächle sie an und spreche ein paar Worte auf Indisch, was bei ihnen ein Schmunzeln hervorruft. Dann ziehe ich weiter. Nur noch schlappe zehn Kilometer bis zum heutigen Etappenziel liegen vor dir, denke ich. Doch dieses letzte Teilstück hat es noch einmal gewaltig in sich, denn 1.000 Höhenmeter müssen in diesem Terrain bewältigt werden. Bei europäischen Bergläufen ist in der Regel spätestens bei einer Höhe von 2.700 Metern Schluss. Diese Höhe markiert nun den Beginn des letzten Anstiegs. Zu meiner rechten Seite türmen sich imposant die Achttausender auf. Die Sonne strahlt in voller Pracht und der tiefblaue, wolkenfreie Himmel bildet einen atemberaubenden Kontrast zu diesen schneeweißen Bergkolossen. Was für ein Anblick! So ein starkes und intensives Weiß habe ich noch nie gesehen. Ergriffen und voller Faszination starre ich minutenlang die Berge an. Ich fühle mich, als wäre Weihnachten, Ostern und Geburtstag zusammen. Doch diese reizvolle Umgebung sorgt immer nur für kurze Ablenkung zu den körperlichen Strapazen, die ich bei diesem finalen Anstieg erfahre. Ich komme nur unendlich langsam voran. Mir scheint es, als hätte ich Magnete an meinen Fußsohlen, die mir jeden einzelnen Schritt ungemein erschweren. Als würde ich immer nur auf der Stelle treten. Die zunehmende Höhe macht jeden Schritt extrem anstrengend. Ich schnappe regelrecht nach Luft und muss immer wieder für einen kurzen Augenblick stehen bleiben, damit sich mein Puls erholt. Auf einmal ziehen dicke Nebelschwaden auf und lassen den strahlend blauen Himmel urplötzlich verschwinden. Alles um mich herum wird grau. Ich kann kaum mehr zehn Meter weit sehen. Ein frostiger und ungemütlicher Wind weht mir entgegen. Das ist Hochgebirge pur – hier kann sich innerhalb von wenigen Minuten das Wetter komplett ändern. Wie weit ist es wohl noch zum Etappenziel? Drei Kilometer, zwei Kilometer? Mein Höhenmesser zeigt 3.550 Meter, es kann nicht mehr weit sein. Nach jeder Kurve hoffe ich, das Bergdorf zu sehen. Doch jeder Kilometer zieht sich gewaltig in die Länge. Minuten kommen mir wie Stunden vor. Dann habe ich es endlich geschafft und laufe über die Ziellinie in Sandakphu.

Nach jeder Etappe gönne ich mir eine Dusche, was bei dem Lauf in dieser Umgebung durchaus ein Luxusgut darstellt. Denn Dusche ist nicht gleich Dusche. Eine Dusche bedeutet in diesem Bergdorf einen Eimer Wasser mit einem Becher, den du in einer spartanisch eingerichteten Hütte mehrmals über dich gießt! Was für eine Wohltat! Ich genieße jeden einzelnen Becher Wasser, den ich mir über den Körper schütte. Ich finde es immer wieder erstaunlich, wie man mit einfachen Dingen zufriedenzustellen ist und wie wenig man zum Leben braucht. Keine großen materiellen Güter, keinen Luxus.

Am Abend stehen wir dicht gedrängt beim Essen in der Berghütte um den kleinen Ofen. Alle haben warme Mützen und dicke Handschuhe an. Das Feuer knistert und brodelt in der kalten Hütte. Einstellige Minusgrade hat es wohl schon draußen. Ich lerne Jacob aus Dänemark kennen, der schon auf jedem Kontinent läuferisch unterwegs war. Er berichtet mir von seinen Erlebnissen beim Yukon Arctic Ultra in Kanada. Dort lief er 160 Kilometer nonstop bei Temperaturen um die minus 40 Grad. Durch Eis und tiefen Schnee. Auf seiner rechten Wade hat er sich sein Lebensmotto tätowieren lassen:

»NUR DIEJENIGEN, DIE WEIT LAUFEN,
KÖNNEN AUCH ERFAHREN,
WIE WEIT SIE LAUFEN KÖNNEN.«

Neben ihm steht Roberto aus Argentinien. Mit seinen grauen Haaren, seinem Dreitagebart und seinem gebräunten Gesicht sieht er dem Schauspieler George Clooney sehr ähnlich. Roberto erzählt mir von seinen unternehmerischen Aktivitäten in der ganzen Welt und wie er scheinbar nebenbei noch die Zeit findet, an spektakulären Abenteuerläufen teilzunehmen. Er strotzt vor Energie und Enthusiasmus. Mir bereiten die Begegnungen und Gespräche große Freude. Es ist schon ein verrücktes Volk, das sich hier versammelt hat. Verrückt in einer positiven Art. Ich liebe diese Momente. Ich liebe dieses einfache und unkomplizierte Leben, das sich auf die wesentlichen Dinge konzentriert.

Der Himalaya 100 Meilen Lauf stellte für mich definitiv einen der Höhepunkte in meinem Läuferleben dar. Allein vor der gewaltigen und beeindruckenden Bergkulisse des Mount Everest zu laufen, war wirklich atemberaubend. Während meiner fast zweimonatigen Reise durch Nepal und Indien durfte ich sieben der 14 höchsten Berge der Welt mit eigenen Augen sehen. Doch mir ging es bei diesem Abenteuer nicht nur um die absolute sportliche Grenzerfahrung, sondern mir waren die vielfältigen kulturellen Eindrücke und vor allem die Begegnungen mit den Menschen dort mindestens genauso wichtig. Jede Begegnung und jedes Gespräch mit den Einheimischen faszinierten mich. Als ich am Ende meiner Reise den letzten Tag in Delhi verbrachte, lernte ich Ashutosh, einen indischen Studenten, kennen. Ich genoss gerade am Connaught Place in Delhi die Sonne und ließ die vielen Eindrücke meiner Reise Revue passieren, als er mich ansprach. Es entwickelte sich ein sehr interessantes Gespräch. Er erzählte mir von sich und seiner Familie. Wie sie in bescheidenen Verhältnissen leben. Sein großes Ziel ist es, Tourismus zu studieren. Und er stellte Fragen. Pausenlos. Besonders interessierte ihn, was ich studiert hatte, wie die Menschen in Deutschland wären und was meine Überzeugungen und Einstellungen waren. Seine Neugier, seine Wissbegierde und seine Offenheit beeindruckten mich. Schon an seiner aufrechten Körperhaltung und seiner gepflegten Schuluniform erkannte ich, was er wollte: dazulernen und sich persönlich weiterentwickeln.

LOHNT ES SICH, AUFZUSTEHEN?

FÄLLT ES DIR MORGENS SCHWER, AUS DEM BETT ZU KOMMEN? Diese Frage stelle ich gelegentlich in meinen Vorträgen und nicht selten sehen mich dann fragende Gesichter an. Wenn ein Mensch seinen Job, seine Aufgabe oder seine Tätigkeit gerne macht, sich für diese begeistert, dann wird er wohl kaum länger schlafen als notwendig. Vielmehr möchte er schwungvoll und rechtzeitig in den Tag starten, weil er ja etwas hat, wofür es sich lohnt, aufzustehen. Darin zeigt sich schon, ob jemand motiviert ist oder nicht.

Was heißt denn überhaupt Motivation? MOTIVATION IST NICHTS ANDERES, ALS ZU SAGEN: ICH WILL. Das ist eine der kürzesten und besten Definitionen von Motivation, die ich kenne. Ich will. In diesen zwei Worten steckt so vieles. Ich kann nur motiviert sein, wenn ich es aus meinem tiefsten Inneren wirklich will. Wenn ich für eine Sache brenne, wenn ich mich uneingeschränkt für eine Sache begeistere, wenn ich alles andere um mich herum komplett ausblenden kann, wenn ich an nichts anderes mehr denke und wenn ich die Zeit dabei völlig vergesse, dann will ich eine Sache wirklich. Der Antrieb muss also von einem selbst kommen. Kein exorbitantes Gehalt, kein Luxusfirmenwagen und keine netten Kollegen können uns langfristig motivieren, denn diese Faktoren kommen von außen. Sie können uns zwar kurzfristig einen Motivationsschub verleihen, aber niemals langfristig zur dauerhaften Motivation beitragen.

»Ich will« sage ich mir häufiger, besonders wenn ich in der Vorbereitung auf einen großen Lauf stehe. Selbst einem leidenschaftlichen Ultraläufer wie mir fällt es nicht immer leicht, in seine Laufklamotten zu schlüpfen und loszulaufen. Da gibt es manchmal zahllose Gründe, die einen vom Laufen abhalten: schlechtes Wetter, Verpflichtungen als Familienvater, wichtige Termine im Job oder allgemeine Unlust.

Der Winter 2009/2010 brachte verhältnismäßig viel Schnee und kalte Tage mit sich, im Vergleich zu den Vorjahren. Ich starte meistens im Januar mit meinem Grundlagenausdauertraining in die neue Saison, das nach ein paar Wochen auch die ersten langen Trainingseinheiten vorsieht. Mit langen Trainingseinheiten meine ich Dauerläufe von 35 bis 50 Kilometern. Dabei bin ich schon einmal fünf bis sechs Stunden am Stück unterwegs. Ich will ehrlich zu dir sein: Bei grauem Himmel, bei Minusgraden und vereisten Wegen macht es mir nicht immer Freude, stundenlang durch den Wald zu laufen. Es kostet mich manchmal enorme Überwindung, bei diesem Wetter in meine Laufklamotten zu steigen, hinauszugehen und loszulaufen. Wenn ich kein konkretes Laufziel hätte, würde ich zu Hause bleiben oder nur eine kurze Runde einlegen, aber sicherlich nicht fünf Stunden am Stück laufen. Indem ich aber immer weiß, warum ich jetzt hinausgehe und bei dieser Kälte laufe, fällt es mir ein Stück weit leichter, dies in die Tat umzusetzen.

Dieses Ziel stellte bei mir im Mai 2010 einen Lauf durch die Atacamawüste in Chile dar, bei dem ich 600 Kilometer in 14 Tagen laufen wollte (darüber später mehr). Dafür war es notwendig, dass ich mir im Winter die nötige Grundlagenausdauer aneignete. Bei jedem noch so anspruchsvollen und langen Training dachte ich immer an meinen Wüstenlauf. Der Beweggrund saß mir also immer im Nacken und sagte mir: »Wenn du heute diese Trainingseinheit nicht durchziehst, dann wird es schwieriger, dein großes Ziel im Frühjahr zu erreichen.« In solchen Momenten sind die richtige Einstellung, die vollkommene Identifikation mit seinem Ziel und das unbedingte Wollen ganz entscheidend. Eben »Ich will« zu sagen. WAS SAGST DU DIR, WENN DU MORGENS IN DEIN BÜRO FÄHRST ODER DEINEN JOB ANTRITTST? »Ich gehe heute ins Büro, weil ich es *will*«? Oder eher: »Ich gehe heute ins Büro, weil ich Geld verdienen *muss*«? Ein himmelweiter Unterschied. In der Wissenschaft spricht man von intrinsischer und extrinsischer Motivation, die in fast jedem Buch über Motivation beschrieben werden, weshalb ich dir hier längere Ausführungen darüber ersparen will. Nur so viel: Bei der intrinsischen Motivation kommt der Antrieb von einem selbst. Die extrinsische Motivation entsteht durch äußere Anreizfunktionen wie Provisionen, Sonderurlaub oder Incentives. Der extreme Ausdauersport dient in diesem Kontext wieder als Paradebeispiel. Ich kenne keine andere Sportart, die so trainings- und zeitintensiv ist wie ein langer Ausdauerwettbewerb. Ich investiere stellenweise 20 bis 25 Stunden in meinen Sport pro Woche und bin kein Profisportler.

Im Gegensatz zu Sportarten wie Fußball, Tennis oder Golf lässt sich mit extremem Ausdauersport kein großes Geld verdienen. Es ist eine Randsportart, die nicht so viele Fans und damit für Werbung verwertbare Kunden besitzt und deshalb nicht das große Medieninteresse genießt. Warum soll sich ein Mensch dennoch motivieren, Hunderte von Kilometern durch eine Wüste zu laufen? Sicher nicht wegen des Geldes oder des Ruhmes. Oder weil man dadurch materielle Dinge wie Autos oder Reisen gewinnen kann. Welche Motivatoren sind es dann? Ausschließlich die eigenen. Meine Motivatoren sind primär die Freiheit und Selbstbestimmung. Über mein Leben und meine Zeit selbst verfügen zu können, das motiviert mich ungemein. Ich weiß, wofür und warum ich so weit laufe.

Nur der eigene Antrieb führt dazu, dass ich beispielsweise auch unangenehme Trainingseinheiten durchziehe. Nur der eigene Antrieb bringt mich dazu, nach 30 Stunden Laufen und größter Müdigkeit weiterzumachen. Dieser Antrieb macht sich beispielsweise dadurch bemerkbar, dass ich das Verlangen habe, jetzt unbedingt laufen zu gehen, auch wenn es draußen hagelt und schneit. Wenn ich das starke Bedürfnis in meinem tiefsten Inneren verspüre, das tun zu wollen, dann spreche ich vom eigenen Antrieb. Warum hat man den? WEIL WIR MENSCHEN INNERLICH DAS BEDÜRFNIS NACH WACHSTUM VERSPÜREN. DAS IST EINE ART GRUNDBEDÜRFNIS. Um zu wachsen, benötige ich eine Kraft, die mich dazu antreibt. Und das ist eben der eigene Antrieb.

Zum Thema Motivation habe ich schon einige Male folgenden Satz gelesen: »Du schaffst alles, was immer du willst.« Kennst du diesen Satz? Leider reisen immer noch selbsternannte Motivationsgurus durch die Lande, die propagieren, dass man nur mit dem Finger schnipsen muss, um motiviert zu sein. Das ist nicht mein Verständnis von Motivation. Ja, es gibt Methoden, mit denen du dich schnell in eine positive Stimmung versetzen kannst. Dies setzt jedoch voraus, dass du Energie und Geduld aufbringst. Nichts geschieht von heute auf morgen, auch nicht bei einem Motivationstraining.

Den Satz »Du schaffst alles, was immer du willst«, halte ich für eine Lüge. Wir können nicht alles im Leben erreichen, wenn wir nur wollen. Das geht nicht. Ich kann nicht morgen die 166 Kilometer um den Mont Blanc erfolgreich laufen, wenn ich bisher nur einen Volkslauf über zehn Kilometer in der Ebene bewältigt habe. Dabei kann ich noch so viel um den Mont Blanc laufen *wollen*, ohne die entsprechenden Fähigkeiten geht es nicht. Du erinnerst dich doch noch an die Definition von Stärke? Stärke = Talent + Wissen + Können + Wollen. Du kannst nach dieser Formel einen noch so großen Willen haben, ohne die drei anderen Faktoren wirst du nicht erfolgreich. Vergiss also den Satz »Du schaffst alles, was immer du willst.«

Die Willenskraft sehe ich dennoch als zentralen Bestandteil auf dem Weg zum Erfolg. Sie stellt die Grundlage des vielzitierten inneren Antriebs dar. Doch wir können nur die Dinge im Leben erreichen, für die wir auch die Fähigkeiten und das nötige Know-how mitbringen. Mit dem Willen allein werden wir keinen Erfolg haben. Es ist wie bei einem Auto, das die beste Ausstattung, den besten Motor und die besten Reifen hat. Wenn es keinen Sprit bekommt, hilft dir auch die teuerste Ausstattung nicht weiter und du wirst nicht vorankommen.

Woran ich jedoch glaube, ist folgender Satz: »WENN DU WILLST, KANNST DU JEDEN TAG ETWAS MEHR LEISTEN, ALS

DU ES IN WIRKLICHKEIT TUST.« Kannst du dich mit dieser Aussage anfreunden? Mit diesem Zitat möchte ich dich nicht zu einem Workaholic trimmen oder die vollkommene Leistungsgesellschaft ausrufen. Wenn du eine tolle Leistung vollbringst, trägt dies zu deiner Zufriedenheit bei, richtig? Und wenn du etwas erreichst, was du bisher noch nicht geschafft hast, deine persönliche Grenze verschoben hast, dann bist du stolz auf dich, richtig?

Die Frage ist: Warum machen wir es dann nicht? Warum leisten wir nicht jeden Tag nur ein wenig mehr? Das Problem liegt nicht im Können, das Problem liegt in den meisten Fällen gar nicht in unseren Fähigkeiten, sondern das Problem ist: Die meisten von uns wollen einfach nicht und sind schlichtweg faul. Punkt. Für viele Menschen ist es einfacher und bequemer, daheim auf der Fernsehcouch anderen beim Sport zuzuschauen, als selbst Sport zu treiben. Nicht wenige Menschen lassen sich tagtäglich von »Gute Zeiten, schlechte Zeiten« berieseln, anstatt in ihrem eigenen Leben die guten und die schlechten Zeiten selbst zu erleben. Das ist eine Frage der richtigen Einstellung und des Wollens.

Als Beispiel möchte ich dir von Andreas Pröve erzählen. Andreas Pröve verunglückte als 23-Jähriger mit seinem Motorrad und ist seitdem querschnittgelähmt. Für viele Menschen wäre dies ein Grund, unglücklich zu sein und ein eingeschränktes Leben zu führen. Nicht jedoch Andreas Pröve, der schon drei Jahre nach seinem Unfall zu einer längeren Indienreise aufbrach und danach immer wieder monatelang durch die Welt reiste. Im Jahr 2010 kann er bereits auf eine 25-jährige Reisetätigkeit zurückblicken. Das allein ist schon mehr als beeindruckend. Andreas Pröve hat es darüber hinaus geschafft, von seiner Reiseleidenschaft leben zu können. Er ist Fotojournalist, schreibt erfolgreich Bücher und hält viele Vorträge. Wie er das geschafft hat? Mit der Macht des Willens.

Ein anderes berühmtes Beispiel stellt Stephen Hawking

dar, einer der bekanntesten Physiker und Astronomen der Welt. Er hat viele Beststeller über die Entstehung unseres Universums geschrieben. Doch der Erfolg ist ihm nicht in die Wiege gelegt worden, ganz im Gegenteil. Als Jugendlicher ist bei ihm Amyotrophe Lateralsklerose (ALS), eine seltene und unheilbare Krankheit, diagnostiziert worden. Er bekam gesagt, dass er nur noch ein paar Jahre zu leben hätte. Bald konnte er keinen einzigen Muskel mehr bewegen. Er musste sich im Rollstuhl fortbewegen und war 24 Stunden lang auf fremde Hilfe angewiesen. Seine Tage schienen gezählt. Doch Hawking gab sich nicht auf und fokussierte auf das Einzige, was ihm noch geblieben war: sein Denken. Er fing an, Bücher zu schreiben und das Leben wieder zu genießen. Hawking ist zum aktiven Gestalter seines Schicksals geworden, dank seiner Willenskraft. An der eigenen Willenskraft entscheidet sich, ob jemand etwas bewegen will oder nicht. Ob jemand die Couch verlassen will oder weiter fernsieht. Ob jemand seine Behinderung als Einschränkung sieht oder weiter durch die Welt reist. Ob jemand seine unheilbare Krankheit einfach hinnimmt oder weiterhin ein erfülltes Leben führt.

EINEN KLEINEN SCHRITT AUS DER KOMFORTZONE …

Mit dem Satz »Wenn du willst, kannst du jeden Tag etwas mehr leisten, als du es in Wirklichkeit tust«, meine ich jedoch nicht, täglich bis zum Umfallen zu schuften, immer länger und mehr zu arbeiten und unter allen Umständen an die persönliche Grenze zu gehen. Das Kennen der eigenen

Grenzen, die Entspannung und ein bewusstes Zurücknehmen sind genauso wichtig. Es kommt auch nicht immer auf die Quantität der Leistung an. **ES GEHT DARUM, JEDEN TAG EINEN KLEINEN SCHRITT AUS DER EIGENEN KOMFORTZONE ZU MACHEN.** Das müssen dann nicht nur extreme oder lang andauernde Projekte sein. Oftmals handelt es sich dabei um alltägliche Dinge wie den Wohnungsputz zu erledigen oder endlich den schwierigen Kunden zurückzurufen, der sich vor ein paar Tagen lauthals beschwert hat.

Doch wie oft verbringen wir unsere Zeit mit Dingen wie ziellosem Fernsehen, die wir stattdessen für unsere persönliche Weiterbildung nutzen könnten? Wenn wir nur wollten. Wenn man nur ein Drittel dieser Zeit dazu nutzt, ein gutes Buch zu lesen, ein interessantes Hörbuch zu hören oder seine Zeit anderweitig sinnvoll nutzt, hätte man in meinen Augen sehr viel gewonnen. Genau in solchen einfachen, alltäglichen Dingen zeigt sich für mich dieser Satz »Wenn du willst, kannst du jeden Tag etwas mehr leisten, als du es in Wirklichkeit tust.« Nochmals: Meine Intention ist es nicht, dich zu einem Workaholic oder zu einem »Rund-um-die-Uhr-Lerner« zu machen. Mir ist bewusst, dass du manchmal einen stressigen Alltag hast und einfach einmal auch nichts machen willst. Völlig in Ordnung. **MIR GEHT ES UM DIE GRUNDSATZFRAGE: WILLST DU WACHSEN ODER NICHT?** Willst du dich weiterentwickeln oder nicht? Willst du deine Komfortzone verlassen oder nicht?

Ich bin überzeugt, dass einige unter meinen Leser:innen 50 oder sogar 100 Kilometer am Stück laufen können. Was ich sportlich leiste, traue ich auch vielen anderen Menschen zu, denn ich bin – nochmals – kein Übermensch und auch kein überdurchschnittlich talentierter Läufer. Einzige Voraussetzung (lassen wir einmal die gesundheitlichen außen vor): Du musst es mit der gleichen Vehemenz wollen wie ich. Doch die meisten wollen gar nicht 50 Kilometer laufen. Das ist für mich der entscheidende Punkt. Sie müssten dann nämlich auf vieles verzichten. Sie müssten fast jeden Tag bei Wind und Wetter mehrere Stunden hart trainieren, müssten auf eine entsprechende Ernährung achten und könnten nicht mehr stundenlang vor dem Fernsehgerät sitzen. Sie müssten also sehr viel Zeit und Energie investieren. Die Frage ist selten: Können wir eine bestimmte Sache in unserem Leben erreichen? Natürlich können wir. Wir können uns all die Fähigkeiten und das gesamte Wissen immer und überall aneignen.

DIE VIEL WICHTIGERE FRAGE LAUTET: WOLLEN WIR WIRKLICH EINE BESTIMMTE SACHE IN UNSEREM LEBEN ERREICHEN?

EINE KRITISCHE SITUATION IM ZELT. Mir geht es nicht darum, dich zum Laufen zu motivieren. Mir geht es auch nicht darum, zu propagieren, unter allen Umständen immer an die persönliche Grenze zu gehen. Das ist dauerhaft kontraproduktiv und für Körper und Geist definitiv ungesund. Worauf es mir ankommt, ist, für sich selbst zu erkennen, in welchem Lebensbereich, bei welchen Aufgaben du »Ich will« sagst und diese dann auch konsequent erfüllst.

Beim Lauf um den Mont Blanc im Jahr 2009 bekam ich nach 80 gelaufenen Kilometern eurostückgroße Wasserblasen an meinen Füßen. An ein schmerzfreies Laufen war nicht mehr zu denken, bei jedem Schritt verzog ich mein Gesicht. Wasserblasen treten bei mir normalerweise nur sehr selten auf. Ausgerechnet bei solch einem langen Rennen wie am Mont Blanc kamen sie. Es lagen zu diesem Zeitpunkt noch weitere lange 80 Kilometer vor mir bis zum Ziel. Du musst wissen, dass ich das Ziel bei diesem Lauf in den Jahren zuvor schon zweimal erreicht hatte. Es stand also außer Frage, dass ich es schaffen konnte. Primär ging es also nicht um das Können, sondern in diesem Moment ausschließlich um das Wollen und um die richtige Einstellung. Ich ließ beim nächsten Verpflegungspunkt bei Kilometer 94 in Arnuva meine Füße behandeln. Als ich auf dem Feldbett im Sanitätszelt lag, hätte ich einige Gründe finden können, die für eine Aufgabe des Rennens sprachen. Doch Aufgeben war für mich einfach keine Option. Ich hatte die fixe Einstellung, dass ich den Lauf finishen werde. Mehr noch: Ich war mir absolut sicher, dass ich finishen werde. Und ich wollte dieses Rennen auch um jeden Preis erfolgreich beenden, weil es für mich persönlich sehr viel bedeutete. Und ich schaffte es auch.

Wenn ich heute an diese Situation zurückdenke, muss ich schmunzeln, denn die Behandlung meiner Blasen stellte für mich die unangenehmste und aufregendste Situation des ganzen Laufs dar. Ich muss dir gestehen, dass ich einen Riesenrespekt vor Nadeln habe. Und als ich im Zelt lag und der Arzt mit einer langen Spritze meine Blasen aufstach, damit sie austrocknen konnten, wurde mir schwarz vor Augen. Selbst Minuten danach musste ich noch liegen bleiben, bevor ich wieder aufrecht stehen konnte. Doch nach dieser Behandlung hatte ich während des restlichen Rennens keine Probleme mehr und konnte den Lauf wieder genießen.

Mit der Kraft des Willens ist sehr vieles im Leben möglich. Für mich ist die Einstellung »Ich will« einer der wichtigsten Faktoren auf dem Weg zum persönlichen Erfolg. Talent und Fähigkeiten sind sicherlich nicht unbedeutend, ganz im Gegenteil. Doch nur, wenn der Antrieb von einem selbst kommt, können auch die Fähigkeiten und das Talent voll ausgeschöpft werden. Um an die Weltspitze zu kommen, benötigst du Talent – überhaupt keine Frage. **DOCH FÜR WIE VIELE MENSCHEN GEHT ES ÜBERHAUPT DARUM, GANZ AN DIE SPITZE IN IHREM BEREICH ZU KOMMEN? UND FÜR WIE**

VIELE IST ES AUSREICHEND, EINFACH »NUR« DAS BESTE AUS SICH HERAUSZUHOLEN? Um genau das geht es mir: das Beste aus seinen Möglichkeiten zu machen und sein eigenes Potenzial voll auszuschöpfen.

Die innere Einstellung entscheidet

Nach Abschluss meines Studiums im Jahr 2003 hatte ich das Privileg, einmal kreuz und quer durch Australien zu reisen – für ein Jahr. Ich packte meinen Rucksack und flog allein nach Sydney, ohne einen konkreten Plan zu haben. In diesem Jahr habe ich so viele wertvolle Lebenserfahrungen gesammelt wie selten zuvor. Ich traf interessante Menschen aus der ganzen Welt und lernte, was es bedeutet, sein Leben selbst in die Hand zu nehmen. Ich kam auch in den Genuss, die schönsten Flecken auf unserem Planeten mit eigenen Augen zu sehen: den weltberühmten Ayers Rock, einsame und wunderschöne Strände, das Opernhaus in Sydney, die unendliche Weite des Outbacks und vieles mehr. Jeden der sieben Bundesstaaten durfte ich bewundern: Western Australia, South Australia, Queensland, New South Wales, Victoria, Northern Territory und Tasmanien. Doch ich reiste nicht nur die ganze Zeit durch das Land, sondern finanzierte mir den Aufenthalt durch Gelegenheitsjobs. Diese waren nicht immer ein Zuckerschlecken, sondern stellten teilweise harte körperliche Feldarbeit dar. Ob Trauben, Äpfel, Gurken, Melonen, Paprika oder Zwiebeln, es gab fast keine Obst- und Gemüsesorte, die ich in Australien nicht in meinen Händen gehalten hatte. Acht bis zehn Stunden am Tag immer die gleiche Tätigkeit zu verrichten, bei 40 Grad Außentemperatur, auf einem riesigen Feld, war für einen frischgebackenen Diplom-Betriebswirt eine gewaltige Umstellung.

Einen meiner längsten Arbeitsaufenthalte hatte ich in Naracoorte. Naracoorte ist mit gut 5.000 Einwohnern eine ländlich geprägte Kleinstadt im Südosten des Bundesstaates South Australia und liegt etwa 330 Kilometer von Adelaide entfernt. In diesem Ort befand sich die Naracoorte Backpackers, eine Unterkunft mit lauter jungen, arbeitswilligen Reisenden. Die Naracoorte Backpackers fungierte als Vermittler zwischen den einzelnen Farmern aus der Gegend und den Backpackern. Wer nicht wirklich arbeiten wollte, durfte auch nicht in dieser einfachen Herberge wohnen. Gleich nach meiner Ankunft wurde ich einer Farm zugeteilt. Die ersten Tage sind immer die schwierigsten, weil man sich als Backpacker wieder an den neuen Tagesrhythmus gewöhnen muss. Kurz vor fünf Uhr klingelte mein Wecker und es war für mich eine enorme Überwindung, aufzustehen und zum Frühstück zu gehen. Eine weitere Herausforderung bestand darin, jeden Morgen in die dreckigen, stinkenden Klamotten zu steigen, die man für die Arbeit auf dem Feld bekam. Dann ging es, zusammen mit gut 25 anderen Backpackern, im Bus zur Farm, einem riesigen Winzergrundstück. Um 6:30 Uhr war Arbeitsbeginn. Unsere Aufgabe bestand darin, Trauben zu schneiden, den ganzen Tag lang. Reihe für Reihe. Und diese schienen unendlich lang zu sein. Die Zeit verstrich dabei nur langsam, Minuten kamen mir wie Stunden vor, Stunden wie Tage. Die aufkommende Hitze machte diese sehr monotone Tätigkeit fast unerträglich. Ich war immer froh, wenn die Glocke ertönte, die die Pause und das Ende der Arbeit markierte. Jeder Tag zog sich gewaltig in die Länge. Das ging fast vier Wochen so, tagaus, tagein immer die gleiche Tätigkeit. Sogar am Wochenende wurde mitunter gearbeitet. Nur als das Thermometer an einem Tag 46 Grad anzeigte, wurde die Arbeit ausnahmsweise eingestellt.

Ich dachte in dieser Zeit häufig, und ich hatte sehr viel Zeit zum Nachdenken während des Traubenschneidens:

Warum führe ich diese Tätigkeit bloß aus? Ich hatte ein paar Mal den Gedanken, die Arbeit einfach hinzuschmeißen und weiterzureisen. Doch mir wurde jedes Mal bewusst, dass ich ohne diesen Job kein Geld verdienen würde und somit meine Reise nicht fortsetzen könnte. Deshalb stand ich weiterhin jeden Morgen um kurz vor fünf Uhr auf, quälte mich in meine miefenden Arbeitsklamotten und versuchte, das Beste aus dem Tag zu machen. Ich hatte die Einstellung, dass ich diesen Job, so monoton und unbequem er auch war, zu Ende bringen wollte. Und ich schaffte es auch. Nach einem guten Monat in Naracoorte war meine Reisekasse wieder voll und ich konnte die nächsten sechs Wochen weiter durch Down Under reisen. Diese Erfahrung hat mich für mein weiteres Leben ungemein geprägt. Wenn ich heute beispielsweise in einem beruflichen Projekt nicht weiterkomme, dann denke ich oft an die Zeit in Naracoorte zurück und sage mir: »Im Vergleich zur Farmarbeit ist diese Aufgabe doch paradiesisch.« Es fällt mir danach leichter, weiterzuarbeiten und das Beste aus dieser Situation zu machen.

Der Sprung ins kalte Wasser

Wenn ich heute an meine Zeit als Kind und Jugendlicher zurückdenke, wird mir immer mehr bewusst, dass ich die wirklich wichtigen Dinge in meinem Leben nicht in der Schule und auch nicht im Studium gelernt habe. Weder habe ich gelernt, wie ich mir Ziele setze, noch habe ich erfahren, wie ich vor anderen Menschen spreche. Und mir wurde auch nicht beigebracht, wie ich mein Talent und meine Fähigkeiten am besten einsetzen kann. Das alles habe ich mir nur durch eigene Erfahrungen, durch Neugierde, durch Offenheit für neue Dinge, durch meine Reisen, durch meine sportlichen Abenteuer und immer wieder durch den Sprung ins kalte Wasser angeeignet. Wenn ich den »normalen« Karriereweg nach meinem Studium gegangen wäre, dann würde ich jetzt wahrscheinlich als Unternehmensberater in irgendeinem Unternehmen sitzen und Kunden bei der Implementierung von IT-Softwarelösungen zur Seite stehen. Nur weil ich den Schritt in das berufliche Abenteuer »Extremsport« gewagt habe, führe ich heute ein Leben nach meinen Bedürfnissen und Werten.

Das Bemerkenswerte daran ist: Die Entscheidung lag und liegt immer bei mir. Wenn ich heute unzufrieden mit meinem Job bin, kann ich diesen kündigen und mir einen neuen suchen. Wenn ich mit meinem Partner nicht mehr glücklich bin, kann ich diese Beziehung so weiterführen oder sie beenden. Die Entscheidung liegt immer bei dir. Du entscheidest, ob du dazulernen willst oder nicht. Du bestimmst, ob du morgens im Bett liegen bleibst oder ob du zur Arbeit gehst. ES LIEGT GANZ BEI DIR, OB DU LIEBER AKTIV FUSSBALL SPIELST ODER OB DU DAHEIM AUF DER FERNSEHCOUCH ANDEREN BEIM FUSSBALLSPIELEN ZUSCHAUST. ES LIEGT NUR AN DIR UND AN DEINER EINSTELLUNG.

Du bist für alle deine Entscheidungen selbst verantwortlich. Verantwortung für das eigene Leben zu übernehmen, ist eine der bedeutsamsten Lektionen, die du in deiner Entwicklung lernen darfst. Doch anstatt Verantwortung für das eigene Leben zu übernehmen, suchen viele Menschen die Schuld bei anderen. Dann ist lieber der böse Chef schuld an der eigenen unbefriedigenden beruflichen Situation. Das ist schließlich auch einfacher, als selbst eine Entscheidung zu treffen und Verantwortung zu übernehmen. Auch das ist eine Frage der richtigen Einstellung.

Durch meine Reise nach Indien und Nepal habe ich mich nicht nur sportlich weiterentwickelt, sondern durch die Begegnungen mit den Menschen konnte ich einiges von ihnen lernen. Schon bei meiner Ankunft in Kathmandu hatte ich das erste Schlüsselerlebnis. Der Flughafen in Kathmandu, der Hauptstadt Nepals, präsentiert sich seinen Besuchern als einfache, leere und heruntergekommene Fabrikhallen. Nach einem langen Flug und einem längeren Zwischenstopp in Delhi wollte ich so schnell wie möglich in mein Hotel. Der Aufenthalt und die Einreise nach Indien waren zuvor durch einen unfreundlichen, lauten und abweisenden Ton gekennzeichnet gewesen. Mein erster Eindruck von Indien war zumindest nicht allzu positiv. Ich rechnete hier in Nepal mit einem ähnlich schroffen Umgangston. Doch kaum hatte ich die Eingangshalle des Flughafens betreten, kamen zwei junge Nepalesen auf mich zu und fragten mich, ob sie mir beim Ausfüllen meines Visumsantrages behilflich sein dürften. Sie sprachen gutes Englisch und halfen mir nicht nur bei den Formalitäten, sondern begleiteten mich auch durch den Zoll bis zum Ausgang. Auch die Beamten am Zoll und das Flughafenpersonal waren sehr freundlich und scherzten mit mir und den anderen Reisenden. Es herrschte eine angenehme und entspannte Atmosphäre und ich fühlte mich überhaupt nicht wie in einem der ärmsten Länder der Erde. Auf solch entgegenkommende Art und Weise wurde ich selten zuvor in einem anderen Land empfangen.

Die Lebensbedingungen in Nepal und Indien sind teilweise erschreckend. Ich traf in Delhi auf viele bettelnde Kinder, die mich mit traurigen Augen verfolgten und auf Hilfe hofften. Ich war bestürzt über verwahrloste Menschen, die oft regungslos in den Straßen lagen, und fand Unmengen an abgemagerten, herrenlosen Hunden auf der Suche nach Essensresten. Oft bot sich mir ein erschütterndes Bild, das mich immer wieder zu dem Gedanken führte, wie unglaublich gut es uns in der westlichen Welt doch geht. Doch trotz unseres materiellen Wohlstands in Deutschland jammern und klagen viele Menschen über ihre scheinbar miserable Lage. Verglichen mit den Menschen in Indien ist das jedoch nur Jammern auf hohem Niveau. Das sollten wir uns immer wieder vor Augen halten. **WAS ICH VON DEN MENSCHEN IN INDIEN UND NEPAL GELERNT HABE, IST, DASS DIE MEISTEN TROTZ GRÖSSTER ARMUT UND BESCHEIDENSTER VERHÄLTNISSE EINE POSITIVE EINSTELLUNG ZU IHREM LEBEN HABEN.** Sie waren offen und aufgeschlossen gegenüber anderen Menschen, sie waren neugierig und versuchten, einfach das Beste aus ihren Möglichkeiten zu machen. Und noch etwas: Die Menschen waren dankbar für das, was sie hatten. Eine bewundernswerte Einstellung, die auch wir uns zu eigen machen können. Denn unsere Alltäglichkeiten sind eigentlich absolute Privilegien: Wir können Bücher lesen, dürfen jederzeit ins Internet und können uns in jede denkbare Richtung weiterentwickeln. Wir müssen unsere Möglichkeiten nur wahrnehmen und wertschätzen. Und das liegt an uns und unserer Einstellung.

Die Frage nach dem Warum

Im Oktober 2012 nehme ich bei einem der anspruchsvollsten und gleichzeitig beeindruckendsten Wüstenrennen der Erde teil: dem Kalahari Extreme Marathon in Südafrika. Dieser Lauf geht über insgesamt 250 Kilometer in sechs Etappen durch den südlichen Teil der Kalahari-Wüste. 45 Läuferinnen und Läufer aus der ganzen Welt sind am Start. Unter ihnen ein junger Mann, der sich schon aufgrund seiner äußeren Erscheinung deutlich von den anderen Läufern unterscheidet: Kian aus Singapur. 34 Jahre alt, Vater von zwei Kindern und fast immer gut drauf. Ein richtig lockerer Zeitgenosse ist das. Als ich ihn vor dem Lauf in Johannesburg zum ersten Mal sehe, denke ich: Hmmm, was will denn der hier? VON SEINEM ÄUSSEREN PASST ER EHER ZUM SUMO-RINGEN ALS ZUM LAUFEN. DER BRINGT MINDESTENS 100 KILOGRAMM AUF DIE WAAGE. Ein Koloss eines Mannes. Wie will denn der mit so einer Statur diesen sehr anspruchsvollen Wüstenlauf bestehen? Das schafft er nie. Absolut ausgeschlossen.

Als wir im Hotel unsere Rucksäcke für den Lauf packen, erzählt mir Kian stolz, dass er durch das Training für diesen Lauf bereits 20 Kilogramm abgenommen hätte. Von 125 auf 105 Kilogramm. Mehr aus einem Verantwortungsgefühl heraus frage ich ihn daraufhin: »Wie viele Marathons bist du denn schon gelaufen?« Nach meiner Einschätzung hätte jetzt so etwas kommen müssen wie: schon dutzende Marathons und auch schon den einen oder anderen Ultramarathon. Kian aber reagiert völlig verblüfft und antwortet mir: »Ich habe noch keinen einzigen Marathon gemacht. Mein längster Wettkampf ging über zehn Kilometer.« Ich denke mir im Stillen: »Wow. Das ist ja mal eine gute Basis für solch einen extremen Wüstenlauf. Es ist nur eine Frage der Zeit, bis er aufgibt.«

Für mich ist das ein großes Dilemma, denn ich mochte ihn auf Anhieb und bin froh, dass er bei diesem Lauf dabei ist, aber ich habe – gelinde ausgedrückt – ernsthafte Bedenken. Ich bin drauf und dran, ihm zu sagen: »Junge, lass mal stecken, genieß einfach die Gegend, achte auf deine Gesundheit und fahr in einem der Begleitfahrzeuge des Organisationsteams mit.«

Am nächsten Tag geht das Rennen los. Die erste Etappe über 30 Kilometer ist zum Einlaufen gedacht. 40 Grad Celsius, gleißende Sonne, sandige Strecke. Extrem kraftraubend. Ich bin begeistert von der Landschaft, voll in meinem Element und komme locker ins Etappenziel. Und irgendwann, sehr viel später als alle anderen, erreicht auch Kian das erste Lager. Er ist gut gelaunt, doch wir haben ja noch 220 lange und schwere Kilometer vor uns. Auf der zweiten Etappe, die technisch deutlich anspruchsvoller als die erste ist, gilt es, 38 Kilometer zu laufen. Fünf Läufer geben heute bereits auf. Doch Kian hält irgendwie durch, kommt nach elf Stunden im Lager an. Völlig erschöpft, fix und fertig mit der Welt – aber er ist im Tagesziel. Auch die dritte Etappe hält er durch. Am vierten Tag steht die Königsetappe an. 79 Kilometer am Stück. 79 Kilometer durch tiefen Sand, durch gnadenlose Hitze und später auch durch die Dunkelheit. Heute wird sich definitiv die Spreu vom Weizen trennen. Nach 16 Stunden ist der letzte Läufer im Camp angekommen, einige haben aufgegeben, nur einer fehlte überhaupt: Kian. Dann kommt die Nacht. Von Kian keine Spur. Am nächsten Tag geht wieder die Sonne auf. Von Kian immer noch keine Spur.

Doch als niemand mehr wirklich an ihn glaubt, torkelt er heran und finisht auch die Königsetappe. Hundemüde, völlig dehydriert und geschwächt. 27 Stunden hat er für diesen Abschnitt gebraucht, sich mutterseelenallein durch die Nacht gekämpft und nicht aufgegeben. Alle sind fassungslos.

Kian schafft auch noch die letzten zwei Etappen und beendet den gesamten Kalahari Extreme Marathon trotz enormen Übergewichts, entgegen allen Vorhersagen und gegen jede reelle Chance. Unglaubliche 73 Stunden und 10 Minuten ist er gelaufen!

MOTIVATION BASIERT AUF MOTIVEN.

Selbstverständlich musste ich ihn, den vermeintlich Ahnungslosen, anschließend fragen, was sein Geheimnis war. Wie hatte er das geschafft? Und warum hatte er sich diese übermenschliche Anstrengung angetan? Warum das alles?

Was war seine Antwort? Ebenso einfach wie auch sofort einleuchtend und schön: Ein bedeutendes soziales Projekt in seiner Heimat war der tiefere Hintergrund für seine Teilnahme. Dafür war er über seine Grenzen gegangen. Er war für Kinder in den Waisenhäusern Singapurs gelaufen. Jeder Kilometer brachte bares Geld für diese Kinder. Immer wenn es ihm extrem schlecht gegangen, immer wenn Verzweiflung aufgekommen war, hatte er an diese Kinder gedacht. Das imponierte mir sehr und ich kann mich heute noch lebhaft daran erinnern, wie seine Augen leuchteten, als er mir davon erzählte.

Wir können Kians Geschichte übertragen und diese Sinnfrage auch in anderen Bereichen stellen. Warum liest du dieses Buch? Warum gehst du deinem aktuellen Beruf nach? Warum stehst du jeden Morgen auf? Warum bist du mit deinem derzeitigen Partner zusammen?

Vielleicht hast du dir diese Fragen schon länger nicht mehr gestellt. Deshalb ermutige ich dich: Frage dich nach deinem innersten Motiv für die jeweilige Handlung. Von deinen Motiven gehen unerschöpfliche Kräfte aus. Warum ist das so? Motive sind dem emotionalen und unbewussten Bereich zuzuordnen. Sie sprechen durch das Bauchgefühl zu uns. Ziele hingegen sind eher rationaler Art und viel leichter in Worte zu fassen. Wir setzen uns Ziele bewusst. Sie spielen sich im Kopf ab. Das Problem ist: Viele Menschen sind absolute Zielsetzungsweltmeister. Ständig stecken sie sich hohe Ziele und tun alles, um diese zu erreichen. Die persönliche Zielsetzungsleiter wird so schnell wie möglich erklommen. Am Ende kommen sie ganz oben an und stellen fest: Die Leiter lehnt an der falschen Hauswand. Motive und Ziele stimmen nicht überein. Viele Menschen vergessen, sich die entscheidende Frage zu stellen: Die Frage des WARUM und WOFÜR. Die Frage nach unserem Ziel, nach dem WOHIN, hilft allein nicht weiter, sondern macht nur in Kombination mit dem *WARUM* und *WOFÜR* Sinn. Wenn wir ein Ziel *und* ein Motiv haben, und beides übereinstimmt, dann sind wir langfristig motiviert.

IN MOTIVATION STECKT EIN WICHTIGES WORT: MOTIV. Um dauerhaft motiviert zu sein, benötigen wir ein starkes Motiv. Motivation basiert auf Motiven. Die Kunst der Selbstmotivation liegt darin zu wissen, warum wir etwas tun. Die Frage nach dem Warum zählt zu den wichtigsten im Leben. Nur wenn ich meine Motive, meine Beweggründe kenne, bin ich motiviert und werde auch handeln.

Ray und die Krokodile

In Bezug auf unsere Motive möchte ich mit dir eine weitere Erfahrung teilen, die ich in Australien gemacht habe. Ich hielt mich während meiner einjährigen Reise sehr lange im Norden des Landes auf, weil mich die unendlich erscheinende Weite des Outbacks, die vielseitige Landschaft, der Artenreichtum an Tieren und das extreme Klima dort ungemein beeindruckten. Für mich steht das Northern Territory für das wahre Australien. Deshalb verbrachte ich einen Großteil meiner Zeit dort. Ich hatte das Glück, kurzfristig für ein paar Wochen auf einer riesigen Farm wohnen und arbeiten zu dürfen. Einem Grundstück so groß wie 100 Fußballfelder. Um mich herum war nichts, nur die unendliche Weite des Outbacks umgab mich. Der nächste Supermarkt lag gut 250 Kilometer entfernt. 35 Grad im Schatten waren keine Seltenheit. Und dann waren da noch gut 2.000 Salzwasserkrokodile. Ich befand mich nämlich auf einer riesigen Krokodilfarm. Diese Farm wurde von Bluey, einem Südafrikaner, der vor 20 Jahren nach Australien ausgewandert war, und seiner Frau Janelle bewirtschaftet. Zwei liebenswerte Menschen, die mich an ihrem Leben teilhaben ließen. WWOOFing – so lautete das Zauberwort, durch das ich auf diese Farm kam. WWOOFing steht für Willing Workers On Organic Farms und ist ein Programm, das von Backpackern gerne genutzt wird. Es beinhaltet, dass du auf einer Farm Unterkunft und Essen bekommst und dich im Gegenzug verpflichtest, pro Tag ein paar Stunden zu arbeiten. Mit 2.000 Krokodilen zu arbeiten, stellte für mich keine Arbeit dar, sondern bedeutete eine neue, aufregende und sicherlich auch extreme Erfahrung. Wenn du in ein Gehege mit 20 Krokodilen gehst, die jeden Moment nach dir schnappen können, ist das eine Grenzerfahrung. Okay, bei den Tieren handelte es sich noch um Jungtiere, doch ein Biss hätte trotzdem schmerzhafte Folgen haben können. MIR FIEL JEDES MAL DAS HERZ IN DIE HOSE, WENN SICH EIN KROKODIL BEWEGTE UND AUF MICH ZUKAM. Es gab noch eine weitere Person auf dieser riesigen Farm: Ray, den einzigen ständigen Mitarbeiter des Familienbetriebes. Ray ist ein typischer Australier, so wie man ihn sich vorstellt: braungebrannt, lange Haare, verschwitztes Shirt und natürlich seine Flip-Flops, die er ständig trug. Mit Ray durfte ich zusammenarbeiten und das bereitete mir große Freude, denn er war die meiste Zeit richtig locker drauf. Obwohl er allein, ohne Familie und Angehörige, auf dieser Farm lebte, schienen ihm der Job und das Leben hier zu gefallen. Morgens nach dem Frühstück stand immer das Waschen der Krokodilgehege auf dem Programm. Wir gingen dazu in eine Art Gewächshaus, in dem sich unzählige große Wannen befanden. In jeder dieser Wannen hausten dreißig bis vierzig Krokodile, die erst ein paar Tage alt waren. Obwohl sie noch recht klein waren und niedlich ausschauten, reagierten sie auf meine Putzaktion schon recht aggressiv und schnappten nach mir. Bei den kleinen Krokodilen war das noch ungefährlich und nett anzuschauen, doch bei den älteren musste ich höllisch aufpassen, dass sie mich nicht erwischten. Nach dem Reinigen der Gehege standen das Zubereiten der Nahrung und schließlich die Fütterung der Krokodile auf dem Programm. Das war für mich immer einer der Höhepunkte des Tages. Mit gut 15 Eimern, randvoll mit Pferdefleisch, fuhren wir zu den Krokodilen. Mit Schubkarren beförderten wir die Eimer zu den einzelnen Gehegen, was eine große Aktivität der Krokodile zur Folge hatte. Von einer Sekunde auf die nächste wurden aus den scheinbar toten Geschöpfen bewegungsfreudige, sehr impulsive Tiere. Als ginge es um Leben und Tod, stürzten sie sich auf jeden Brocken Fleisch. Dabei stellten sie ihre sehr eindrucksvollen Zähne zur Schau. Ich war fasziniert von der Impulsivität und Eleganz dieser Tiere. Doch es wurde nicht den ganzen Tag über nur gearbeitet. Die Australier und insbesondere Ray hatten in diesem Punkt eine relativ lockere und entspannte Haltung. Ray nahm sich häufiger längere Pausen, gönnte sich dann immer das eine oder andere Bier und schaute sich stundenlang Cricket im Fernsehen an. Ich fragte mich nach ein paar Tagen: Warum macht er das? Was sind seine Motive, allein, ohne Familie und Angehörige, hier zu leben und zu arbeiten? Eines Tages stellte ich ihm genau diese Frage. Und er sagte mir in seinem typischen australischen Slang: »Hey mate, no worries. I love it to be here. The quietness, the beautiful nature and the simplicity of life. I don't miss anything in my life.« Ray liebte es, hier leben zu dürfen. Die Ruhe, die Natur und das einfache Leben beeindruckten ihn. Ray war sich also absolut im Klaren darüber, warum er hier allein in der größten Einöde lebte und arbeitete.

Was ich durch Ray wieder lernen durfte: DU BRAUCHST IM LEBEN NICHT VIELE MATERIELLE DINGE, UM GLÜCKLICH ZU SEIN, UND DENNOCH KANNST DU REICH SEIN. REICH AN ERFAHRUNGEN. Und Ray war ein reicher Mann. Seine innere Ruhe, seine Gelassenheit und seine Zufriedenheit zeigten mir dies. Er hatte klare Motive und lebte nach diesen.

MOTIVATION = SUMME AN MOTIVEN

Mit der Frage nach meinen Motiven setzte ich mich das erste Mal richtig auseinander, als ich sie auch aus meinem Familienkreis gestellt bekam. Als ich nach meinem Laufabenteuer am Mont Blanc im Jahr 2007 nach Hause kam, erzählte ich allen von meinen fantastischen Erlebnissen und Erfahrungen. Ich schwebte auf Wolke sieben. Als ich auch meine Oma besuchte, meinte diese trocken: »Dass du immer in den Bergen rumlaufen musst. Bleib doch auch einmal zu Hause. Was hat dir das denn jetzt wieder gebracht?« Diese Frage fand ich interessant und berechtigt und sie regte mich zum Nachdenken an. Worin lag der Sinn in dem ganzen Lauf? Warum machte ich so etwas? Meine Oma schaffte es tatsächlich, dass ich mich sehr intensiv mit dieser Frage auseinandersetzte. Ich fragte mich in den folgenden Tagen immer wieder: Warum läufst du über 40 Stunden am Stück um das Mont-Blanc-Massiv? Um was geht es dir dabei wirklich? Ich fand heraus, dass es für mich hauptsächlich um die Intensität der Erfahrungen geht. Ich lebe in diesen Momenten wie beim Lauf um den Mont Blanc sehr intensiv. Die starken Glücksmomente, wenn ich beispielsweise nach stundenlangem Bergauflaufen endlich den Pass erreiche und eine unbeschreiblich schöne Aussicht erleben darf. Die Morgensonne, die die umliegenden Berggipfel in einem warmen Rot erscheinen lässt. Das ist schwer in Worte zu packen. Du stehst einfach da, vergisst jegliches Zeitgefühl, bekommst Gänsehaut und erfreust dich an den Schönheiten der Natur. Wie ein kleines Kind. Du bist einfach im Reinen mit dir, obwohl du schon 20 Stunden und länger in äußerst anspruchsvollem Gelände bei Tag und Nacht unterwegs bist. Das bedeutet für mich intensiv. Nur eine Stunde später befinde ich mich in meinem tiefsten Tief. Jeder Schritt fällt auf einmal schwer. Meine Muskeln schreien nach einer Pause. Du würdest dich am liebsten hinlegen und schlafen. Die Augen fallen dir fast während des Laufens zu. Und ausgerechnet jetzt kommt die anspruchsvollste Passage des gesamten Rennens: ein Mörderanstieg mit über 30 Prozent Steigung. Der Körper möchte aufgeben, doch der Kopf will weiter. Ich beginne die ersten Meter dieser sehr steilen Bergauf-Passage hochzusteigen. Und urplötzlich bin ich wieder voll da. Die Schmerzen sind wie weggeblasen, von Müdigkeit keine Spur mehr. Ich lebe!

Vor ein paar Sekunden schien die Welt für mich noch unterzugehen und nun laufe ich geschmeidig den Bergpfad hoch, als hätte das Rennen gerade erst begonnen. WENN DU DICH IN EINER KRITISCHEN LAGE BEFINDEST, GEHT ES TROTZDEM IRGENDWIE WEITER, WENN DU NICHT AUFGIBST, SONDERN WEITER EINEN SCHRITT VOR DEN ANDEREN SETZT. Diese Erfahrungen, die eigene Grenze verschieben zu können, über einen toten Punkt hinwegzugehen, eine ausweglos erscheinende Situation zu meistern, stellen für mich besondere, intensive Lebensmomente dar, die ich bewusst suche und die mich antreiben.

Solche Erfahrungen bekomme ich niemals, wenn ich mich immer nur in meiner »normalen« Alltagswelt bewegen würde. Abenteuerläufe wie am Mont Blanc stiften mir persönlich einfach unheimlich viel Sinn. Ein Maler drückt sich in seinen Bildern aus, ein Bildhauer durch seine Skulpturen, ein Sternekoch durch seine Gerichte und ein Architekt durch seine Gebäude. Ich drücke mich eben durch das Laufen, meine Abenteuer und auch meine Vorträge aus. MOTIVATION IST FÜR MICH NICHTS ANDERES ALS DIE SUMME AN MOTIVEN, DIE DAS HANDELN EINES MENSCHEN BESTIMMEN. Was davon sind deine Motive? Nimm dir die Zeit und beschäftige dich mit diesen Motiven.

DIE KUNST IST ES, SEINE EIGENEN MOTIVE ZU ERKENNEN UND NACH IHNEN ZU LEBEN. NUR DANN SIND WIR AUCH MOTIVIERT.

Ein Grund, warum viele Menschen unzufrieden mit ihrem Leben sind, ist, dass sie ihre wahren Motive nicht kennen und nicht nach ihnen leben. Doch wie willst du motiviert sein, wenn du nach Motiven lebst, die der eigenen Person nicht entsprechen? Nach Motiven handeln, die gar nicht die eigenen sind? Oder du erst gar nicht weißt, nach welchen Motiven du lebst? Die Basis und Voraussetzung für ein motiviertes Leben stellen Motive dar. Und zwar ausschließlich die eigenen. SEINE EIGENEN MOTIVE ZU ERKENNEN, SICH DIESE IMMER WIEDER BEWUSST ZU MACHEN UND NACH IHNEN ZU LEBEN, IST DIE GRUNDLAGE FÜR SELBSTMOTIVATION.

Willkommen in der Zone der Herausforderung

»Nur wer etwas riskiert, ist wirklich frei« – dieses Zitat eines unbekannten Autors definiere ich folgendermaßen um: »Nur wer etwas riskiert, kann auch persönlich wachsen.«

Ein Grundbedürfnis von uns Menschen ist das Wachstum. Damit meine ich die persönliche Reife, die Weiterentwicklung, das Dazulernen. Doch wir können nur wachsen, wenn wir aus unserer persönlichen Komfortzone treten und bereit sind, neue Erfahrungen zu sammeln und ausgetretene Pfade zu verlassen. Oder wie ich es nenne: die Zone der Herausforderung zu betreten. Doch ich habe das Gefühl, dass unsere Gesellschaft einfach zu bequem, zu satt und zu unbeweglich geworden ist. Die meisten Menschen wollen einfach in ihrer Komfortzone bleiben. In diesem persönlichen Sicherheitsbereich ist es gemütlich und wir müssen uns nicht anstrengen. Da wird dann zum Beispiel über 30 Jahre ein und derselbe Job ausgeübt oder wir fahren seit Jahren immer zum gleichen Urlaubsort. Dagegen ist nichts einzuwenden, solange die Menschen damit zufrieden sind. Wenn diese Menschen jedoch anfangen zu jammern und ihre Unzufriedenheit an ihrer Umgebung auszulassen, empfinde ich das als störend.

STILLSTAND BEDEUTET RÜCKSCHRITT.

Sobald es anstrengend wird, hören viele Menschen auf und ziehen sich in ihre Komfortzone zurück. Das Neue, das Unbekannte, das Ungewisse wird gescheut und man bevorzugt lieber den alten, bekannten und bequemen Weg. Ein guter Freund von mir ist schon seit über zehn Jahren bei demselben Arbeitgeber. Tagaus und tagein macht er den gleichen Job. Seit zwei Jahren beklagt er sich immer wieder über seine berufliche Situation. Auf der einen Seite schaut er sich nach neuen Alternativen um und erzählt mir, was er alles gerne machen würde: ein neues Studium oder einen anderen Job. Doch genau diesen Schritt, intensiv Bewerbungen zu schreiben oder sich für das Studium zu akkreditieren, den hat er bisher nicht gemacht. Er bleibt also weiterhin in seiner Komfortzone.

DAS AUSHARREN IN DER BERÜHMTEN KOMFORTZONE FÜHRT ZWANGSLÄUFIG ZUM STILLSTAND UND STILLSTAND BEDEUTET RÜCKSCHRITT. Häufig bin ich von Menschen umgeben, die stärker an einer Anhäufung von materiellen Gütern, Statussymbolen und Sicherheiten interessiert sind, als etwas Neues und Unbekanntes zu wagen. Besitztum, materielle Dinge und Titel sind für mich nicht wichtig. Sie stellen Mittel zum Zweck dar. Mir kommt es auf das Erleben von neuen Erfahrungen, das Immer-wieder-ins-Unbekannte-aufbrechen-Können und die persönliche Weiterentwicklung an. Wir können uns nur weiterentwickeln, wenn wir uns anstrengen und die persönliche Komfortzone verlassen. Ein Vortragstitel meines Rednerkollegen Reinhard Ematinger lautet »Arsch hoch!«, was die Aufforderung zum Verlassen der Komfortzone auf passende Art und Weise beschreibt. Genau darum geht es: seinen breiten Hintern aus der bequemen Couch zu heben und sich in ein unbekanntes, ungemütliches Terrain zu bewegen. Das kann bedeuten, zum ersten Mal vor großem Publikum zu reden oder allein eine lange Reise anzutreten. Es kann auch beinhalten, sich beruflich neu zu orientieren oder allein in eine andere Stadt zu ziehen. Der Sohn eines guten Bekannten von mir hat beispielsweise dieses Frühjahr sein Abitur gemacht und ist danach für sechs Monate allein durch Neuseeland gereist. Willkommen in der Zone der Herausforderung. Ein Lauffreund von mir war bis Mitte Vierzig bei einem großen Staatskonzern angestellt. Sicherer Job. Er kündigte diesen und fing nochmals ein Studium an. Willkommen in der Zone der Herausforderung. Ein anderer Freund war bis zu seinem dreißigsten Lebensjahr bekennender Couch-Potatoe, trank Unmengen an Alkohol, rauchte täglich vier Schachteln Zigaretten und wog über 120 Kilogramm bei einer Körpergröße von 1,83 Metern. Dann entdeckte er die Leidenschaft zum Sport und fing mit dem Laufen an. Heute ist er Ultramarathonläufer, hat 50 Kilogramm abgenommen, trinkt keinen Alkohol mehr und hat auch das Rauchen eingestellt. Willkommen in der Zone der Herausforderung.

KOMFORTZONE ODER ZONE DER HERAUSFORDERUNG?

Ich selbst habe mich im Jahr 2008 entschieden, meinen sicheren Job an den Nagel zu hängen und zukünftig als Extremsportler und Vortragsredner mein Geld zu verdienen. Das Ganze war mit einem großen Brocken Risiko behaftet. In meinem Job als Unternehmensberater hatte ich jeden Monat mein sicheres und gutes Einkommen. Dieses war nun von einem Monat auf den anderen weg. Ich musste mich zu Beginn meiner Selbstständigkeit mehr als einmal fragen, wie ich den kommenden Monat finanziell überstehen und wie es überhaupt weitergehen kann. Ich musste in den Anfangsjahren auf jeden Euro achten und war über jeden einzelnen Vortrag glücklich, den ich halten durfte. Meine Laufexpeditionen waren, speziell zu Beginn meiner Selbstständigkeit, zum Erfolg verdammt. Ein Scheitern konnte ich mir fast nicht leisten. Ich musste meine sportlichen Projekte zunächst komplett aus eigener Tasche vorfinanzieren. Finanzsponsoren, wie sie bekannte Extrembergsteiger besitzen, hatte ich nicht. Ich musste also zunächst in Vorleistung gehen und hoffen, dass die sportlichen Projekte am Ende das Geld in Form von Vorträgen und Büchern wieder hereinholen. Das hat mir mehr als nur eine schlaflose Nacht gebracht. Seinen Sport als Hobby zu betreiben, ist etwas komplett anderes, als davon vollständig seinen Lebensunterhalt zu bestreiten. Das lernte ich sehr schnell. Doch nur, weil ich ein Risiko eingegangen bin und kurzfristig Verzicht geübt habe, bin ich mittel- bis langfristig auf den für mich richtigen Weg gekommen. Nur weil ich meine Komfortzone verlassen und diesen Schritt gewagt habe, führe ich heute ein selbstbestimmtes und erfülltes Leben.

Du musst kein Extremsportler werden, um die Komfortzone verlassen zu können. Es geht schon bei kleinen, alltäglichen Dingen los. Wenn morgens der Wecker klingelt, kann ich entweder gleich aufstehen oder im Bett liegen bleiben. Komfortzone oder Zone der Herausforderung? Wenn ich abends Sport treiben möchte, kann ich das wirklich tun oder mich stattdessen vor den Fernseher setzen. Komfortzone oder Zone der Herausforderung? Wenn ich mir vornehme, mich jeden Tag eine Stunde lang weiterzubilden, kann ich das tun oder es bleiben lassen. Komfortzone oder Zone der Herausforderung?

DIE SACHE MIT DEN VORSÄTZEN ...

Die persönliche Komfortzone definiert jeder Mensch anders. Ob die Menschen tatsächlich ihre Komfortzone verlassen, lässt sich jedes Jahr nach Silvester beobachten. Was passiert da häufig? Das Jahr beginnt und wir haben viele gute Vorsätze gefasst, was wir im neuen Jahr alles anders machen wollen. Wir sagen uns beispielsweise in voller Euphorie und bester Silvesterstimmung: »Ab dem 1. Januar fange ich an, Sport zu treiben.« Der erste Tag des neuen Jahres ist schließlich vorbei und wir haben unseren Vorsatz noch nicht in die Tat umgesetzt. Morgen ist auch noch ein Tag, denkt manch einer. Doch auch am 2. Januar finden wir alle möglichen Gründe, um nicht unsere Sportklamotten anziehen zu müssen. Die anfängliche Begeisterung hat schon deutlich nachgelassen. Nach ein paar Tagen ist von dem guten Vorsatz nichts mehr zu spüren. Was ist passiert? Die mögliche Freude, schlanker zu sein, wird von dem kurzfristigen Unbehagen beim jeweiligen Training in den Schatten gestellt. KURZFRISTIG VERMEIDEN WIR DEN SCHMERZ UND STÜRZEN UNS LIEBER AUF EINE SCHOKOLADENTAFEL. EIN BISSCHEN FREUDE, DIE JEDOCH NICHT LANGE WÄHRT. Wir bleiben am Ende lieber in unserer Komfortzone. Warum ist das so? Weil wir über ein zweipoliges Antriebssystem, eine Art inneres Betriebssystem, verfügen: Freude und Schmerz. Grundsätzlich versucht unser Gehirn immer, Schmerzen zu vermeiden und Freude zu erfahren. Dabei ist das Bedürfnis, Schmerzen zu vermeiden, der stärkere von beiden Faktoren. Wenn wir uns nun beispielsweise vornehmen, mit dem Sport anzufangen, dann müssen wir zunächst die Hürde »kurzfristiger Schmerz« bei den ersten Trainingsstunden überwinden, um mittel- bis langfristig das Ziel »Freude« beim Sport erlangen zu können. Und das erfordert die Überwindung des berühmten inneren Schweinehundes, zumindest zu Beginn. Deshalb ziehen viele Menschen lieber die kurzfristige Freude (Schokolade) der langfristigen (schlanke Figur durch Sport) vor und bleiben in ihrer Komfortzone.

Wenn wir es einmal geschafft haben, ein Wagnis einzugehen, etwas Neues auszuprobieren oder uns einfach einmal überwunden haben, einen Vorsatz wirklich einzuhalten, wachsen wir ein kleines Stück über uns hinaus. Dieses Gefühl ist fantastisch. Dies kann ich dir bestätigen, denn ich habe es mehrere Male selbst erlebt. Nur meine Beharrlichkeit und mein Wille haben mich dorthin geführt, wo ich heute stehe. Es gab Tausende Dinge, die dagegensprachen, mich dem Beruf »Abenteurer« zu widmen, es gab unzählige Gründe, die den Aufbau eines eigenen Unternehmens hätten verhindern können: Absagen, Zurückweisungen, Liquiditätsprobleme und andere Risiken. Aber meine langfristige Perspektive sah ich persönlich eben positiv. Und diese Perspektive, aus meiner großen Leidenschaft einen Beruf zu machen, ließ mich immer wieder meine persönliche Komfortzone verlassen und auch schwierige, unangenehme Aufgaben in Angriff nehmen. Immer wenn es kritisch wurde, dachte ich fünf bis sechs Jahre voraus und stellte mir vor, wie ich als Unternehmer erfolgreich bin.

Zum Abschluss dieses Kapitels habe ich noch zwei Fragen an dich. Die erste lautet: WORAN MERKST DU DENN, DASS DU ÜBERHAUPT DEINE KOMFORTZONE VERLÄSST? Ganz einfach: Wenn du ein Kribbeln in deiner Magengegend verspürst, wenn du ein unangenehmes Gefühl hast, wenn du Lampenfieber bekommst und die Anspannung in deinem ganzen Körper fühlst. Dann kannst du dir sicher sein, dass du dich auf dem richtigen Weg befindest und in der Zone der Herausforderung angekommen bist.

Die zweite Frage ist: WANN HAST DU DAS LETZTE MAL ETWAS ZUM ERSTEN MAL GEMACHT?

Den ersten Schritt tun

Mit feuchten Augen drehe ich mich noch einmal um, winke ein letztes Mal und gehe dann schweren Herzens in die Halle. Tränen kullern mir über beide Wangen und ich muss mich regelrecht disziplinieren weiterzugehen. Hoffentlich geht alles glatt? Bleibt die Kleine gesund? Wie wird sie sich weiterentwickeln? Kommt Sabine allein mit allem zurecht? Unzählige Fragen schießen mir durch den Kopf. Ich befinde mich am Terminal eins am Frankfurter Flughafen, in drei Stunden geht mein Flieger Richtung Chile und in drei Tagen startet meine Durchquerung der Atacamawüste. Vor wenigen Sekunden habe ich mich von meiner Frau Sabine und meiner Tochter Marla verabschiedet, die ich in den nächsten vier Wochen nicht sehen werde. Marla ist gerade zwei Monate alt geworden. Mit ihren großen blauen Augen und ihren langen Wimpern hat sie mir noch ein letztes Lächeln geschenkt. Das macht den Abschied besonders schwer. Der Abschied, die letzten Momente mit meiner Familie, stellt für mich immer den schwierigsten und wichtigsten Schritt bei jeder Reise dar. Doch sobald ich die Flughafenhalle betrete, tauche ich ein in eine andere Welt und habe schon den ersten Schritt in Richtung Abenteuer gemacht. Und dieser ist der schwerste von allen.

JEDE REISE BEGINNT MIT DEM ERSTEN SCHRITT.

Ein chinesisches Sprichwort sagt: »Jede Reise beginnt mit dem ersten Schritt.« Übertragen auf das reale Leben bedeutet das: Jedes Projekt, unabhängig wie lang und komplex es ist, beginnt mit dem ersten Schritt. Das klingt einfach, oder? Doch wie schaffen wir es zum ersten Mal, unsere Komfortzone zu verlassen? Eine Aufgabe anzugehen, die große Überwindung kostet? Die Antwort ist so einfach, wie das Sprichwort sagt: indem wir beginnen. Indem wir einfach den allerersten Schritt tun. Wenn du zum ersten Mal Sport treiben möchtest, dann starte und wenn es nur ein paar Minuten sind.

Doch häufig warten wir auf den perfekten Moment, bevor wir eine Sache beginnen. Wir warten auf die perfekten äußeren Bedingungen, auf den perfekten Tag oder auf den perfekten Partner. »Wenn alles perfekt ist, dann lege ich los«, lautet das Motto von vielen Menschen. Doch wie lange sollen wir denn warten, bis wir eine Aktivität beginnen? Eines meiner Lieblingszitate in diesem Zusammenhang lautet: »LIEBER UNVOLLKOMMEN BEGINNEN ALS PERFEKT ZU ZÖGERN.«

Mein ursprüngliches Ziel war es, mich am 1. Januar 2008 selbstständig zu machen. Dieses Datum schob ich immer weiter nach hinten, weil ich meinte, dass ich noch nicht so weit war. Ich war der Überzeugung, dass mein Businessplan noch nicht perfekt war, dass meine Webseite noch nicht fertig war, dass meine Dienstleistungen noch nicht endgültig beschrieben waren und dass ich als Solo-Unternehmer noch nicht über die entsprechenden Kontakte verfügte. Monat um Monat verschob ich also meinen Start in die Selbstständigkeit. Ich hätte sicherlich bis zum heutigen Tag Gründe finden können, warum ich diesen Schritt noch nicht wagen sollte. Denn: Den perfekten Augenblick gibt es nicht. Als mir das bewusst wurde, startete ich schließlich am 1. Juli 2008 in meine Selbstständigkeit. Nicht weil ich weiter gewartet habe, sondern weil ich diesen ersten Schritt gegangen bin, haben sich plötzlich alle weiteren ergeben. Das Streben nach Perfektion ist ein riesengroßer Erfolgsverhinderer. Anstatt sich zu sagen »Okay, diese Bewerbung ist nicht perfekt, aber sehr gut geschrieben. Ich bringe sie nun zur Post«, wird lieber weiter an der Bewerbung und jedem einzelnen Wort »gefeilt«.

Auch im sportlichen Kontext gilt es für mich jedes Mal, die persönliche Komfortzone zu verlassen und den ersten Schritt zu tun. Das ist selbst für einen ambitionierten Läufer nicht immer so einfach. Ich habe für mich eine einfache und effektive Methode entwickelt, die ich anwende, wenn ich Probleme habe, loszulaufen. Ich denke dann jedes Mal an meinen Wettkampf, an mein großes Ziel, und mache mir bewusst, dass jeder Schritt, jeder gelaufene Kilometer und jede einzelne Trainingseinheit mich meinem großen Ziel ein Stück näherbringen. Auch wenn es regnet und schneit, kann ich mich auf diese Weise dazu motivieren, nach draußen zu gehen und loszulaufen. Mit dem ersten Schritt beginnt alles. Er bildet den entscheidenden Unterschied zwischen Zögern und Handeln. Das war auch beim Verfassen dieses Buchs der Fall. Ich habe mir, gerade zu Beginn, sehr schwer mit dem Schreiben getan. Es gab Tage, an denen ich am Schreibtisch vor einem weißen Blatt Papier saß und fast verzweifelt bin. Ich wäre am liebsten aufgestanden und hätte etwas anderes gemacht. Doch ich hatte mir an diesem Tag fest vorgenommen, an meinem Buch zu schreiben. Dann habe ich einfach angefangen und etwas auf mein Blatt geschrieben, was mir in diesem Moment am sinnvollsten erschien. Die ersten Buchstaben, die ersten Wörter und die ersten Zeilen sind dadurch entstanden. Irgendwann hatte ich dann die erste Seite, dann die zweite, dritte ... Und irgendwann hatte ich dann das ganze Buch geschrieben. Was das Wichtigste dabei war? Der Beginn. Der erste Schritt, auf den unzählige weitere folgten.

MIT KLEINEN SCHRITTEN ...

Bei meinen Vorträgen fragen mich die Zuhörer häufig: »Wie kannst du so etwas Extremes überhaupt machen?« Meine Antwort lautet dann: »INDEM ICH MIT DEM NORMALEN BEGINNE UND MICH DANN SCHRITT FÜR SCHRITT STEIGERE.« Ich konnte mir bis zum Jahr 1998 nicht vorstellen, jemals einen Marathon zu laufen. Das war für mich weit weg. Marathon ist nur etwas für absolute Leistungssportler und Lauffreaks, dachte ich. Selbst ein Halbmarathon stellte in meinen Augen eine ungeheure Herausforderung dar. Dann habe ich angefangen und bin zum ersten Mal gelaufen. Fünf Kilometer am Stück. Diese Distanz laufen zu können, empfand ich zunächst als große Anstrengung. Als ehemaliger Fußballer tat ich mir mit solch einer »Langdistanz« schwer. Doch ich schaffte es und machte anschließend den nächsten Schritt: zehn Kilometer. Auch davor hatte ich zunächst einen riesengroßen Respekt. Doch nachdem ich ein paar Mal diese Distanz erfolgreich bewältigt hatte, verlor ich auch davor die Angst. Im Jahr 1998 kam dann zum ersten Mal der konkrete Wunsch auf, am Halbmarathon in Karlsruhe teilzunehmen. Termin: 19. 9. 1999. Das erste läuferische Wettkampfziel in meinem Leben war damit gesteckt. Inspiriert durch meinen Vater wollte ich unbedingt diese 21,1 Kilometer schaffen. Doch bisher war meine längste Strecke zehn Kilometer gewesen. Ich fing an zu trainieren und machte so die nächsten Schritte. Zusammen mit meinem Vater lief ich in der Woche drei- bis viermal am Abend. Nach und nach steigerte ich mich in kleinen Schritten: 13 Kilometer, 15 Kilometer, 17 Kilometer ... und schließlich den Halbmarathon. Ich weiß noch, wie glücklich und stolz ich war, endlich nach 1 Stunde und 38 Minuten das Ziel erreicht zu haben. Ich war platt und fertig mit der Welt, aber gleichzeitig begeistert, 21,1 Kilometer am Stück geschafft zu haben.

Ich habe also einfach begonnen, den ersten Schritt getan und mich dann in kleinen Schritten gesteigert. Das ist der entscheidende Aspekt dabei: WIR NÄHERN UNS EINEM GROSSEN ZIEL MIT KLEINEN SCHRITTEN. Auf diese Weise lief ich ein halbes Jahr später meinen ersten Marathon an der Deutschen Weinstraße. Es war der 2. April 2000. In den vergangenen Monaten bin ich so viel gelaufen wie noch niemals zuvor in meinem Leben. Ich absolvierte mit vier bis fünf Trainingseinheiten in der Woche 60 bis 70 Kilometer. Auch vier Trainingsläufe über 30 Kilometer waren dabei. Ich fühlte mich damit gut gerüstet für meinen ersten Marathon. Doch diesen lief ich, wie zu Beginn meines Buchs schon beschrieben, viel zu schnell. Ich ließ mich am Start von der Euphorie der anderen Läufer:innen mitreißen und das rächte sich. Nach der Hälfte der Strecke schmerzten meine Oberschenkel und in meinen Waden bildeten sich die ersten Krämpfe. Ich musste immer wieder ins Gehtempo wechseln und teilweise stehen bleiben. Von den Weinbergen und der herrlichen Landschaft an der Deutschen Weinstraße nahm ich nichts mehr wahr. Jeder Kilometer, jeder Schritt schmerzte und der Lauf wollte kein Ende nehmen. Ich war wie erlöst, als ich nach 4 Stunden und 13 Minuten endlich das Ziel erreichte.

Ein gutes Jahr später wagte ich mich an den nächsten Schritt und lief meinen allerersten Ultramarathon: 100 Kilometer am Stück beim legendären Rennen in Biel. Ich trainierte dafür nicht viel anders als für einen Marathon. Zwei

Trainingsläufe über die Marathondistanz stellten die längsten Einheiten dar. Am 8. Juni 2001 um 22 Uhr ertönte der Startschuss zu diesem für mich bisher längsten Lauf. Ich habe zuvor noch nie so gelitten wie bei diesem Rennen. Mein Magen rebellierte auf den ersten 40 Kilometern. Immer wieder musste ich anhalten und verschwand hinter einem Busch. Doch meine Magen-Darm-Probleme wollten kein Ende nehmen. An einem Verpflegungspunkt nahm ich eine ganze Klopapierrolle mit, da meine Taschentücher längst ausgegangen waren. Die Nacht der Nächte, wie dieser Lauf auch genannt wird, hatte es in sich. Hinzu kam, dass es in dieser Nacht permanent regnete, was mich demoralisierte. Als wäre ich mit meinen körperlichen Problemen nicht schon genug bedient gewesen. Für die letzten 17 Kilometer benötigte ich fast fünf Stunden. Jeder einzelne Schritt war eine Qual für mich. Meine Oberschenkelmuskulatur war mittlerweile so hart wie ein Stein. Bei Kilometer 84 überholte mich ein älterer Herr, leichtfüßig wie eine Gazelle. Ich schätzte ihn auf 65 Jahre. »Das darf doch nicht wahr sein«, dachte ich mir. Wie kann der jetzt, in seinem Alter, nach über 80 Kilometern noch so flott laufen? Ich bekam eine Lehrstunde erster Güte. Nach sage und schreibe 17 Stunden und 51 Minuten lief ich über die Ziellinie. Die erste Zeit konnte ich diesen Erfolg gar nicht genießen. Ich war nur froh, dass ich diese 100 Kilometer irgendwie geschafft habe. Erst als ich wieder zu Hause ankam, vergingen nach und nach die Schmerzen und der Stolz stellte sich ein. Mit diesem Lauf habe ich meine Grenze um ein weiteres Mal verschoben.

Anschließend begann ich, die Laufdistanzen sukzessive zu verlängern, bis ich im August 2007 schließlich einen weiteren großen Schritt bewältigte: den Ultra-Trail du Mont Blanc, der für mich den endgültigen Durchbruch im Ultralaufbereich bedeutete.

Insgesamt handelte es sich also um einen Prozess über fast zehn Jahre. Zehn Jahre zwischen meiner allerersten Laufeinheit und meinem ersten richtig langen Ultramarathon, der Umrundung des Mont-Blanc-Massivs. Wenn du mich heute fragst, was für mich ausschlaggebend zum erfolgreichen Abschneiden am Mont Blanc war, dann antworte ich dir: der erste Schritt. Vor zehn Jahren den ersten Schritt bei meiner allerersten Laufeinheit getan zu haben, bedeutete für mich den Start ins Läuferleben. Ohne diesen ersten Schritt wäre ich nicht zum regelmäßigen Laufen und schon gar nicht zum wettkampforientierten Laufen gekommen. DER ULTRA-TRAIL MONT BLANC STELLTE ALSO EINE KONSEQUENZ AUS TAUSENDEN UND ABERTAUSENDEN VON SCHRITTEN DAR, VON DENEN DER ALLERERSTE DER WICHTIGSTE WAR.

Ich kann nicht heute mit dem Laufen anfangen und morgen schon 166 Kilometer nonstop um den Mont Blanc laufen. Wir können nicht heute eine Sache beginnen und morgen schon zur Spitze zählen. Gleichgültig, in welchem Lebensbereich. Das funktioniert nicht. Was wir aber tun können, ist, den ersten Schritt zu tun und dann den nächsten, den nächsten, den nächsten, den nächsten, den nächsten und so weiter, bis wir irgendwann an unserem Ziel sind.

Die Macht der Rituale

Stell dir vor: Es ist ein ungemütlicher Tag im November. Draußen hat es frische fünf Grad Celsius, dichter Nebel liegt über den mit bunten Blättern bedeckten, grauen Gehwegen, Regen peitscht gegen die Fensterscheibe deines Büros und ein stürmischer Wind pfeift. Es ist einfach ein trüber, kalter und regnerischer Herbsttag. Wie gut, dass du hier im beheizten und warmen Büro sitzt und von dem kalten Wetter draußen nichts mitbekommst. Du hast dir jedoch schon wochenlang fest vorgenommen: »Heute Abend nach Feier-

abend gehe ich 30 Minuten joggen.« Diesen Vorsatz hattest du schon lange und heute willst du endlich Taten folgen lassen. Doch dein Arbeitstag verläuft, wie gewohnt, stressig und du hetzt von einem Meeting in das nächste. Ein Telefonat jagt das andere. Zwischendurch kommt dir immer wieder der Gedanke an deinen abendlichen Vorsatz in den Sinn. Und je näher der Feierabend rückt, umso unwohler fühlst du dich in deiner Haut. »Eigentlich habe ich gar keine Lust, bei diesem Wetter joggen zu gehen. Und überhaupt: Nach solch einem anstrengenden Arbeitstag habe ich es mir verdient, einen gemütlichen Abend vor dem Fernseher zu verbringen«, denkst du dir. »Auf der anderen Seite würde mir ein wenig Bewegung an der frischen Luft ja auch ganz guttun.« Es ist bereits 18:30 Uhr und stockdunkel, als du schließlich nach Hause kommst. Du legst deine Sachen ab und lässt dich erst einmal auf deine bequeme Couch fallen. »Was für ein Tag«, sagst du dir. Dein Kopf fängt langsam wieder an zu arbeiten: »Soll ich oder soll ich nicht? Wenn ich jetzt rausgehe und laufe, dann würde ich mir und meinem Körper wirklich etwas Gutes tun«, sagt die eine Stimme in deinem Kopf. »Da draußen ist es so ungemütlich, trüb und kalt. Hier in der warmen, komfortablen Wohnung ist es viel angenehmer.« Die andere Stimme in dir meint dagegen: »Denk an deine Figur. Joggen macht dich schlank. Los geht's!« Doch die zweite Stimme antwortet prompt: »Geh lieber mit deinem Kumpel Walter ein Bier trinken. Das ist viel gemütlicher.« Nach einigem Hin und Her kommst du schließlich zu der Entscheidung: »Heute genehmige ich mir noch einmal eine Ausnahme und lasse das Joggen sein. Nur noch dieses eine Mal, das kann ja nicht so schlimm sein. Einmal ist bekanntlich keinmal. Nächste Woche fange ich definitiv an. Da ist dann bestimmt auch nicht so ein Sauwetter.«
Kommt dir diese oder eine ähnliche Situation bekannt vor? Jetzt frage ich dich: Und wenn es nächste Woche abends wieder regnet und stürmt? Machst du in diesem Fall eine wei-

tere Ausnahme? Und wenn die Woche darauf, wieder genau zu der Zeit, zu der du eigentlich joggen wolltest, plötzlich die deutsche Fußballnationalmannschaft spielt? Ausnahme? Aus dem einmaligen Ausfallen kann schnell ein zweites, drittes und so weiter werden. Und ehe du dich versiehst, lässt du das Joggen wieder sein und kehrst in die bequeme Komfortzone zurück. Was kannst du tun, damit genau das nicht passiert? Wenn du morgen Abend keine Lust hast, dein geplantes Trainingspensum zu absolvieren, dann fang wenigstens einmal an und laufe ganz kurz. Wenn es sein muss, nur ein einziges Mal um den Häuserblock. So tun, als ob. Zum einen wird dadurch dein Gewissen beruhigt, nach dem Motto »Ich habe ja etwas getan«. Doch vor allem wird, auch durch diesen zugegebenermaßen unterschwelligen Reiz, die Gewohnheit aufrechterhalten.

WIE EIN UNSICHTBARER FADEN.

Und damit sind wir bei einem wesentlichen Erfolgsfaktor: Gewohnheiten und Rituale. Du kannst dir eine Gewohnheit wie einen unsichtbaren Faden vorstellen. Mit jedem Training, mit jeder Überwindung des inneren Schweinehundes stärkst du den Strang und fügst ihm ein weiteres Fädchen hinzu. Das Ganze wird mit der Zeit immer robuster und die Gewohnheit damit gefestigt. **DIE ZAUBERWORTE ZUM VERLASSEN DER KOMFORTZONE HEISSEN: GEWOHNHEITEN UND RITUALE ENTWICKELN.** Du musst die neue oder ungeliebte Tätigkeit regelmäßig machen, am besten ein Ritual daraus schaffen und es in Fleisch und Blut übergehen lassen. Dann hat der innere Schweinehund keine Chance mehr.

Die spannende Frage an dieser Stelle ist: Wie schaffe ich

es denn überhaupt, ein Ritual zu bilden? Wenn du dir beispielsweise angewöhnen willst, zweimal die Woche für eine Stunde ein Fachbuch zu lesen, um dich weiterzubilden, dann ist es sicherlich zu Beginn eine Herausforderung, dies in deinen gewohnten Alltagsrhythmus zu integrieren. Du hast zwar den festen Vorsatz, die neue Tätigkeit auch durchzuführen, merkst jedoch, dass dein Alltags- und Berufsleben bereits feste Strukturen aufweist, die es für die neue Aktivität nicht einfacher machen. Was tun? **Aus der neuen Aktivität ein Ritual schaffen. Wie funktioniert das? Lege die neue Tätigkeit ganz einfach zwischen zwei alte.** Wenn du bisher morgens zunächst immer geduscht und anschließend gefrühstückt hast, kannst du nun die neue Aktivität »Fachbuch lesen« zwischen die Dusche und das Frühstück legen und das Buch in kleinen Einheiten durcharbeiten. Diese Methode garantiert natürlich nicht, dass daraus auch ein Ritual wird. Ein Ritual entsteht oftmals, wenn du diese Methode mindestens 21 Tage lang praktizierst. Dieser Zeitraum ist laut wissenschaftlicher Untersuchungen notwendig, um aus einer Tätigkeit eine feste Gewohnheit zu machen.

Durch diese 21 Tage habe ich es auch geschafft, eine für mich ungeliebte Aktivität zu einem Ritual zu machen: das Krafttraining. Als Ultramarathonläufer spielt für mich nicht nur die Ausdauer eine wichtige Rolle, sondern ist auch der Faktor Kraft ganz entscheidend. Ohne Kraft, ohne eine qualitativ gute Muskulatur ist es nicht möglich, über viele Stunden in anspruchsvollem Gelände zu laufen. Doch das Muskeltraining an sich bereitet mir keine Freude. Ich kann stundenlang durch die Natur laufen, aber in einem Raum Gewichte zu stemmen und Kräftigungsübungen durchzuführen, fällt mir unheimlich schwer. Krafttraining bedeutet für mich jedes Mal, meine Komfortzone zu verlassen. Doch ich habe es geschafft, diese ungeliebte Tätigkeit zu einem Ritual zu machen. Gleich nach dem Aufstehen führte ich ein kurzes Muskeltraining durch, maximal 30 Minuten. Immer zur selben Uhrzeit. Das fand ich zu Beginn ungemein schwer, und ich musste mich schon mehrmals richtig überwinden, dass ich die Übungen wirklich durchzog. Doch nach ein paar Tagen ging es immer leichter, irgendwann wurde daraus eine Selbstverständlichkeit. Nach ein paar Wochen merkte ich nicht nur, dass ich mich nach meinem Krafttraining sehr vital fühlte, sondern ich erkannte auch, dass mir morgens etwas fehlte, wenn ich es ausfallen ließ. Das ist eben der positive Effekt eines Rituals: Haben wir es erst einmal entwickelt, wird es zur Selbstverständlichkeit und wir müssen nicht mehr daran denken. Wir müssen uns nicht mehr für oder gegen eine bestimmte Sache entscheiden und uns dazu überwinden. Es geschieht fast schon automatisch. Unser Gehirn hat uns die Entscheidung abgenommen und dieser zugestimmt.

Die Magie von Zielen

Wie aus Wünschen und Träumen Ziele werden

Lebe deinen Traum! Diesen Spruch kennst du, oder? Träume sind richtig und wichtig. Sie stellen für mich den Rohstoff für meine Abenteuer dar. Fast alle meine Expeditionen fangen immer mit einem Traum an. Beispielsweise bei meiner Durchquerung der Atacamawüste in Chile. Dieses Laufabenteuer, das ich im Mai 2010 durchführte, nahm schon Jahre zuvor seinen Ursprung in einem Traum.

Ich träumte lange Zeit von dieser Wüste, von der Einsamkeit, der endlosen Weite, von der Stille, von der Sonne, die mir ins Gesicht brennt, von den majestätischen Anden, die einen atemberaubenden Kontrast zum azurblauen Himmel bilden. Davon träumte ich Monate und Jahre, bevor ich dann leibhaftig in der Wüste stand. Alles existierte anfangs nur in meinem Kopf. Jeder von uns hat doch Träume, oder? Träumen ist eine ungemein bereichernde Aktivität und bedeutsame Fähigkeit auf dem Weg zu großen Taten, der heutzutage (besonders bei Erwachsenen) viel zu wenig Beachtung geschenkt wird. TRÄUME UND WÜNSCHE SIND DIE VORBOTEN VON ZIELEN.

Doch mit Träumen allein kommen wir nicht weiter, denn Träume sind abstrakt. Träume existieren nur in unserer Vorstellung. So wichtig das Träumen ist, es stellt nichts Konkretes dar. Damit wir unsere Träume auch leben können, ist es bedeutsam, diese in Ziele umzuwandeln.

Wann ist ein Traum nur ein Traum? Wann wird aus einem Traum ein Ziel? Und wann können wir von einem Traumziel sprechen?

ICH WUSSTE AUF EINMAL GENAU, WAS ICH WOLLTE.

Mein Traum von der Atacamawüste allein hätte mich sicherlich nicht nach Chile geführt. Dieses Abenteuer konnte ich nur realisieren, weil aus dem Traum irgendwann ein konkretes Ziel wurde. Anfang 2009 fing ich an, mich intensiver mit der Wüste auseinanderzusetzen. Ich besorgte Kartenmaterial, tüftelte an einer möglichen Route, beschäftigte mich mit Land und Leuten, dachte über eine mögliche Vermarktung nach. Und vor allem: Ich traf eine klare Entscheidung. Im Februar 2009 fasste ich den Entschluss, diesen Traum in die Tat umzusetzen und schrieb schwarz auf weiß auf meine Ziele-Liste: »Ich laufe im Mai 2010 600 Kilometer durch die Atacamawüste.«

Aus einer abstrakten, unkonkreten Träumerei war im Laufe der Zeit ein konkretes Ziel geworden. Ich wusste auf einmal genau, was ich wollte, wie ich es wollte und wann ich es wollte.

Viele Menschen wissen nicht, was sie genau wollen. Sie haben sicherlich Wünsche, Sehnsüchte, Vorsätze und Träume, aber keine konkreten, greifbaren und messbaren Ziele. ES IST, ALS WÜRDEST DU IN EINEN GEWALTIGEN FLUSS SPRIN-

GEN, OHNE VORHER ZU WISSEN, WO DIESER HINFLIESST. Du entscheidest nicht bewusst, in welche Richtung du willst. Du lässt dich einfach von der Strömung treiben und wirst mitgerissen. Ohne eigene Kontrolle. Ohne deine eigenen Werte ausleben zu können. Bis du irgendwann an der Talstufe des Flusses, vor einem imposanten Wasserfall, angekommen bist. Doch dann ist es zu spät, die Richtung zu ändern. Ohne ein Ziel tun wir uns im Leben schwer, eine Richtung zu halten. Wir taumeln von einer Seite zur anderen. Probieren ein bisschen von diesem und von jenem. Ohne ein Ziel verlieren wir uns schnell in der Hektik des Alltags, machen das, was alle tun. Ohne ein konkretes Ziel vor Augen können wir uns nur schwer motivieren zu handeln. Ich weiß, wovon ich spreche.

Der Ausgangspunkt für alle meine Extremläufe, meiner Schindereien, meiner langen und einsamen Trainingseinheiten ist immer das jeweilige Ziel. Ein Ziel motiviert mich und hilft mir, auch in schwierigen Situationen weiter am Ball zu bleiben. Glaubst du, dass ich ohne das Ziel »Durchquerung Atacamawüste« sechs Stunden lang bei Dauerregen und eisigen Temperaturen durch den Wald gelaufen wäre? Dieses Ziel stellte für mich die Sonne am Horizont dar. Du kannst es dir wie einen Fixstern vorstellen, der noch ganz weit weg ist. Er scheint zwar unendlich fern, doch du hast ihn immer vor Augen. So war es auch bei meinem großen Ziel im Jahr 2010. Ich sah die Wüste lange vor dem Lauf permanent vor meinem geistigen Auge.

KLARHEIT ÜBER DAS, WAS DU WILLST …

Die Basis für jeden Erfolg im Leben sind Ziele. Sie geben die Richtung vor, in die wir uns bewegen. In welche Richtung bewegst du dich?

DIE ERFOLGE IN DEINEM LEBEN HÄNGEN GRÖSSTENTEILS DAVON AB, WIE KLAR DIR IST, WAS DU IN DEINEM TIEFSTEN INNEREN WILLST. Je öfter du über deine Ziele nachdenkst, je häufiger du diese aufschreibst und umschreibst, je mehr du dich mit ihnen auseinandersetzt, desto deutlicher werden sie dir vor Augen treten. Je genauer du weißt, was du willst, desto wahrscheinlicher ist es, dass du immer mehr von dem tust, was du tun musst, um deinen Zielen näher zu kommen. Wenn es dir gelingt, in allen deinen Lebensbereichen klare, spezifische Ziele zu setzen, wirst du mehr erreichen als durch irgendwelche anderen Aktivitäten. ABSOLUTE KLARHEIT ÜBER DAS, WAS DU WILLST, IST DER AUSGANGSPUNKT JEDER GROSSARTIGEN LEISTUNG.

Der Weg ist das Ziel

Im Mai 2007 nehme ich beim Internationalen IsarRun teil, einem Mehrtageslauf von der Quelle bis zur Mündung der Isar. 333 Kilometer in fünf Tagen gilt es dabei zu bewältigen. Du läufst also an fünf aufeinanderfolgenden Tagen im Schnitt einen Ultramarathon von über 60 Kilometern. Für mich ist es der erste Etappenlauf überhaupt. Bis zu diesem Zeitpunkt habe ich nur acht Läufe, die länger als die Marathondistanz waren, bestritten. Und jetzt soll ich bei diesem Rennen fünf Ultras kurz hintereinander laufen. Insgesamt nehmen nur 53 Athleten am Abenteuer IsarRun teil. Die Strecke führt von Plattling in Niederbayern über Dingolfing, Freising, Wolfratshausen und Fall nach Scharnitz am Fuße des Karwendelgebirges. Bei solch einem langen Lauf über mehrere Tage durchlebt man fast immer mehrere Hochs und Tiefs. So ist es auch bei mir gewesen. Am Ende der zweiten Etappe komme ich nach 75 gelaufenen Kilometern völlig platt ins Ziel und bin einfach nur fertig mit der Welt. Meine Oberschenkelmuskulatur fühlt sich steinhart an und im Kopf bin ich so müde, als ob ich seit einer Woche nicht mehr geschlafen hätte. Meine Waden sind von permanenten Krämpfen geplagt. Jeder Schritt eine einzige Qual. Vor lauter Schmerzen bin ich nur imstande, die Treppen rückwärts hinunterzulaufen. Selbst meine fast 90-jährige Oma wäre in diesem Moment sicherlich schneller die Treppen hinuntergekommen. Wie soll ich morgen bloß wieder über 70 Kilometer laufen? Und am nächsten Tag wieder 60? Und dann wieder 60? Nach dem gemeinsamen Abendessen gehe ich zu Bett und falle sofort in einen tiefen, festen Schlaf.

Am nächsten Morgen fühlen sich meine Muskeln nicht wirklich erholt an. Als ob meine gesamte Muskulatur eingerostet ist, krabble ich aus meinem Bett und brauche ein wenig Zeit, bis ich auf beiden Beinen aufrecht stehen kann. Ich humple mehr als ich laufe zum Start der dritten Etappe. Doch das Entscheidende dabei ist: Mein Kopf ist zu 100 Prozent fit! Meine Gedanken sind immer nur auf das Gesamtziel dieses Rennens gerichtet. Ich bin mir absolut sicher, *dass* ich durchkomme und das Ziel erreiche. Ich weiß nur noch nicht, *wie*. Als der Startschuss ertönt, gehe ich die ersten hundert Meter und befinde mich schnell auf dem letzten Platz im Läuferfeld. Nach dem ersten Kilometer, nach über zehn Minuten fange ich zum ersten Mal ganz langsam an, in ein gemächliches Lauftempo überzuwechseln. Was für eine Überwindung! Ich habe das Gefühl, dass zehn Schweinehunde gleichzeitig in mir sitzen und schreien: »Bleibe doch in deinem Gehtempo oder höre ganz auf. Das ist viel bequemer.« Doch ich fokussiere stattdessen auf das Ziel in Scharnitz und stelle mir meinen Zieleinlauf vor: Wie ich mit ausgestreckten Armen über die Ziellinie laufe. Wie ich meine

Medaille überreicht bekomme. Wie ich freudestrahlend bei herrlichem Wetter mein erstes Weißbier nach dem Lauf trinke. Wieder, wieder und immer wieder gehen mir diese Gedanken durch den Kopf. Und dann passiert etwas Unglaubliches: Ich vergesse meine muskulären Beschwerden und laufe einen Kilometer nach dem anderen. Nach zehn Kilometern überhole ich den ersten Läufer und dann den nächsten. Und ich schaffe es, nicht nur die heutige Etappe über 73 Kilometer erfolgreich zu beenden, sondern auch das gesamte Rennen zu finishen. Nach fast 45 Stunden Gesamtlaufzeit laufe ich bei strahlendem Sonnenschein und blauem Himmel über die Ziellinie in Scharnitz.

DAS SOLL ES SCHON GEWESEN SEIN?

Nach all den Strapazen der vergangenen Tage, nach unzähligen Hochs und Tiefs, nach Monaten der Vorbereitung, nach Hunderten Stunden an Training, nach insgesamt 333 Kilometern bin ich nun endlich am Ziel meiner Träume. Die letzten Tage, Wochen und Monate habe ich immer nur auf diesen einen Moment hingearbeitet. Und nun ist er endlich da. Ich habe es tatsächlich geschafft und mein großes Ziel erreicht. Jetzt müsste ich unendlich glücklich sein, oder? DOCH DIE GLÜCKSMOMENTE HALTEN NUR EINIGE MINUTEN AN. DIESEN MOMENT HABE ICH MIR GANZ ANDERS VORGESTELLT. Viel intensiver, viel euphorischer, viel länger. Das soll schon alles gewesen sein? Ich habe all die Monate vor dem Lauf und auch auf jeder Etappe bei dem Rennen immer nur auf diesen einen Moment fokussiert: den Zieleinlauf. Wie wird es wohl sein, wenn ich endlich im Ziel bin? »Wenn ich erst einmal im Ziel bin, dann wird alles gut«, so lautete wohl mein Motto. Dabei habe ich die unzähligen Ereignisse und wunderschönen Erlebnisse auf dem Weg dorthin nur selten bewusst wahrgenommen und genossen. Wenn ich beispielsweise abends nach einer Etappe gemütlich mit den anderen Läufern zusammensaß, interessante Menschen kennenlernte und großartige Gespräche führte, dann dachte ich immer: »Du musst gleich ins Bett, damit du genügend Schlaf für die morgige Etappe hast und das Ziel erreichst.« Wenn ich auf einer Etappe an saftig grünen Wiesen und tiefblauen Bergseen vorbeilief und die schneebedeckten Berggipfel des Karwendelgebirges erleben durfte, da war ich in Gedanken schon im Ziel. Ich hatte für die traumhafte Landschaft um mich herum keine Augen, sondern war nur auf den Moment, der erst sehr viel später eintraf, fokussiert. Auch als ich die schwierige Etappe am dritten Tag über 73 Kilometer mit Bravour meisterte, konnte ich diesen Augenblick nicht so recht genießen. Ich dachte vielmehr: »Hoffentlich hat sich mein Körper bis morgen zur nächsten Etappe wieder regeneriert, damit ich weiterlaufen kann.«

Was ich durch dem IsarRun gelernt habe, ist, die Ereignisse auf dem Weg zum großen Ziel ebenfalls zu genießen. NICHT DER GROSSE ZIELEINLAUF IST DAS ENTSCHEIDENDE, SONDERN DIE VIELEN KLEINEN, UNSCHEINBAREN EREIGNISSE AUF DEM WEG DORTHIN.

Der sächsische Mount Everest

Der Weg ist das Ziel. Das möchte ich dir noch an einem anderen Beispiel zeigen. Im Frühjahr 2008 nahm ich an einem spektakulären und einzigartigen Rennen teil: dem Sächsischen Mount Everest Treppenmarathon, der von der Fachpresse als härtester Treppenlauf der Welt bezeichnet wird. Du läufst dabei einen Doppelmarathon, also 84,4 Kilometer. Aber nicht in der Ebene. Mitten in Radebeul, einer idyllischen Stadt nordwestlich von Dresden, befindet sich die Spitzhaustreppe. Der Anfang dieser Treppe markiert das Tor zum Weinberg »Goldener Wagen«, eines der zahlreichen Oberlößnitzer Weingüter. Bist du ganz oben auf der Treppe angelangt, erwartet dich der Bismarckturm. Diese Treppe durfte ich bei diesem Wettkampf insgesamt 100-mal hinauf- und wieder hinunterlaufen. Auf diese Weise kommst du auf exakt 8.848 Höhenmeter. So viel wie vom Meeresspiegel bis zum Gipfel des Mount Everest. Insgesamt hatte ich fast 40.000 Stufen bergauf und 40.000 Stufen wieder bergab zu laufen. Zum Vergleich: Das Empire State Building in New York hat gerade mal 1.860 Stufen. Du musst fast 21-mal das Empire State Building hoch und runter laufen, um auf die gleiche Anzahl Stufen wie in Radebeul zu kommen.

Stell dir deinen Lebensweg wie diese Treppe vor. Unten am Tor zum Weinberg »Goldener Wagen« stehst du heute, hinauf zum Bismarckturm willst du. Deine Ziele sind die einzelnen Treppenstufen. Auf ihnen steigst du empor. NICHT DEIN GROSSES ZIEL, DEN GESAMTEN LAUF ZU FINISHEN, SONDERN DIE TREPPE SELBST IST DER SINN. NICHT OBEN AM BISMARCKTURM LIEGT ALSO DER SINN, SONDERN DIREKT UNTER DEINEN FÜSSEN. Bei jedem einzelnen Schritt. Bei jeder einzelnen Stufe. Wir wachsen nicht durch das Erreichen eines Ziels, sondern beim Gehen auf dem Weg dorthin. Dabei ist es gar nicht so entscheidend, dass wir ein Ziel unbedingt erreichen. Viel wichtiger ist die Richtung, in der wir uns bewegen. Elementar ist die Frage: Welche Art Mensch, welche Persönlichkeit werde ich, wenn ich diesen Weg gehe?

Es ist auch gar nicht so wichtig, *wie* du dein Ziel erreichst. Du kannst zu Beginn deiner Reise den Weg zum Ziel gar nicht exakt kennen. DAS LEBEN KANN NUR RÜCKWÄRTS VERSTANDEN, MUSS ABER VORWÄRTS GELEBT WERDEN. Im Nachhinein wusste ich, was es bedeutet, einen Doppelmarathon mit fast 9.000 Höhenmetern auf einer Treppe zu laufen. Doch zu dieser Erkenntnis gelangte ich nur, weil ich die entsprechende Erfahrung gemacht habe. Indem ich Stufe für Stufe, langsam, aber stetig, meinen Weg Richtung Ziel nahm und ihn dabei kennenlernte.

ANKOMMEN UND AUFBRECHEN. WIR MÜSSEN IN UNSEREM LEBEN NICHT ETWAS ERREICHEN, UM GLÜCKLICH ZU SEIN. Das ist ein weitverbreiteter Irrtum. Es geht im Leben nicht darum, Ziele zu erreichen, um glücklich sein zu können. Das stimmt nicht. Es geht darum, glücklich seine Ziele zu erreichen. Im Ankommen, im Erreichen eines Ziels, liegt keine dauerhafte Zufriedenheit. Wenn ich irgendwo ankomme, breche ich meist relativ schnell zum nächsten Ziel auf.

DAS LEBEN IST WIE EINE LANGE REISE.
EINE REISE, DIE FÜR UNS IHREN REIZ DARIN FINDET,
IRGENDWO ANZUKOMMEN UND
DANN WIEDER AUFZUBRECHEN.

Bei einem langen Lauf wie dem Sächsischen Mount Everest Treppenmarathon ist es nie die Strecke, die ich bezwinge, sondern immer nur das eigene Ich. Ich muss keine extremen Läufe absolvieren, um mir etwas zu beweisen, denn ich kann im Leben sowieso nur dann gewinnen, wenn ich auf dem Weg vor allem mich selbst finde. Und ich finde mich selbst, wenn ich auf meine innere Stimme höre, die mir häufig signalisiert: »Tu das. Das ist wichtig für dich. Das tut dir gut.« Ich folge dann meistens dieser Stimme.

Wie viele Weltmeister, Olympiasieger, Topmanager und Spitzenpolitiker gibt es, die letztlich nicht glücklich mit ihrem Leben wurden? Die sich nach den großen Erfolgen in einer Phase der Orientierungslosigkeit verloren haben. Erfolge und Ziele helfen, aber sie machen nicht glücklich. Glücklich werden wir nur dann, wenn wir auf dem Weg zum Ziel lernen, uns selbst bewusst wahrzunehmen, Herausforderungen annehmen, bewusst ins kalte Wasser springen, unsere eigenen Grenzen verschieben und dabei persönlich wachsen und an Lebensqualität gewinnen. Das kann bedeuten, eine schwierige Prüfung zu bestehen, einen neuen Job anzutreten, zum ersten Mal frei vor Publikum zu reden oder eben eine Treppe 100-mal hinauf- und hinunterzulaufen.

Unser Gehirn braucht einen Schreibstift

Eine der längsten Strecken, die ich bisher am Stück gelaufen bin, ist das Grand Union Canal Race in England. Dieses Rennen geht über insgesamt 145 Meilen, 232 Kilometer – am Stück. Das sind fünf ausgewachsene Marathonläufe plus einem Halbmarathon. Bei dem Rennen startest du im Zentrum von Birmingham und läufst dann nonstop, innerhalb von maximal 45 Stunden, nach London. Dabei darfst du während des Rennens nicht länger als 40 Minuten an einem Punkt pausieren, sonst wirst du disqualifiziert. Von den gestarteten 86 Läufern erreichen am Ende nur 34 das Ziel. Die unglaublich lange Distanz von 232 Kilometern bedeutete für mich damals eine ungemein große Herausforderung und absolute Grenzerfahrung. Denn die Strecke führte während des gesamten Laufes längs des Grand Union Canals.

Nach insgesamt 40 Stunden und 56 Minuten erreichte ich das Ziel in London. Doch so lang und monoton die Strecke auch gewesen ist, ich konnte mich fast nicht verlaufen, weil es eben immer nur ein Weg war. Dieser wechselte zwar von einem breiten Wanderweg über eine schmale Schotterpiste bis hin zu einem matschigen Trampelpfad, doch eines blieb immer gleich: Es ging den Kanal entlang. 232 lange Kilometer.

Der englische Veranstalter wollte die Streckenführung noch sicherer gestalten und hatte die gesamte Strecke von Birmingham bis London sehr genau beschrieben und als einzelne Karten ausgegeben. Eine Karte zeigte jeweils einen Ausschnitt von fünf Meilen. Da das Rennen über 145 Meilen ging, gab es also insgesamt 30 solcher Karten. Auf jeder Karte war jede Brücke und jeder Verpflegungspunkt einzeln markiert und genau beschrieben. ICH ERHIELT ALSO FÜR JEDEN STRECKENABSCHNITT, FÜR JEDES DETAIL, EINE GENAUE SCHRIFTLICHE ANLEITUNG AUF DEM WEG ZUM ZIEL. ICH MUSSTE NUR NOCH LAUFEN.

Eine schriftliche Anleitung

Warum erzähle ich dir das alles so genau? Weil nur die wenigsten Menschen solch eine schriftliche Anleitung für ihr eigenes Leben haben. Weil nur die allerwenigsten Menschen eine genaue Lebensplanung und eine konkrete Zieldefinition erstellen. Was bei diesem Lauf in England eine Selbstverständlichkeit ist, wird für so etwas elementar Wichtiges wie unser Leben häufig vernachlässigt. Statistiken zeigen nämlich, dass nur vier Prozent aller Menschen in den westlichen Industrienationen ihre Ziele schriftlich festhalten. Warum ist das so? DIE MEISTEN GLAUBEN, SIE HÄTTEN SCHON ZIELE. DABEI HANDELT ES SICH MEISTENS »NUR« UM GUTE VORSÄTZE, UM FROMME WÜNSCHE ODER UM IRGENDWELCHE TRÄUME. Wenn jemand beispielsweise zu mir sagt, dass er sich ab nächstem Monat gesünder ernähren wolle, dann ist das kein Ziel, sondern bestenfalls ein Vorsatz.

Unser Gehirn benötigt jedoch Fakten und Zahlen, um entsprechende Befehle zu senden. SOLANGE UNSER GEHIRN NICHT KONKRET WEISS, WAS ES TUN MUSS, WIRD ES ÜBERHAUPT NICHTS TUN. Unser Gehirn benötigt eine schriftliche Anleitung, um konkret zu wissen, was es als Nächstes zu tun hat. Und diese Anleitung geben wir ihm, wenn wir ihm unsere Ziele schriftlich mitteilen. Was wir nur im Kopf haben, vergessen wir ganz schnell wieder. Was wir dagegen mit unseren eigenen Augen sehen, weil es schriftlich festgehalten wurde, können wir uns jeden Tag immer wieder in unser Bewusstsein rufen. Das tägliche bewusste Auseinandersetzen mit unseren Zielen ist entscheidend. ES GIBT NUR EINEN WEG, DAMIT DU DEINE ZIELE WIRKLICH ANGEHST UND SCHLUSSENDLICH AUCH ERREICHST: SCHREIB SIE AUF!

DEIN KÖRPER FOLGT DEINEN AUGEN.

Das schriftliche Festhalten von Zielen hat noch weitere Vorteile. Etwas aufzuschreiben entlastet deinen Kopf. Wenn du etwas schriftlich fixierst, weiß dein Gehirn: So, jetzt kann ich diese Sache loslassen und mich auf etwas anderes konzentrieren, denn es ist ja aufgeschrieben und ich werde mich später darum kümmern. Und vor allem: AUFSCHREIBEN MACHT DEINE ZIELE VERBINDLICHER, DENN DAS GESCHRIEBENE WORT HAT GEFÜHLSMÄSSIG FÜR UNS EINE STÄRKERE BEDEUTUNG ALS EIN FLÜCHTIGER GEDANKE.

Was du siehst, kommt in dein Bewusstsein. Dein Körper folgt deinen Augen.

Stell dir vor: Du läufst einen schmalen Pfad entlang, maximal einen Meter breit, links und rechts geht es 400 Meter steil in die Tiefe. Solange du dich mit deinen Augen auf den Pfad fokussierst, kommst du sicher voran. Sobald deine Augen aber nur ein paar Zentimeter nach links oder rechts zum Abgrund wandern, kann das schwerwiegende Konsequenzen haben. Genauso ist es im Alltag. DEINE AUGEN BESTIMMEN, WAS DU WAHRNIMMST UND WAS IN DEINEN KOPF KOMMT. Deshalb: Führ dir deine Ziele immer wieder vor Augen. Mach sie sichtbar.

Wie du ein Ziel formulieren kannst, bekommst du in Vorträgen meistens nicht gesagt. Es wird häufig nur gefordert, dass wir uns Ziele setzen sollen. Aber nie, wie wir das konkret machen sollen. Wenn du dir deine Ziele aufschreibst, sind die Beschreibung und die Wortwahl ganz entscheidend. Besonders die drei folgenden Aspekte sind ausschlaggebend:

1. Präsens
2. Ich-Form
3. Positiv

Beispiele:

- »Ich laufe am 24. August 2007 um den Mont Blanc und erreiche innerhalb von 46 Stunden das Ziel.«
- »Ich verkaufe heute an fünf meiner Kunden die XY-Versicherung.«
- »Ich verbringe jeden Donnerstagnachmittag mit meiner Tochter.«

Absolut: Es geht nur um dich

Sonne und Meer, Stierkampf und Flamenco, stolze Menschen und maurische Pracht, dazu Temperaturen von vierzig Grad – das ist typisch für Andalusien im Süden Spaniens. Wo normale Menschen Urlaub machen, habe ich einen anspruchsvollen und gleichzeitig reizvollen Etappenlauf bestritten: den Al Andalus Ultratrail. Loja, eine kleine Ortschaft westlich von Granada, bildet eine beeindruckende Kulisse für den Start dieses Rennens über insgesamt 220 Kilometer und 5.000 Höhenmeter in fünf Tagesetappen. Eine heiße Brise mediterraner Luft schlägt mir entgegen. Um die 30 Grad zeigt das Thermometer bereits am Morgen an. Es ist Mitte Juli und es soll noch wärmer werden. Bis zu 45 Grad heiß kann es hier in dieser Jahreszeit werden.

Wenige Kilometer nach dem Start geht es erstmal bergauf. Nicht so steil, dafür aber lange. Auf breiten Schotterwegen marschieren wir höher und höher. An ein Lauftempo ist für die allermeisten Athleten nicht mehr zu denken. Je höher wir kommen, umso karger wird die Landschaft. Geröll und Sand dominieren immer mehr die Kulisse. Vereinzelte Büsche, die nach Wasser schreien, säumen den Weg. Es ist trocken – wie in einer Wüste komme ich mir vor. Weit unter mir, im Tal, kann ich noch ein paar Häuser von Loja ausmachen, die immer kleiner werden und schließlich ganz verschwinden. Nach zehn Kilometern wartet der erste von insgesamt drei Checkpoints auf der heutigen Etappe auf uns. Jeder Läufer muss sich während einer Etappe selbst versorgen, was die Energiezufuhr und die gesamte Verpflegung anbelangt. Der Al Andalus Ultratrail ist als semi-supported race ausgeschrieben. Du bekommst als Läufer jedoch dein Gepäck von Zielort zu Zielort gebracht. An manchen Abenden wird vom Veranstalter auch Pasta und Paella angeboten. Ansonsten ist jeder für Frühstück und Abendessen selbst verantwortlich. Nach einem langen Aufstieg geht es überwiegend bergab auf breiten, sandigen und gut zu laufenden Pisten. Die Umgebung erinnert mich ein wenig an das Outback Australiens. Eine spärliche Vegetation, vereinzelte Büsche und Gräser kann ich bewundern, dazwischen die rötlich schimmernde Erde, auf der silbrig glänzende Steine liegen. Eine faszinierende und gleichzeitig etwas beängstigende Stille umgibt mich. Ich laufe allein. Normalerweise habe ich fast immer einen Läufer vor und hinter mir, doch in diesem Augenblick genieße ich es, die traumhafte Umgebung für mich allein zu haben. Entlang verlassener Häuser und weiten Feldern geht es die letzten Kilometer Richtung Alhama de Granada, dem heutigen Etappenziel.

Auch die nächsten Etappen haben es in sich. Rauf und runter geht es, über Stock und Stein, über Geröll, Felsen und Wurzeln. Durch dichte Wälder, endlos erscheinende Felder und verlassene Plantagen führt uns die Route. Einen Höhepunkt bei diesem Rennen stellen die Teilnehmer und die vielen bereichernden Gespräche dar. Ich treffe OJ aus Kanada, Vaughn aus England, Christine aus Island, Tina aus Schweden und Maria aus Mexiko. Die persönliche und familiäre Atmosphäre fasziniert mich immer wieder bei Etappenrennen und motiviert mich, daran teilzunehmen. Insbesondere die persönlichen Lebensgeschichten und der Austausch von Erfahrungen tragen zum besonderen Flair beim Al Andalus Ultratrail bei. Es sind die Menschen, die solch ein Rennen zu einem besonderen Erlebnis machen.

DIE BEWEGENDE GESCHICHTE VON DARIUSZ …

Bereits am ersten Tag des Rennens lerne ich Dariusz aus Polen kennen. Dariusz ist ein besonderer Läufer. Während der Woche in Andalusien erfahre ich seine Lebensgeschichte. Im Alter von acht Jahren hatte er einen schweren Unfall. Beim Überqueren der Straße fuhr ihn ein Lkw über den Haufen. Die Ärzte gaben ihm keine Chance mehr. Drei Schädeltraumata und zwei Operationen am linken Auge. Zwei Monate lang lag er im Koma. Nach dem Aufwachen musste er viele Dinge wieder neu lernen: sprechen, schreiben, gehen. Nach einem Jahr der Rehabilitation wiederholte er das Schuljahr. Er konnte keine neuen Kontakte zu seinen Mitschülern knüpfen. Weil er »anders« war, wurde er oft verspottet. »Deshalb habe ich beschlossen: Mein Leben ist zuhause«, erzählte er mir. Er fing an, Spaziergänge zu machen und Fahrrad zu fahren. Immer allein. Die Touren wurden mit der Zeit immer länger. Mit Mitte Zwanzig kam er, inspiriert durch ein paar Freunde, zum Laufen. Ein erster Volkslauf. Nur fünf Kilometer. Dariusz war schnell vom Laufvirus infiziert. Die Strecken wurden immer länger und die Rennen immer ausgefallener. Er nahm am legendären Spartathlon in Griechenland teil. Die historische Strecke von Athen nach Sparta über 246 Kilometer muss dabei in einem Zeitlimit von 36 Stunden zurückgelegt werden. Auch beim Badwater Ultramarathon im Death Valley (USA) lief er über die Ziellinie. 217 Kilometer und über 4.000 Höhenmeter bei teilweise über 50 Grad Außentemperatur. Als er mir von seinen Laufabenteuern berichtete, kam ich aus dem Staunen nicht mehr heraus.

Dariusz hat den Al Andalus Ultratrail auf dem 15. Rang beendet. Mit seiner Geschichte inspiriert er mich und viele andere Menschen. Dariusz hat mich verschiedene Dinge gelehrt:

1. Gesundheit ist keine Selbstverständlichkeit.
2. Aufgeben ist keine Option. Egal, wie schwierig die Rahmenbedingungen sind.
3. Wenn wir gegen andere laufen, können wir nur verlieren.

Dariusz startet jedes Rennen mit einem konkreten Gefühl, warum er läuft. ER WILL NUR SICH SELBST BESIEGEN. ER LÄUFT NUR FÜR SICH. FÜR SEINE ZIELE. DIE VERLIERT ER NIE AUS DEN AUGEN. Jedes Mal, wenn Dariusz läuft, will er nur seine eigene Zeit schlagen.

Und wie verhalten wir uns in unserem Berufsmarathon? Ständig kämpfen wir mit anderen. Ständig sind wir in Konkurrenz. Ständig versuchen wir, besser als jemand anders zu sein.

In irgendeinem Lebensbereich die Nummer eins zu werden– das klingt nach einem reizvollen, erstrebenswerten Ziel. Doch es führt meistens in die Unzufriedenheit. Warum? Weil die Leistung eines Menschen immer mit der von anderen verglichen wird. Viele Menschen setzen ihre Ziele in Konkurrenz zu anderen, also in Relation zu deren Leistung. Sie orientieren sich am Außen. Das ist kontraproduktiv.

RELATIVE ZIELE SIND DER DIREKTE WEG IN DIE PERMANENTE UNZUFRIEDENHEIT, DENN ES GIBT FAST IMMER JEMANDEN, DER BESSER IST ALS DU.

Deshalb: Vergleich dich nicht mit anderen. Ein relatives Ziel kann nie deine eigene Leistung messen, denn die Umstände, die einen Menschen an die Spitze bringen, liegen nicht in deiner Hand. Alles, worüber du bestimmst, ist deine eigene Leistung. Setz dir deshalb absolute Ziele. Lauf doch lieber dein eigenes Rennen, geh deinen eigenen Weg, begib dich auf deine eigene Reise. Das ist zugegebenermaßen nicht immer einfach. Schon in frühester Kindheit bekommen wir das Konkurrenzdenken und das Vergleichen mit anderen eingeimpft. »Schau mal, der Peter, der hat ein Tor mehr geschossen als du.« »Ja, unser Georg ist schon mit acht Monaten gelaufen.« »Und unsere Katharina ist Klassenbeste und hat fünf Einser im Zeugnis stehen.« Durch die Beschallung der Medien wird das »Besser-als-jemand-anders-sein«-Denken weiter angestachelt.

Mach dir bewusst: ES GEHT NICHT DARUM, BESSER ALS JEMAND ANDERS ZU SEIN. ES GEHT NUR DARUM, BESSER ALS DEIN FRÜHERES SELBST ZU SEIN.

Die ultimative Herausforderung: Das eigene Ich

Extremsportler, Unternehmer und Familienmensch – wie geht das denn?

»Es ist nicht zu wenig Zeit, die wir haben, sondern es ist viel Zeit, die wir nicht nutzen«, sagte schon Seneca und hat damit vollkommen recht.

Es ist Mittwoch, kurz vor Mitternacht. Nach einem langen Tag und erfolgreichen Vortrag in der Nähe von Heilbronn komme ich endlich zu Hause an. Ich bin todmüde und will nur noch in mein Bett. Morgen geht es weiter zu einer Vortragsveranstaltung nach Luxemburg. Auch das wird wieder ein langer Tag: vier Stunden Anreise mit dem Auto, Briefing, Technikcheck, Vortrag halten, Fragen der Zuhörer beantworten, Technik abbauen, vier Stunden Autofahrt wieder zurück. Am Samstag steht ein intensiver Trainingslauf in den Vogesen auf dem Programm: 54 Kilometer mit 1.600 Höhenmetern. Bevor ich jedoch zum Lauf fahre, genieße ich die Zeit mit meiner Familie. Seit dem 5. März 2010 bin ich Vater einer wunderbaren Tochter: Marla. Durch sie hat sich sehr vieles in meinem Leben verändert – zum Positiven. Es gibt mir so viel Kraft, wenn sie mich anlächelt, und es ist einfach fantastisch zu sehen, wie schnell sie sich weiterentwickelt und täglich Dinge dazulernt. Während ich diese Zeilen für die Neuauflage des Buches schreibe, ist Marla 13 Jahre alt.

Als ich vor vielen Jahren von einer dreiwöchigen Reise aus Brasilien wieder nach Hause kam, überraschte sie mich, indem sie wie selbstverständlich durch unser Wohnzimmer robbte. Wow, das sind besondere Momente, die ich nie vergessen werde. Absolute Höhepunkte in meinem Leben. Deshalb ist mir meine Rolle als Familienmensch so wichtig. Natürlich gibt es auch schwierige Augenblicke, überhaupt keine Frage. Den Alltag am Laufen zu halten, ist eine Herausforderung. Das erfordert Kompromisse, gegenseitiges Verständnis und großes Vertrauen. Ich bin glücklich, dass ich mit Sabine eine sehr verständnisvolle Frau an meiner Seite habe. Die versteht, was mir mein Sport und meine Abenteuer bedeuten. Die mir immer den Rücken freihält und mich unterstützt. Die an mich glaubt und mich so akzeptiert, wie ich bin. Dafür bin ich sehr dankbar.

Bei meinen Vorträgen reagieren die Zuhörer teilweise überrascht, wenn sie erfahren, dass ich eine Familie habe. Die Annahme von einigen Menschen ist: Wenn jemand in der Welt herumreist und sehr viel unterwegs ist, bleibt ja gar keine Zeit für eine Familie. Und für einen Extremsportler, der sehr viel Zeit seinem Sport widmet, sowieso nicht. Meine gelebte Überzeugung ist, dass du es sehr wohl schaffen kannst, Job, Familie und Hobbys unter einen Hut zu bekommen. Es ist nicht immer einfach, doch es ist möglich. Zum Beispiel versuchte ich über viele Jahre, so oft es ging, Marla mit in mein Lauftraining zu integrieren. Eine der ersten Anschaffungen nach Marlas Geburt war ein Babyjogger. Oder meine Frau begleitete mich, zusammen mit Marla, auf dem Rad beim Training. Damit kombinierte ich Training, Kommunikation und Familienausflug.

Sowohl meine Familie, mein Beruf als Vortragsredner und Motivationstrainer als auch meine sportlichen Aktivitäten verlangen Zeit und Energie. Pro Jahr halte ich bis zu hundert Vorträge und Seminare im gesamten deutschsprachigen Raum, die auch vor- und nachbereitet werden wollen. Dazu kommen noch meine sportlichen Projekte und Abenteuer, für die ich insgesamt zehn Wochen im Jahr weltweit unterwegs bin. Last but not least möchte ich mit meiner Familie Zeit verbringen. Du kannst dir sicherlich vorstellen, dass der Umgang mit meiner Zeit einen enorm hohen Stellenwert hat.

DIE RESSOURCE ZEIT ...

Was schätzt du: Wie viele Stunden hat ein Jahr? 10.000? 50.000? 100.000? Ein Jahr hat 8.760 Stunden. Diese 8.760 Stunden stehen jedem Menschen auf dieser Welt zur Verfügung. **ZEIT IST DAS EINZIGE GUT, VON DEM ALLE MENSCHEN AUF DIESEM PLANETEN GLEICH VIEL HABEN.** Ob Barack Obama, Michael Schumacher, Elon Musk oder Max Mustermann – jedem stehen 8.760 Stunden im Jahr an Zeit zur Verfügung. Die entscheidende Frage lautet: Wie gehe ich mit dieser wertvollen Ressource um? Wie kann ich die begrenzte Zeit sinnvoll nutzen? Will ich in dieser Zeit mehr Geld verdienen, als ich jemals ausgeben kann? Oder will ich meine Arbeitszeit auch anderweitig einsetzen? Möchte ich mehr Zeit für meine Familie haben, ehrenamtlich tätig werden oder mich ausgiebiger meinen Hobbys widmen? Was steht dem entgegen?

Ich höre oft das Argument: »Ich würde das gerne machen, aber dafür *habe* ich leider keine Zeit.« Kennst du das auch? »Ich würde liebend gerne an dem Rhetorik-Seminar teilnehmen, aber an diesem Tag hat die beste Freundin meiner Freundin Geburtstag. Sorry, keine Zeit!« »Ich möchte ja sehr gerne Sport treiben, aber ich muss jeden Tag bis 19 Uhr arbeiten. Sorry, keine Zeit.« Keine Zeit zu haben, ist schon zu einer Art Statussymbol geworden – manchmal ist es natürlich auch nur eine Ausrede dafür, dass man etwas vermeiden möchte.

Die Ökonomen Daniel Hamermesh und Jungmin Lee haben eine weltweite Umfrage durchgeführt und sind zu dem Ergebnis gekommen, dass besonders Menschen, die über ein sehr hohes Einkommen verfügen, mit Vorliebe darüber klagen, keine Zeit mehr zu haben. Die beiden erklärten das Problem folgendermaßen: WENN MENSCHEN MEHR GELD HABEN, GLAUBEN SIE, MEHR MIT IHRER ZEIT ANFANGEN ZU KÖNNEN. DOCH LEIDER SIND SIE NICHT IN DER LAGE, AUCH MEHR ZEIT »ZU VERDIENEN«. Wenn wir mehr Geld verdienen wollen, müssen wir in der Regel auch mehr Zeit in unsere Arbeit investieren. Die Arbeitszeit steigt also, was zur Folge hat, dass unsere Freizeit sinkt. Doch ein Tag hat eben nur 24 Stunden und dieses Zeitbudget können wir, im Gegensatz zu unserem Einkommen, nicht erhöhen.

Vor ein paar Jahren besuchte ich den Vortrag des Extremkletterers Thomas Huber, eines der beiden »Huberbuam«, in Karlsruhe. Die atemberaubenden Bergbilder und sagenhaften Natureindrücke, kombiniert mit seiner leidenschaftlichen und humorvollen Erzählweise, beeindruckten mich. Was mir bei seinem Vortrag besonders gut gefiel, war seine Botschaft: »Nutzt eure kostbare Zeit.« Als Symbol zeigte er am Anfang und Ende seiner Präsentation eine Sanduhr, in der der Sand beständig nach unten strömte. Ein sehr eindrucksvolles Bild, das stärker als eine Armbanduhr das Gefühl vermittelt, dass die Zeit buchstäblich verrinnt. »Wir alle haben nur ein gewisses Zeitbudget in unserem Leben zur Verfügung und die Zeit schreitet unaufhaltsam voran. Verlorene Zeit ist nie wieder gutzumachen, deshalb gilt es, sein kostbarstes Gut jeden Tag für sich selbst optimal zu nutzen.« Das waren seine Worte. Wie recht er damit hat.

Achte einmal bewusst darauf, wie deine Kommunikation zum Thema Zeit ist. Es ist ein himmelweiter Unterschied, ob jemand zu mir sagt »ICH *habe* DAFÜR KEINE ZEIT« ODER »ICH *nehme* MIR DAFÜR KEINE ZEIT«. WAS SAGST DU DIR?

Zum Thema Zeit und den Umgang damit gibt es unzählige Bücher. Für mich lässt sich das Ganze auf einen Schlüsselsatz, eine Art Essenz, herunterbrechen:

NIMM DIR ZEIT, DANN HAST DU ZEIT.

Das ist schon alles. Mehr braucht es nicht.

Es läuft im Leben selten nach Plan

Es sollte eines meiner eindrucksvollsten Abenteuer werden. Komplett autark durch die Kavir-Wüste, eine der beiden großen Wüsten im Iranischen Hochland, die zwischen dem Zagros-Gebirge im Südwesten und dem Elburs-Gebirge im Norden liegt. 700 Kilometer in 14 Tagen. Nur das absolut Notwendigste dabei. Der Benpacker, ein Ziehwagen, dient mir dabei als Transportsystem. Gut 30 Kilo Gepäck, meine gesamte Ausrüstung, inklusive Wasser- und Essensvorräte für zwei Wochen Wüste ziehe ich hinter mir her. DOCH MEIN GROSSER TRAUM ZERPLATZTE SCHON AM ERSTEN TAG.

Am 21. Oktober 2016 laufe ich um kurz vor sieben Uhr in der Stadt Damghan am nördlichen Rand der Wüste los. Am Vortag bin ich mit dem Zug von der Hauptstadt Teheran in die 70.000-Einwohner-Stadt gereist. Die Straßen sind leer, als ich die ersten Meter unter meine Füße nehme.

EINE WOHLTUENDE RUHE UMGIBT MICH.

»Endlich darf ich laufen, nach all den Wochen und Monaten der Vorbereitung«, sage ich zu mir. Meine Mundwinkel gehen nach oben, mir geht es gut und ich fühle die Vorfreude, die immer stärker wird. Die Sonne präsentiert sich bei strahlend blauem Himmel. Angenehme 18 Grad Außentemperatur zeigt das Thermometer an – optimale Bedingungen für den Start der Expedition. Ich bin überrascht, wie leicht sich mein Benpacker bewegen lässt.

Als ich fast schon am Ortsausgang von Damghan bin, kommt mir ein älterer Mann mit seinem Moped entgegen.

»Salaam« begrüße ich ihn, worauf er mir freundlich ein paar Worte auf Persisch antwortet, die ich leider nicht verstehe. Mit großen Augen schaut er mich und meinen Ziehwagen an. Mit meinem Gefährt falle ich hier definitiv auf. Mit Händen und Füßen versuche ich ihm mein Vorhaben zu erklären. Nach Yazd will ich. Zu Fuß. Durch die Wüste. Allein. Immer wieder huscht ein Lächeln über seine Mundwinkel. Verstehen kann er mich nicht, was die Sprache anbelangt. Als ich schon weiterlaufen will, kommt er näher, will meinen Ziehwagen an sein Moped binden und mich ein kleines Stück mitnehmen. So lieb und herzlich dieses Angebot gemeint ist, bleibe ich weiterhin bei meinem Ziel, mich zu Fuß fortzubewegen. Nach gefühlten tausendmal Danke verabschieden wir uns, und unsere Wege trennen sich wieder.

Die Häuser von Damghan werden immer spärlicher und die Kavir-Wüste kommt näher und näher. Ich freue mich, nach drei Tagen in Teheran und einem Tag in Damghan auf die Stille und das Alleinsein in der Wüste. Kein Lärm, keine Menschenmassen, kein Handygeklingel. Plötzlich reißt mich ein Autogeräusch aus meinen Gedanken.

Ein Polizeiwagen kommt von hinten an mich herangefahren und hält schließlich neben mir. Schlagartig bin ich wieder im Hier und Jetzt. Polizeikontrolle – damit habe ich gerechnet. Ich mache mir zu diesem Zeitpunkt überhaupt keinen Kopf, dass etwas schiefgehen kann, da ich gut vorbereitet bin und alle notwendigen Papiere bei mir habe.

Zwei Polizisten steigen aus und kommen auf mich zu. Der eine um die Vierzig in eleganter Polizeiuniform, der andere ungefähr Anfang Dreißig, mit Vollbart, in einer grünen Militäruniform. »Hello. Passport, please«, sind die ersten Worte, die sie freundlich und gleichzeitig direkt zu mir sagen. Wie geheißen, zeige ich meinen Reisepass inklusive Visum vor. Eine gefühlte Ewigkeit schauen sich die beiden Polizisten meinen Pass sowie meinen Ziehwagen sehr genau an. KRITISCHE BLICKE, GEMURMEL AUF PERSISCH, VEREIN-

ZELT GELÄCHTER. Einer der beiden Polizisten spricht immer wieder in sein Funkgerät. Die Zeit vergeht nur sehr langsam.

Zu diesem Zeitpunkt denke ich nur an eine Polizeikontrolle und rechne damit, dass ich gleich weiterlaufen darf. »Seit wann bist du im Iran?«, fragt mich einer der beiden Polizisten in schlechtem Englisch. »Wie lange bist du bereits in Damghan? Was hast du vor?« Fragen über Fragen. Einigermaßen ruhig und sachlich beantworte ich sie. Doch die Antworten reichen den Beamten wohl nicht aus, denn sie bitten mich, mit aufs Polizeirevier zu kommen. Ein ungutes Gefühl macht sich langsam in meiner Magengegend breit. Auf meine Frage, ob ich später weiterlaufen dürfe, erhalte ich keine Antwort. Der eine Polizist spricht immer noch permanent in sein Funkgerät. Mit wem? Ich komme mir ein wenig verloren vor. Mit Ach und Krach schaffen wir es, meinen Ziehwagen mitsamt dem Gepäck auf die Rückbank des Polizeiwagens zu legen.

Wie ein Boxer im Ring

15 Minuten später halten wir vor einem verschlossenen Tor in Damghan, das auf Befehl geöffnet wird. Vor einem etwas älteren und renovierungsbedürftigen Gebäude hält der Wagen. Die beiden Beamten bitten mich, hier draußen vor dem Gebäude zu warten. Und wenig später weiß ich auch warum. Ein kleiner Geländewagen fährt auf das Gelände und hält direkt vor uns. Das muss der Chef sein, denke ich mir, als ein Mann mit Vollbart und elegantem Hemd aussteigt und flotten Schritts auf uns zukommt. Ein intensiver erster Blickkontakt, ein kräftiger Händedruck und kurzer Austausch mit den beiden Polizisten. Mit strengem Blick und klarer Geste signalisiert er mir, mit ins Gebäude zu kom-

men. In einem spärlich eingerichteten Raum setzen wir uns. Der Polizeichef nimmt direkt neben mir Platz und fixiert mich weiterhin ganz aufmerksam.

Und dann nimmt er mich in die Mangel. »Warum bist du hier? Warum bist du *wirklich* hier? Was hast du in deinem Rucksack? Öffne ihn!« Ich kam mir vor wie ein Boxer im Ring. Die Fragen prasselten nur so auf mich ein. Links und rechts. Ich kam aus der Deckung nicht mehr heraus. Das Verhör dauerte eine gefühlte Ewigkeit. Es ging immer weiter, eine Frage jagte die nächste. Direkt und geradlinig führte er das Gespräch. Dabei schaute er mit tief in die Augen. »Was hast du alles dabei? Hast du auch ein GPS-Gerät in deinem Rucksack? Und ein Satellitentelefon?« Dann will er meine Kamera sehen. Ich musste ihm jedes einzelne Bild zeigen, dass ich bisher im Iran gemacht habe. Jeden einzelnen Ausrüstungsgegenstand nahm er sehr sorgfältig unter die Lupe.

Mit zunehmenden Fragen wird es für mich immer unklarer, wohin das Verhör führen soll. Wie sehen sie mich? Als Sportler, Tourist, Spion oder gar Terrorist? Die fehlende Gewissheit treibt meinen Puls nach oben. Dann erhebt sich der Polizeichef von seinem Stuhl, kommt auf mich zu und sagt mir direkt ins Gesicht: »Du darfst nicht weiterlaufen. Hast du das verstanden?« Als ich diese Nachricht höre, bin ich geschockt. Das darf doch nicht wahr sein. Ich fühlte mich wie in einem schlechten Film. Mein Traum zerplatzt von einer Sekunde zur nächsten. Meine akribische Vorbereitung, die vielen Trainingskilometer, die unzähligen Trainingsstunden, das investierte Geld für die Expedition… alles für die Katz! Ich bin am Boden zerstört und kann das alles noch gar nicht begreifen. Es ist ungemein frustrierend, wenn du fit bist und einfach nur laufen willst, aber nicht darfst. Der Polizeichef macht mir deutlich, dass ich Damghan unverzüglich zu verlassen habe und zurück nach Teheran müsse. Er und die beiden Polizisten brachten mich höchstpersönlich zu einem Taxi, welches mich wieder zurück in die Hauptstadt fuhr. Wie in Trance sitze ich im Taxi und bin einfach nur leer. Unfähig, einen klaren Gedanken zu fassen.

NICHT ALLES LIEGT IN DEINER HAND.

Selten zuvor in meinem Leben fühlte ich mich so machtlos. Durch das Erlebnis in der Kavir-Wüste habe ich vieles gelernt. Eine Erkenntnis ist, dass es im Leben selten nach Plan läuft. Eine weitere: Nicht alles liegt in deiner Hand und in deinem Einflussbereich. Nicht alles kannst du in deinem Leben aktiv beeinflussen und kontrollieren. Auch wenn wir es gerne wollten. Kannst du beispielsweise beeinflussen, welche Laune morgen dein Chef hat? Liegt es in deinem Einflussbereich, welche Gesetze in diesem Jahr verabschiedet werden? Liegt es in deiner Macht, welche Strategien dein direkter Wettbewerber fährt?

Das oft zitierte Gelassenheitsgebet lautet: »Gott gebe mir die Gelassenheit, Dinge hinzunehmen, die ich nicht ändern kann, den Mut, Dinge zu ändern, die sich ändern lassen, und die Weisheit, das eine vom anderen zu unterscheiden.«

WIE SIEHT DEINE AKTUELLE BERUFLICHE WÜSTENEXPEDITION AUS? Welche Situationen liegen nicht in deinem Einflussbereich? Was kannst du nicht verändern? Wo bist du einfach machtlos?

Du kannst dich noch so anstrengen und alles geben. Es werden immer Situationen in deinem Leben auftreten, in denen du machtlos bist. Ereignisse, die außerhalb deines Einflussbereichs liegen. Lerne, solche Situationen zu akzeptieren. Akzeptanz bedeutet, Dinge, Personen oder Ereignisse so anzunehmen, wie sie sind, selbst wenn sie nicht unseren

Wünschen und Erwartungen entsprechen. Akzeptanz ist die Fähigkeit, unveränderbare Zustände im Leben anzunehmen, wie sie sind, anstatt mit ihnen zu hadern und dagegen anzukämpfen. Viele Menschen verbinden mit Akzeptanz »aufgeben« oder eine Niederlage. Doch genau das Gegenteil ist der Fall. DIE FÄHIGKEIT ZU AKZEPTIEREN IST EINE STÄRKE, DIE NEBEN GELASSENHEIT AUCH INNEREN FRIEDEN, FREIHEIT UND RAUM FÜR NEUES SCHAFFEN KANN.

Selbstdisziplin als Schlüssel zum Erfolg

Soll ich wirklich noch? Große Lust verspüre ich nicht. Es ist 22:35 Uhr. Laut meiner Tagesliste habe ich alle geplanten Aktivitäten erledigt. Bis auf eine. Meinen Satz Liegestütze. Beim Gedanken daran geht meine Motivation gegen Null. Jeder Sandsack wäre motivierter gewesen. Ich bin hin- und hergerissen. Mache ich ihn oder nicht? Ich denke an mein warmes Bett, meinen wohlverdienten Schlaf … »Quäl dich, du Sau!«, kommt es mir dann in den Sinn. Ich überwinde mich schließlich und ziehe es durch.

Ich kann stundenlang durch die Natur laufen, hunderte von Kilometern zu Fuß zurücklegen, aber Muskeltraining zu betreiben, fällt mir unheimlich schwer. Krafttraining bedeutet für mich jedes Mal, meine Komfortzone zu verlassen. Deshalb habe ich es mir zum Ritual gemacht, jeden Tag einen Satz Liegestütze durchzuführen. Nur einen einzigen Satz mit maximaler Wiederholungszahl. Jeden Tag. Das beansprucht zwei bis drei Minuten meiner Zeit. Dabei geht es mir nicht nur um die Liegestütze, als vielmehr um das Prinzip dahinter. Jeden Tag einen winzig kleinen Schritt Richtung Ziel zu machen. Die Betonung liegt dabei auf »jeden Tag«. WAS WIR TÄGLICH MIT MINIMALEM ZEITAUFWAND

TUN, HAT LANGFRISTIG GROSSE KONSEQUENZEN. Diese Regel, auch als Prinzip der Minimalkonstanz bekannt, wird völlig unterschätzt.

Wenn du beispielsweise jeden Tag zehn Minuten Sport treibst, dann merkst du das Resultat nicht direkt im Anschluss oder am nächsten Tag. Aber wie sieht es nach drei Monaten, nach einem Jahr oder nach drei Jahren aus? Du bist fit, vital und fühlst dich saugut, weil du jeden Tag die Disziplin aufgebracht und dich für zehn Minuten überwunden hast.

DIE MACHT DER KLEINEN TATEN ...

Dieses Prinzip gilt aber nicht nur im Sport, sondern lässt sich auch auf andere Lebensbereiche übertragen. Habe die Disziplin, eine Aktivität jeden Tag nur ein paar Minuten zu machen. Nicht länger. Doch mach das, was du dir vornimmst, jeden Tag! Auf diese Weise schreibst du ein Buch, bildest dich weiter, baust ein Haus, machst dich selbstständig oder lernst eine Fremdsprache.

Doch wie bringe ich die Selbstdisziplin auf, genau das zu tun? Wie motiviere ich mich, spätabends noch mein Fitnessprogramm durchzuziehen, obwohl ich keine Lust verspüre? Auf welche Weise schaffe ich es, eine Aktivität wieder und immer wieder auszuführen? Der erste Schritt ist, sich das eigene Verhalten bewusst zu machen. Selbstdisziplin funktioniert nur mit Bewusstsein. 95 Prozent unserer Handlungen laufen unbewusst ab. Aus diesem Grund haben wir oft das Gefühl, zu wenig Selbstdisziplin zu haben. Der zweite Schritt ist das Formulieren eines klaren Ziels und die Beantwortung der Frage, warum ich diese Aktivität unbedingt machen will. Du brauchst also ein Ziel und ein Motiv. Diesen beiden zentralen Aspekte findest du daher häufiger in diesem Buch.

Jeder Erfolg besteht aus Hunderten und Tausenden kleiner Mühen und Opfer.

SELBSTDISZIPLIN IST DIE MACHT DER KLEINEN TATEN. SELBSTDISZIPLIN IST DIE FÄHIGKEIT, DAS ZU TUN, WAS DU DIR VORGENOMMEN HAST. UNABHÄNGIG DAVON, OB DU DAFÜR GERADE LUST VERSPÜRST ODER NICHT. Mit Selbstdisziplin kannst du beispielsweise auch 1.000 Kilometer durch das australische Outback zum Ayers Rock laufen. Ja, du hast richtig gehört. Du kannst, Gesundheit vorausgesetzt, 1.000 Kilometer durch Australien laufen. Vielleicht nicht unbedingt in 15 Tagen, wie ich das im Rahmen meines Projekts »Run to the Rock« vor ein paar Jahren gemacht habe. Aber es ist möglich. Jeder Mensch mit zwei gesunden Beinen kann das. Du musst kein außergewöhnlich talentierter Läufer sein oder über besondere Fähigkeiten verfügen. Alles, was du benötigst, sind dein Wille und eine große Portion Selbstdisziplin. Die Zeit spielt dabei keine Rolle. Es geht nur darum, dass du es schaffst.

Nehmen wir an: Du bist fit, ambitioniert und gehst jeden Tag acht Stunden lang fünf Kilometer pro Stunde. Damit legst du täglich 40 Kilometer zurück. Schon nach 25 Tagen bist du an deinem Ziel, am Ayers Rock. Das ist dir zu viel? Okay, dann geh langsamer. Du marschierst täglich nur vier Stunden und legst ebenfalls fünf Kilometer in der Stunde zurück. Pro Tag machst du somit 20 Kilometer und bist nach 50 Tagen am Ayers Rock. Immer noch zu viel? Verlangsamen wir das Tempo noch einmal. Du machst diese Tour absolut locker und gehst täglich nur vier Stunden in einer Geschwindigkeit von 2,5 Kilometer pro Stunde. Dann hast du am Tag zehn Kilometer geschafft und bist nach 100 Tagen am Ayers Rock.

Was will ich dir mit diesem Beispiel verdeutlichen? Egal,

wie schnell oder langsam deine Fortbewegung ist, solange du jeden Tag diszipliniert marschierst, wirst du immer an deinem Ziel ankommen. Dieses Prinzip gilt für alle Ziele. Egal, ob du ein dickes Buch schreiben willst, Millionär werden möchtest, 20 Kilo abnehmen willst, eine Weltreise machen möchtest, ein Unternehmen aufbauen willst. KEIN MENSCH WIRD DICH NACH EINER ERFOLGREICHEN REALISIERUNG FRAGEN, WIE LANGE DU DAFÜR GEBRAUCHT HAST. Es geht (wenn du nicht gerade Spitzensportler bist) um den Weg und das Erreichen des Ziels, nicht um Geschwindigkeit. Selbstdisziplin ist der unsichtbare Weg zum Erfolg.

Bei der Selbstdisziplin musst du dich immer zwischen zwei Zuständen entscheiden: dem Disziplinschmerz oder dem Schmerz des Bedauerns. Der Disziplinschmerz ist die Überwindung, die du aufbringen musst, um etwas zu tun, obwohl es dir in diesem Moment sehr schwerfällt. Der Schmerz des Bedauerns ist hingegen derjenige, den du in zehn Jahren zu ertragen hättest, wenn du nicht mehr laufen kannst, nur weil du kein Muskeltraining gemacht hast. DER DISZIPLINSCHMERZ WIEGT NUR EIN PAAR GRAMM, DER SCHMERZ DES BEDAUERNS JEDOCH MEHRERE TONNEN. WELCHEN SCHMERZ MÖCHTEST DU LIEBER ERTRAGEN?

Eine Insel für sich

Die Rub-al-Khali-Wüste im Oman ist der stillste Ort, an dem ich gewesen bin. Mit einer kleinen Gruppe bin ich vor ein paar Jahren zu Fuß durch die Wüste gewandert. In dieser sich monoton erstreckenden Landschaft gab es keine von Menschen erzeugten Geräusche außer denen, die wir selbst produzierten. Jedes Mal, wenn wir eine Pause machten und der Wind nicht wehte, erlebte ich eine ohrenbetäubende Stille. Die Abgeschiedenheit und Einöde der Wüste zogen mich in ihren Bann. Außer der endlosen Weite schien es nichts um mich herum zu geben. Kein Gedränge, keine Hektik, keine Musik, keine Stimmen, keinen Lärm. Nichts. Absolute Stille. Ich hörte und fühlte die Stille.

Mit der Stille veränderte sich meine Wahrnehmung. Das eintönige Braun des Wüstensands zeigte unzählige Nuancen von Braun: bärenbraun, braunbeige, blaubraun, eichelbraun, braunorange, ockerbraun, goldbraun, karamellbraun, schokoladenbraun, zimtbraun, muskatbraun. Ich hatte das Gefühl, dass sich die Natur über die Zeitspanne, in der ich in der Wüste war, veränderte. ABER ICH IRRTE MICH. DIE UMGEBUNG BLIEB DIESELBE, ICH VERÄNDERTE MICH. Die äußere Stille übertrug sich auf mich, in eine innere Stille. Meine Gedanken wurden leiser, die inneren Stimmen im Kopf ruhiger, das Gedankenkarussell langsamer.

**JE STILLER ES WURDE,
DESTO MEHR HÖRTE ICH.**

Wenn ich viele Tage zu Fuß unterwegs bin, verändert sich der Charakter einer Tour. Es ist anders als ein halbstündiger Spaziergang oder auch ein Marathonlauf. Die Abhängigkeit von äußerlichen Stimulationen verschwindet, ich bin losgelöst von den Erwartungen anderer, das Laufen bekommt eine innere Bedeutung, nimmt teilweise fast meditative Züge an. WENN ICH LAUFE, GEHT ES DARUM, RUHE ZU FINDEN, DIE PROBLEME ZU HAUSE ZU LASSEN, ZU EINEM TEIL MEINER UMGEBUNG ZU WERDEN, EINEN SCHRITT VOR DEN ANDEREN ZU SETZEN.

Zu Hause im Alltag fahren Autos, klingeln Handys, fliegen Flugzeuge, höre ich Stimmen von Menschen oder es bellen Hunde. Jemand redet, flüstert, schreit, flucht. Insgesamt gibt es so viele Geräusche, dass ich sie kaum noch wahrnehme. Hier in der Wüste war es vollkommen anders. DIE NATUR SPRACH ZU MIR, INDEM SIE SICH ALS STILLE PRÄSENTIERTE. JE STILLER ES WURDE, DESTO MEHR HÖRTE ICH.

Ich wurde immer aufmerksamer gegenüber dieser Welt, von der ich ein Teil war. Ich war allein mit meinen Vorstellungen und Gedanken, war voll und ganz in meinem eigenen Leben präsent. Die Welt verschwindet, wenn man darin aufgeht, behauptete der Philosoph Martin Heidegger. Und genau das durfte ich in meinem Leben schon oft erfahren. Besonders bei meinen Ultramarathonläufen. Kilometer für Kilometer laufe ich, verfalle nach und nach häufig in einen Trott, in einen Zustand der Monotonie. Wie die sanfte, ruhige Stimme eines Hypnotiseurs bringt mich mein Laufrhythmus in einen Zustand der Entspannung und Stille. Obwohl die Umgebung oftmals alles andere als ruhig ist, kehrt in mir Ruhe ein. Bewusst nehme ich meinen Atem wahr, gleichmäßig und ruhig. Ich bin eins mit mir, ganz bei mir, mir selbst genug. Da war sie wieder: eine Insel der Stille, eine Insel für mich selbst.

Das ist für mich die interessanteste Stille: Diejenige, die in mir ist. Eine Stille, die ich in gewisser Weise selbst schaffe. DAHER SUCHE ICH NICHT MEHR NACH DER ABSOLUTEN STILLE UM MICH HERUM. DIE STILLE, AUF DIE ICH AUS BIN, IST DIE STILLE IN MIR.

Was ich erkannt habe: Die Welt auszusperren, bedeutet nicht, seiner Umgebung den Rücken zuzukehren, sondern im Gegenteil: Es heißt, die Welt ein wenig deutlicher zu sehen, innezuhalten, eine Pause einzulegen, zu reflektieren und das Leben zu lieben. Der amerikanische Schriftsteller Nathaniel Hawthorne meinte, dass Glück ein Schmetterling sei, der sich immer unserem Griff entzieht, wenn man ihn jagt, der sich aber auf uns niederlässt, wenn wir ganz still dasitzen. Die Stille ist eine Bereicherung an sich. Es ist eine Qualität, etwas Luxuriöses. Ein Schlüssel, mit dem sich neue Arten des Denkens erschließen. Ich denke dabei nicht an Entsagung oder etwas Spirituelles, sondern an eine praktische Ressource für ein reicheres Leben. Oder etwas einfacher ausgedrückt: EINE FORM DES ERLEBENS, DIE TIEFER IST, ALS NUR DEN FERNSEHER EINZUSCHALTEN UND SICH DIE NACHRICHTEN ANZUSCHAUEN. Eckhart Tolle meinte dazu: »Schau dir einen Baum, eine Pflanze, eine Blume an. Lass dein Gewahrsein darauf ruhen. Wie still sie sind, wie tief im Sein verwurzelt. Lass zu, dass die Natur dich die Stille lehrt.«

WOHLTUEND UND BEÄNGSTIGEND ZUGLEICH …

Laufen stellt mein Vehikel dar, wenn ich mich in mein Inneres zurückziehen will. Je länger ich laufe, desto weniger trenne ich zwischen Körper, Geist und Umgebung. Die äußere und die innere Welt gehen nach einer Zeit ineinander über. ICH STELLE MIR MANCHMAL DIE FRAGE, OB ES NICHT GUT WÄRE, WENN DIE MENSCHEN DIE GELEGENHEIT HÄTTEN, SICH EIN BISSCHEN ZU LANGWEILEN. Wenn sie einfach mal nichts tun würden? Wenn sie innehielten und sich darüber wunderten, was sie eigentlich gerade tun?

Das Gegenteil von Stille ist ein Gehirn, das arbeitet und denkt. WENN WIR RUHE FINDEN WOLLEN, MÜSSEN WIR AUFHÖREN ZU DENKEN. NICHTS TUN. Die Stille ist ein Werkzeug, um der Umgebung zu entkommen. Dazu habe ich, neben dem Laufen, einen weiteren Weg gefunden: das Dunkelretreat, einem Aufenthalt in völliger Dunkelheit. Mithilfe eines Dunkelretreats wird der Fokus gezielt auf das eigene innere Erleben gerichtet. Drei Tage war ich in völliger Dunkelheit. Allein in einer fremden Wohnung im Taunus. Die ersten Stunden fühlten sich seltsam und eigenartig an. Es gab hier nichts zu tun – außer sich mit sich selbst zu beschäftigen. Es gab kein Ausweichen, keine Ablenkungen, keinen Fernseher, kein Internet, kein Social Media, keine Kinder, keine E-Mails, kein Telefon, keine einzige Lichtquelle. Das war ungemein wohltuend und zumindest anfangs beängstigend zugleich.

Nach ein paar Stunden wurde mir langweilig. Ich wusste zunächst nicht, was ich tun sollte. Einfach nur dasitzen und meine Gedanken beobachten. Das war anfangs außerordentlich befremdlich. Die Stille und die Dunkelheit schienen mich zu erdrücken. Es war so verdammt schwer, einfach nur dazusitzen und untätig zu sein, wenn nichts geschieht, wenn man allein ist, wenn es still um einen ist. Zuhause entscheide ich mich oft dafür, etwas zu tun, statt die Stille mit mir selbst auszufüllen. NACH UND NACH VERSTAND ICH, DASS DIE URSACHE VIELER MEINER PROBLEME IM BEREICH ZWISCHEN MEINEN OHREN ZU FINDEN IST.

Durch die Reizarmut entstand etwas Interessantes. Die Wahrnehmungen meiner Sinne verfeinerten sich, und ich nahm fast ausschließlich meine Innenwelt wahr. Ich erkannte, in welchem unglaublichen Gedankenkarussell ich mich befand, wie mein Kopfkino auf Hochtouren lief und mein Gehirn arbeitete, als gäbe es kein Morgen. Arnold, der mich während der Zeit im Dunkeln betreute, gab mir einen Schlüsselsatz mit auf den Weg, der mich seitdem begleitet: »DAS, WAS DU IM AUSSEN WAHRNIMMST, IST EINE PROJEKTION DEINES EIGENEN INNENLEBENS.«

ZEIT – NUR FÜR DICH!

Die meisten Menschen sind so stark im Außen, dass sie ihr Innenleben gar nicht bewusst wahrnehmen. Sie halten die Stille nicht aus. DIE STILLE FINDEN WIR DORT, WO WIR SIND: IN UNSEREM KOPF. GANZ OHNE KOSTENAUFWAND. Du musst nicht in eine Wüste reisen oder in ein fernes Land fliegen, du kannst Stille auch zuhause auf der Couch erleben. Stille kann überall und jederzeit auftauchen – direkt vor deiner Nase. Du schaffst sie selbst, wenn du eine Treppe hinaufgehst, kochst oder du dich einfach darauf konzentrierst, wie du atmest.

Wie oft bist du in deinem Leben wirklich allein? Nimmst dir Zeit nur für dich? Befindest dich in Stille? Wir brauchen solche Pausen, um über unsere Werte und unser Leben nachzudenken, über die Richtungen, die wir eingeschlagen haben. Wir müssen immer wieder innehalten, um nicht vom Strom des Dringlichen und Alltäglichen mitgerissen zu werden. DAS DRINGLICHE HAT DIE NEIGUNG, LAUT ZU ERSCHEINEN, DAMIT ES WICHTIG WIRKT. ABER IN RUHIGEN MOMENTEN KÖNNEN WIR DIFFERENZIEREN. Wir können wieder Wichtiges von Pseudowichtigem unterscheiden. In der Stille finden wir zu unserem eigenen Rhythmus und zu unserer natürlichen Kreativität zurück.

Vom Einzelkämpfer zum Teamplayer

Wodurch zeichnet sich ein Abenteuer aus? Sicherlich durch den Faktor »unbekannt«. Wohl auch durch das Risiko, das du eingehst. Und ganz sicher durch das Verlassen des gewohnten Umfeldes und der persönlichen Komfortzone. Genau das reizte mich, einmal eine eigene Expedition durchzuführen. Nachdem ich mit der Zeit einige der anspruchsvollsten organisierten Ultraläufe in der ganzen Welt erfolgreich bestritten hatte, wollte ich etwas Neues ausprobieren. Dabei wollte ich nicht irgendwo laufen, sondern in einer der für mich landschaftlich reizvollsten Umgebungen der Erde: der Atacamawüste. Diese Wüste im Norden Chiles übt wegen ihres einzigartigen Klimas, ihrer vielseitigen Landschaft, ihrer hohen Lage und ihrer extremen Temperaturschwankungen eine große Faszination auf mich aus. Sand, Staub, Stein und Wind sind hier ständige Begleiter. 40 Grad ohne Schatten, null Prozent Luftfeuchtigkeit und 100 Prozent Stille. Diese extremen Bedingungen haben mich für ein außergewöhnliches Laufabenteuer motiviert: die Atacama Challenge. Von diesem Abenteuer träumte ich schon lange. Im Februar 2009 wurde daraus schließlich ein konkretes Ziel. Ich wollte 600 Kilometer in 14 Tagen durch diese Wüste laufen. Das bedeutet 14 Marathondistanzen an vierzehn aufeinanderfolgenden Tagen. Ich bin zuvor noch nie so weit gelaufen. Dies wird also eine komplett neue Erfahrung für mich, körperlich wie mental.

DOCH ICH BRAUCHE SOLCHE HERAUSFORDERUNGEN UND ABENTEUER, SIE BEDEUTEN FÜR MICH WACHSTUM UND WEITERENTWICKLUNG. SIE SIND FÜR MICH DIE ESSENZ DES LEBENS.

In eine der trockensten Gegenden der Welt

Schon die Anreise nach Chile ist ein Abenteuer für sich gewesen. Kaum haben wir uns am Frankfurter Flughafen eingefunden, wird uns mitgeteilt, dass unser Flug wegen der Aschewolke über Island ausfällt. Sch…, das darf doch wohl nicht wahr sein! Mein Herz ist mir fast in die Hose gerutscht. Selbst die beste organisatorische Vorbereitung kann solch einen Zwischenfall nicht verhindern. Glücklicherweise erhalten wir einen Ersatzflug über Sao Paulo nach Santiago, sodass wir nur mit knapp sechs Stunden Verspätung in Chile ankommen. Wenn ich von »wir« rede, dann meine ich meine beiden Freunde Christian und Benjamin, die mich bei diesem Abenteuer begleiten und eine ganz wesentliche Rolle spielen. Von ihnen wird noch häufiger die Rede sein.

Ein paar Tage später befinden wir uns in eine der trockensten Städte der Welt: Calama, im hohen Norden Chiles. Eine abgelegene Schotterpiste, ein paar Kilometer südlich von Calama, stellt den Startpunkt des Laufs dar. Ich bin froh, hier sein zu dürfen. Es herrscht eine entspannte Atmosphäre: keine anderen Läufer, keine Zuschauer, kein Gedränge, keine Hektik, keine Musik. Nicht die übliche Startprozedur wie bei großen Laufveranstaltungen. Nein, ganz entspannt stehe ich hier am Rand der Wüste und freue mich, dass ich gleich loslaufen darf. Und zwar ganz allein. Ein Gefühl der Freiheit macht sich in mir breit. Christian und Benjamin zählen von zehn rückwärts und dann geht es endlich los: 600 Kilometer, über 6.000 Höhenmeter, 14 Tagesetappen durch eine der trockensten und beeindruckendsten Landschaften der Erde liegen vor mir. Nach einigen Minuten bin ich schon völlig allein. Außer der endlosen Weite der Atacamawüste gibt es nichts um mich herum. Sand und Schotter, so weit das Auge reicht. In der Ferne kann ich die prächtigen, mit Schnee bedeckten Gipfel der Anden ausmachen. Eine Kulisse wie gemalt. Ich genieße die Ruhe um mich. Es herrscht eine Stille, wie ich sie zuvor noch nie erlebt habe. Nur das Auftreten meiner Laufschuhe auf der staubigen Piste nehme ich wahr. Zwei Elemente bestimmen die heutige und auch die folgenden Etappen: die Weite der Wüste und das tiefe Blau des Himmels. Keine einzige Wolke bedeckt ihn. Ein Szenario, wie ich es mir zigfach während meiner mentalen Vorbereitung ausgemalt habe. Da wir Mitte Mai haben, also fast schon chilenischen Winter, sind die Temperaturen nicht ganz so heiß. Angenehme 27 Grad zeigt das Thermometer an. Dass sich das Wetter und die Temperaturen hier sehr schnell verändern können, sollen wir noch des Öfteren am eigenen Leib erfahren. Ich genieße die ersten Stunden des Laufens und des Alleinseins. In einem sehr verhaltenen Tempo, sechs Minuten pro Kilometer, bin ich unterwegs. Ökonomisch und kräfteschonend, lautet meine Devise, denn nach dem heutigen Tag liegen noch weitere 13 Etappen vor mir. Mein Atem geht ruhig und gleichmäßig und trotz der warmen Temperaturen schwitze ich überhaupt nicht. Keinen einzigen Tropfen Schweiß kann ich auf meiner Haut ausmachen. Trotzdem nehme ich alle paar Minuten ein paar Schlucke aus meiner Trinkblase, die gut verpackt in meinem kleinen Laufrucksack liegt. Doch auch die ersten technischen Mängel offenbaren sich gleich zu Beginn dieses Abenteuers: Unsere Funkgeräte funktionieren nicht und das stellt uns vor ein ernsthaftes Problem. Wie sollen wir uns in der Wüste verständigen beziehungsweise nach außen kommunizieren können? Christian und Benjamin befinden sich immer in überschaubaren Abständen vor oder hinter mir, sie können jedoch nicht permanent neben mir herfahren. Deshalb beschließen wir, die Intervalle, an denen wir uns treffen, zu verkürzen. In Abständen von sieben bis zehn Kilometern wartet mein Team auf mich. Dann kann ich nicht nur meinen Flüssigkeits- und Energievorrat wieder auffüllen, sondern auch die weitere Route und Taktik besprechen.

Diese gemeinsamen Momente sind enorm wichtig, denn schließlich laufe ich die meiste Zeit völlig allein. Unser Geländewagen ist voll beladen: Kleidung für jedes Wetter, über 100 Liter Wasser, sechs Ersatzkanister mit insgesamt 120 Litern Benzin, Reserveräder, GPS-Gerät, Kartenmaterial sowie Dutzende Energieriegel, Konserven und Essensvorräte stellen nur einen kleinen Teil unserer Ausrüstung dar. Auf der breiten Schotterpiste komme ich gut voran. Gleichmäßig spule ich Kilometer für Kilometer ab – wie ein Schweizer Uhrwerk. Ich freue mich jedes Mal riesig, wenn ich in der Ferne den großen Toyota meines Teams sehe. Dort werden mich wieder aufmunternde und motivierende Worte erwarten. Christian kommt mir schon entgegengelaufen, mit seiner großen Kamera bewaffnet. Er ist professioneller Fotograf und seine Aufgabe in diesem Projekt ist es, dieses zu dokumentieren und in Bild und Ton festzuhalten. Vor sieben Jahren haben wir uns auf einer Weinplantage in Australien kennengelernt. Er zählt zu meinen besten Freunden und begleitet mich bei vielen meiner Abenteuer. »Alles okay bei dir?«, fragt er mich. »Aber hallo«, gebe ich ihm gutgelaunt zurück. Wir laufen die letzten Meter bis zum Auto zusammen. Dort begrüßt mich Benni, der mir seine Hand zum Abklatschen hinhält. Ihn kenne ich über Christian. Benjamin ist angehender Unternehmer und während dieses Abenteuers primär für das Auto und die Navigation verantwortlich. Er spricht fließend Spanisch, was für uns hier einen unbezahlbaren Vorteil darstellt. »Willst du etwas trinken oder gleich etwas essen?«, fragt mich Benjamin. Zuvor hat er schon mein Zelt aufgeschlagen und mir meine Wechselklamotten hergerichtet. Solche Gesten sind für mich ungemein hilfreich, denn wenn du nach einem Marathon oder mehr in solch einer Region ins Ziel kommst, bist du über jeden Handgriff froh, den du nicht selbst machen musst. Am Ende von Tag eins zeigt meine Laufuhr 44 Kilometer an. Das ist ein sehr guter Start für mich und mein Team in dieses Rennen.

EINFACH NUR DA SEIN.

Ein Höhepunkt bei diesem Abenteuer ist, jeden Abend die Lageratmosphäre inmitten dieser sagenhaften Kulisse zu genießen. Einfach nur da zu sein, in der Wüste zu sitzen, die Umgebung bewusst wahrzunehmen und jedes Detail in sich aufzusaugen: die beeindruckende Andenkette mit ihren schneebedeckten Gipfeln, die wechselnden Farbnuancen am Himmel oder den eindrucksvollen Sternenhimmel. Es stellt für mich ein Stück Freiheit dar, hier in einer der reizvollsten Landschaften der Erde sein zu dürfen. Kein Geld der Welt kann solch einen Moment ersetzen. DIE NUDELN MIT THUNFISCH UND GURKEN SOWIE DIE APRIKOSEN AUS DER DOSE SCHMECKEN WIE EIN FÜNF-GÄNGE-MENÜ IN EINEM NOBELRESTAURANT.

Genau diese Einfachheit empfinde ich als absolutes Privileg. Man braucht im Leben nicht viel, um glücklich zu sein. Kein Handy, keinen Computer, keinen Fernseher, keine materiellen Dinge und keine Luxusgüter. Das wird mir bei diesem Abenteuer wieder aufs Neue bewusst. Wir sitzen einfach auf unseren Klappstühlen, weit weg von jeglicher Zivilisation, unterhalten uns und genießen die traumhafte Umgebung, in der wir uns befinden. Das bedeutet für mich Glück.

Eines bekommen wir auch sehr schnell zu spüren: Sobald es dunkel ist, sinken die Temperaturen drastisch. Einstellige Minusgrade begleiten uns in den Nächten. Das bedeutet, dass wir ab 18 Uhr unsere Winterkleidung anziehen und relativ schnell in unseren warmen Schlafsack schlüpfen. Über mein Zelt spanne ich bewusst kein Dach, um die unzähligen Sterne am Himmel betrachten zu können. Es scheint am ganzen Himmel zu funkeln. Ein wahnsinniger Anblick, der mich beruhigt in meine Träume sinken lässt.

Auf dem ersten Teilstück der Atacama Challenge ist es unser Ziel, von Calama über die Wüstenoasen Chiu Chiu und Caspana nach El Tatio zu laufen. Dort wollen wir einen Abstecher zu den gleichnamigen Geysiren machen und anschließend weiter nach San Pedro de Atacama laufen. Für diese knapp 200 Kilometer lange Strecke haben wir fünf Tage veranschlagt. Fünf Tage, vor allem wegen der zu überwindenden Höhe. Wir starteten auf knapp 2.200 Metern in Calama und werden bereits am dritten Tag auf fast 4.500 Metern sein, sofern alles nach Plan läuft.

Doch zuvor heißt unser Ziel auf der zweiten Etappe: Caspana. Fast 1.000 Höhenmeter gilt es bis dorthin zu bewältigen. Nach 32 Kilometern erreichen wir diesen reizvollen und abgeschiedenen Ort inmitten der Wüste. Ich traue zunächst meinen Augen nicht. »Das ist ja wie im Paradies«, schießt es mir durch den Kopf. Kontrastreicher hätten die Landschaften nicht sein können. Von der öden, monotonen und trockenen Sand- und Schotterpiste laufe ich in ein Tal, das sich durch saftig grüne Wiesen, eine reiche Vegetation und einen rauschenden Bach auszeichnet. Caspana, ein idyllisches 400-Einwohner-Dorf, erscheint wahrhaftig aus dem Nichts. Hier scheint die Zeit stillgestanden zu sein. Den Ortskern bilden einzelne Lehmhütten. Sogar ein archäologisches Museum gibt es in dem kleinen Andendorf. Wie Außerirdische werden wir von den wenigen Einwohnern betrachtet. Die Menschen sehen zufrieden aus. Ein schüchternes Lächeln huscht den meisten über das Gesicht. Hektik, Stress und Verkehr scheinen sie nicht zu kennen. Ein leckeres Abendessen mit den gastfreundlichen Hausherren rundet diesen ereignisreichen Tag ab. Wir genießen den Luxus, seit Tagen wieder die erste Dusche zu bekommen und in einem einfachen, aber komfortablen Bett schlafen zu dürfen.

Eine Begegnung der etwas anderen Art

Mein Lauftempo wird immer langsamer und die Kraftanstrengung immer größer. Ich laufe schon auf einer Höhe von 3.200 Metern. Doch es geht noch höher. Das Etappenziel heißt El Tatio bei den weltbekannten Geysiren, die auf knapp 4.300 Metern Höhe liegen. Eine lange, leicht ansteigende Sandpiste bildet den Untergrund. Und diese Piste scheint kein Ende zu haben. Der sanfte Wind bläst mir den feinen Staub direkt ins Gesicht und meine Zunge fühlt sich an, als läge sie in einem riesigen Sandkasten. Selbst in dieser unglaublichen Weite bekommst du einen Tunnelblick und siehst nur einen winzigen Ausschnitt aus dieser gewaltigen Wüste. Mein Fokus richtet sich immer nur auf den jeweils nächsten Schritt. Ich bin nur im Hier und Jetzt. Alles andere ist in diesem Moment ausgeblendet. Meter für Meter komme ich höher und die Luft wird immer dünner und kälter. Eine gewisse Monotonie macht sich in mir breit. Nichts als endlose Sand- und Schotterebenen umgeben mich. Ab und an tauchen trostlos erscheinende Büsche auf. An welchem Punkt warten wohl Christian und Benjamin auf mich? Plötzlich bewegt sich aus der Ferne etwas auf mich zu. Immer schneller und schneller. Was ist das denn bitte? Als es näherkommt, erkenne ich, dass ein schwarzer, gefährlich aussehender Hund auf mich zustürmt. Wo kommt der bloß her? Hier wohnt doch niemand? Und vor allem: Was will der von mir? Glücklicherweise stellt sich der Vierbeiner als brav heraus und weicht vorerst nicht mehr von meiner Seite. Ich bin dankbar über diese gesellige Abwechslung. Er scheint mich beschützen zu wollen und läuft immer ein paar Meter voraus, um danach voller Begeisterung wieder zu mir zurückzukommen. Mir kommt es vor, als hätte er nur selten Kontakt zu Menschen. Umso mehr freut er sich, als er mich auf meinem Weg ein Stück begleiten kann. Doch so schnell der Hund aufgetaucht ist, genauso schnell verschwindet er wieder.

Die Anstiege nehmen immer mehr zu. An ein Lauftempo ist nicht mehr zu denken – Gehpassagen dominieren meinen Rhythmus. Ich komme immer schneller außer Atem und muss kurze Pausen einlegen. Mittlerweile habe ich die 4.000-Meter-Grenze überschritten. Die Luft wird immer dünner und merklich kälter. Die extremen Temperaturschwankungen stellen eines der größten Hindernisse bei diesem Abenteuer dar. In der Nacht fällt das Thermometer häufig unter null Grad, während am Tag Temperaturen bis 30 Grad das Laufen extrem erschweren. Mir kommt es manchmal vor, als befände ich mich nicht in der Wüste, sondern beim Yukon Arctic Ultra im eiskalten Kanada. Mit zwei Paar Handschuhen, einer warmen Wollmütze und einer Daunenjacke bewege ich mich Schritt für Schritt vorwärts. Wie das kleine, dicke Michelin-Männchen komme ich mir in Anbetracht meiner drei Kleidungsschichten vor. Links und rechts des Weges liegen vereinzelt noch Schneereste. Spätestens jetzt hat der alpine Teil der Atacama Challenge begonnen. Der Wind wird immer stärker und bläst mir jetzt frontal ins Gesicht. Meine Lippen sind seit der zweiten Etappe aufgesprungen und meine Nase läuft ständig. Das trockene Klima und der viele Staub hinterlassen ihre Spuren. »Wie weit ist es wohl noch?«, geht es mir ständig durch den Kopf. Durch den starken Wind bemerke ich nicht einmal mehr das Begleitfahrzeug meines Teams, das von hinten an mich heranfährt. »Komm weiter. Das schaut sehr locker aus«, motivieren mich meine beiden Freunde. Dabei hätten sie genauso eine Aufheiterung gebrauchen können, denn stundenlang nur im Auto zu sitzen und bei diesen extremen Bedingungen die Zeit totzuschlagen, ist sicherlich alles andere als angenehm. Doch mir fehlt schlichtweg die Kraft dazu.

JEDER SCHRITT IST EIN KAMPF GEGEN DEN WIND.

Als würde ich mit angezogener Handbremse laufen, so kommt es mir vor. Ich muss mich zum Trinken immer wieder disziplinieren, denn auf 4.500 Metern benötigt mein Körper mehr Flüssigkeit. Dann endlich sehe ich die Kreuzung und das Schild mit der Aufschrift El Tatio. Das heutige Etappenziel ist damit erreicht. Ich habe exakt einen Marathon und über 1.800 Höhenmeter zurückgelegt. Dies stellt sicherlich einen meiner anspruchsvollsten Marathonläufe dar, die ich bisher bewältigt habe. Für diese Nacht finden wir glücklicherweise eine kleine Hütte, die uns vor dem orkanartigen Wind und der eisigen Kälte etwas Schutz bietet.

Sand, Sand, Sand

Doch wenn ich dachte, dass es von den äußeren Bedingungen her nicht mehr extremer werden kann, werde ich am nächsten Tag eines Besseren belehrt. Der Wind steigert sich zu einem gewaltigen Sandsturm. Außer Sand sehe ich stellenweise überhaupt nichts mehr. Ich muss immer wieder stehen bleiben, weil an Laufen einfach nicht mehr zu denken ist. Wie Tausende von Nadeln prasseln die zahllosen Sandkörner auf mich ein. Mit meiner dicken Daunenjacke, meiner Winterhose, meiner Mütze und meinen Handschuhen habe ich jedes Körperteil bedeckt und schütze damit meine Haut gegen diese harten Sandkörner. Es heult und pfeift um meine Ohren. Wie lange wird der Sturm wohl andauern? Wann wird er sich wieder abschwächen? Mit zwei Kilometern an zurückgelegter Distanz in der letzten Stunde komme ich nur sehr langsam voran. Dann wird es für mich unerträglich und ich steige in das parkende Auto meines Teams. Auch Christians und Benjamins Gesichter wirken angestrengt und frustriert angesichts des starken Sandsturmes. »Willst du weiterlaufen?«, fragt mich Benjamin. »Natürlich will ich weiterlaufen«, gebe ich ihm zu verstehen. Ehrlich gesagt weiß ich in diesem Moment nur, dass ich weiterlaufen *will.* Mir ist aber unklar, wie und wann. Körperlich fühle ich mich weiterhin ausgezeichnet und wäre sofort weitergelaufen, wenn ich denn könnte. DIE WÜSTE ZEIGT MIR IN DIESEM AUGENBLICK SEHR DEUTLICH MEINE GRENZEN AUF. MIR WIRD SCHLAGARTIG BEWUSST, WIE KLEIN WIR MENSCHEN GEGENÜBER DER MÄCHTIGEN NATUR SIND. Da kannst du alle Willenskraft der Welt auf einmal aufbringen, wenn die Natur einen Riegel in Form eines Sturmes, Orkans, Erdrutsches oder Tsunamis davorschiebt, bist du machtlos.

ICH KANN VIELLEICHT GEGEN MICH UND MEINEN INNEREN SCHWEINEHUND ANKÄMPFEN, ABER NICHT GEGEN MUTTER NATUR.

Doch die hat wenig später ein Einsehen und der Sturm schwächt ab, sodass ich meinen Weg fortsetzen kann.

»Was ist das denn dort drüben?«, frage ich mich. Tausende und Abertausende futuristisch wirkende Gesteinsformationen liegen zu meiner rechten Seite. Sind das Steine? Bei genauerer Betrachtung erkenne ich, dass es sich um Salzkristalle handelt, die aus dem trockenen Wüstenboden ragen. Wie Tausende spitzer Dolche sehen sie aus. Der gewaltige Salar de Atacama tritt in Erscheinung. Das ist Chiles größter Salzsee, gut fünfmal so groß wie der Bodensee. Die Landschaft hat sich ein weiteres Mal verändert. Nachdem ich in den letzten Tagen noch alpine Verhältnisse, Canyons und Sanddünen erlebte, durchlaufe ich jetzt weites, flaches Buschland, das mich ein wenig an Australien erinnert. Nur wenige, blätterlose Bäume säumen den Weg. Eine staubige Schotterpiste dient weiter als Laufuntergrund. Doch der Weg zieht sich gewaltig, ohne eine einzige Kurve verläuft er immer kerzengerade. In dieser monotonen Einöde liegt eine Lagune. Die Lagune Chaxa ist wahrhaft eine Oase inmitten des gewaltigen Salzsees. Unzählige Flamingos tummeln sich hier. Die Sonne verschwindet langsam, aber sicher hinter dem Horizont. Eine atemberaubende Farbenpracht am Himmel lässt mein Herz höherschlagen. Selten zuvor habe ich solch einen wunderschönen Sonnenuntergang gesehen.

Mein Wecker klingelt, wie gewohnt, um 5:30 Uhr. Als ich meine Stirnlampe anschalte, sehe ich deutlich den Hauch meines Atems vor mir. Verdammt, ist das kalt hier! Als ich nach meiner Trinkflasche greife, stelle ich fest, dass der Inhalt gefroren ist. Mit vor Kälte zitterndem Körper steige ich mühsam aus meinem Schlafsack, um mein Frühstück einzunehmen. Fünf Brote mit Marmelade. Ich benötige jede Kalorie. Draußen wird es nur langsam hell. Selten zuvor in meinem Leben habe ich mich so auf die Sonne gefreut. Ich schreie förmlich nach ihr. Für mich ist es jeden Morgen eine enorme Überwindung, in der Kälte aus meinem Schlafsack zu steigen, mein Zelt abzubauen, meine Laufutensilien zu richten, meine Laufkleidung anzuziehen, bis ich endlich startklar bin. Wie gut, dass Christian und Benjamin hier sind und mich bei diesen Aufgaben unterstützen. So kann ich mich vollkommen auf die jeweilige Etappe konzentrieren. Als die Sonne endlich am Horizont erscheint, zittere ich immer noch am ganzen Leib und bin froh, dass ich endlich loslaufen kann. Benni und Christian bauen noch unser Lager ab und fahren dann voraus.

Endlich am Meer

Ich werde immer wieder gefragt, was mir durch den Kopf geht, wenn ich täglich so lange laufe. Ich genieße es, die Zeit zu haben, um über viele Dinge nachdenken zu können. Dabei sind mir schon die besten Ideen gekommen. Ich denke teilweise über mein bisheriges Leben nach, an meine Schulzeit, mein Studium, meine Familie und Freunde, an mein Unternehmen und auch an meine Zukunft. In einem anderen Moment bin ich mit meinen Gedanken wieder völlig im Hier und Jetzt. Dann nehme ich die Umgebung, die Landschaft, in der ich mich befinde, voll wahr. Sechs bis acht Stunden am Tag zu laufen, hört sich zunächst unglaublich viel an, gerade wenn man diese Leistung über zwei Wochen täglich erbringt. Doch die Zeit vergeht jeden Tag fast wie im Flug.

Ich laufe um die Kurve und sehe plötzlich das Ortsschild vor mir: Antofagasta. Daneben stehen Benni und Christian und feuern mich an. Wir haben es fast geschafft. Wir sind fast im Ziel. Christian, Benjamin und ich fallen uns in die Arme und gratulieren uns gegenseitig zu einer tollen Leistung. Noch zwei Kilometer liegen vor uns. ALS ICH SCHLIESSLICH DAS ORTSSCHILD HINTER MIR LASSE, VERSCHLÄGT ES MIR FAST DEN ATEM: ICH SEHE DAS MEER! Vor mir erstreckt sich der tiefblaue Pazifische Ozean. Größer können die Kontraste gar nicht sein. Eben noch in der sandigen, staubigen Wüste und nur wenig später am marineblauen Pazifik. Überglücklich laufe ich die letzten Meter bis zum Hafen. Ich habe es tatsächlich geschafft! Ein Traum geht damit für mich in Erfüllung. Christian, Benjamin und ich sind sprachlos, sitzen am Meer und genießen diesen wunderschönen Moment. Die warme Sonne und das Rauschen des Meeres erfüllen uns in diesem Augenblick mit einer sehr selten empfundenen Ergriffenheit.

Freunde, Motivatoren, Seelentröster und Köche in einer Person

Beim Lauf durch die Atacamawüste bemerkte ich zum ersten Mal die Bedeutung eines gut eingespielten Teams. Ohne ein gut funktionierendes Team hätte ich diesen Wüstenlauf nicht erfolgreich bewältigen können. Teamwork spielt eine entscheidende Rolle, wenn es um Projekte wie in der Atacamawüste geht. Es fing schon bei der Vorbereitung für dieses Projekt Monate im Voraus an. Unzählige Aufgaben waren zu erledigen, wie eine Webseite zu erstellen, Vorberichte zu verfassen, Pressemitteilungen zu schreiben, Flüge und Fahrzeuge zu buchen, Abstimmung mit den Sponsoren, Equipment zusammenzustellen. Dieses Projekt hatte gewaltige Dimensionen und beanspruchte viel mehr Zeit und Energie in der Vorbereitung als ein organisierter Lauf. Bei einem organisierten Etappenlauf bekommst du meistens Verpflegung, Übernachtung und den Gepäcktransport vom Veranstalter gestellt. Des Weiteren ist die Strecke markiert und genau beschrieben. Als Athlet kannst du dich komplett auf dich und das Rennen konzentrieren und musst im Prinzip nur noch laufen. Bei der Atacama Challenge war das anders. Dort existierte keine präparierte Strecke, es gab keine festen Versorgungsstationen und nur selten Übernachtungsmöglichkeiten. Der Faktor »unbekannt« war hier um einiges größer.

Deshalb war beim Wüstenlauf eine lange Planungsphase erforderlich, die eine Person allein gar nicht hätte bewältigen können. Wie sieht die genaue Route aus? Wo gibt es Wasser und Benzin auf der Strecke? Auf welcher Höhenlage bewegen wir uns jeweils? In welchem Zustand sind die Schotterpisten? Auf welche Weise stellen wir in der Wüste die Kommunikation sicher? Wie hoch sind die Temperaturen im Mai bei Nacht und am Tag? Was sind die Anforderungen an das Begleitfahrzeug? Benötigen wir Genehmigungen? Welche Mindestreserve an Wasser und Benzin müssen wir zu jeder Zeit dabeihaben? Ist ein Training in der Höhenkammer erforderlich? Fragen über Fragen. Die Beantwortung dieser Fragen setzte Teamwork voraus.

In der Wüste wäre ich ohne eine adäquate Versorgung, den Transport der Ausrüstung und all die aufmunternden und motivierenden Worte nicht weit gekommen. Eigene Ansprüche der Teammitglieder wurden zurückgestellt und man konzentrierte sich auf die gemeinsamen Interessen und den erfolgreichen Ausgang des Projekts. Das bedeutete, dass Christian und Benjamin oft stundenlang geduldig an einem Standort ausharrten, bis ich zu ihnen in meinem Lauftempo aufschloss. Sie hätten in dieser Zeit die Landschaft auf eigene Faust erkunden oder sich einfach nur entspannen können. Das bedeutete auch, dass mein Team häufig Aufgaben wie Zeltabbauen oder Lageraufbauen übernahm, die ebenfalls in meinen Bereich fielen, von mir aber wegen Erschöpfung nicht mehr ausgeführt werden konnten. Benni und Christian waren in der Wüste für mich Freunde, Motivatoren, Seelentröster, Zuhörer, Logistiker, Fahrer und Köche in einer Person.

DER WICHTIGSTE TAG DES ABENTEUERS ...

Natürlich waren nicht die gesamten zwei Wochen über nur Friede, Freude, Eierkuchen. Das funktioniert nicht, wenn man 24 Stunden lang in der Wüste bei extremen Bedingungen ununterbrochen zusammen ist. Dann treten auch Meinungsverschiedenheiten auf. Das ist normal und gut so. Wenn man zu allem Ja und Amen sagt, kann man in meinen Augen nicht von Teamspirit sprechen. Ich erinnere mich noch gut an den Abend in San Pedro de Atacama. Wir hatten gerade die fünfte Etappe absolviert und einen Stopp in diesem reizvollen Wüstendorf eingelegt. Christian und Benjamin hatten Bedenken wegen der weiteren Streckenführung. Unsere Funkgeräte hatten schon nach den ersten Etappen ihren Geist aufgegeben und damit standen wir vor einem ernsthaften Problem. Zudem befand sich auf unserem GPS-Gerät nicht die Karte, die wir für den weiteren Streckenverlauf dringend benötigten. Ihrer Meinung nach war die geplante Route ohne dieses Equipment zu gefährlich. Ohne Frage, wir befanden uns in einer kritischen Situation. Wir hatten eine enorm wichtige Entscheidung zu fällen, die den weiteren Verlauf dieses Projekts erheblich beeinflusste. Den ganzen Abend besprachen wir sehr intensiv die möglichen Alternativen. Zum ersten Mal während des Laufs saßen wir über mehrere Stunden zusammen und diskutierten miteinander. Dabei kamen auch Themen zur Sprache, die sich in den ersten Tagen des Laufs angestaut hatten. Dieses Gespräch in San Pedro de Atacama stellte sicherlich den wichtigsten Tag während des gesamten Projekts dar. An diesem Abend wurde mir klar, dass wir ein gutes Team sind, dass wir menschlich zueinander passten, dass wir offen und ehrlich auch über unangenehme Dinge sprechen konnten, faire Diskussionen führten und bei wichtigen strategischen Entscheidungen weiter an einem Strang zogen. Nach sorgfältiger Recherche vor Ort kamen wir auf eine neue Route, die von der Distanz fast identisch mit der alten war, jedoch um einiges berechenbarer erschien als die ursprüngliche Strecke. GEMEINSAM KOMMUNIZIEREN, GEMEINSAM DISKUTIEREN UND

GEMEINSAM KOMPROMISSE FINDEN, DAS WAREN DIE ENTSCHEIDENDEN ATTRIBUTE AN DIESEM ABEND in San Pedro wie auch während des gesamten weiteren Laufprojektes.

Was ich bei diesem Abenteuer gelernt habe, war, dass man allein langfristig nicht zum Erfolg kommt. In mir wohnen zwei Typen: der Einzelkämpfer und der Teamplayer, die unterschiedlich ausgeprägt sind. Ich würde mich als individualistischen Teamplayer bezeichnen. Individualistischer Teamplayer – kannst du dich mit diesem Begriff anfreunden? Individualität finde ich nach wie vor ungemein wichtig und erfolgsentscheidend. Und wenn wir unsere Individualität und Andersartigkeit in ein Team miteinbringen, damit jeder davon profitieren kann, ist das doch viel effektiver, als wenn alle Teammitglieder gleichgeschaltet sind, sich immer anpassen und bei jeder wichtigen Entscheidung nur auf den kleinsten gemeinsamen Nenner kommen. Ein Team ist umso erfolgreicher, je unterschiedlicher die Gruppe zusammengesetzt ist und je verschiedener die Meinungen und Ansätze der Gruppenmitglieder sind. Gegensätze ziehen sich bekanntermaßen an und diese Regel gilt auch bedingt für ein gut funktionierendes Team.

Wenn selbst bei einer Individualsportart wie Laufen Teamspirit erfolgsentscheidend sein kann, wie sieht es dann erst im Berufsleben, im Studium oder in der Schule aus? Wie viele deiner Aufgaben und Aktivitäten vollbringst du gemeinsam mit anderen Menschen? Bei wie vielen Situationen agierst du nicht allein, sondern im Team? Beim gemeinsamen Lernen auf eine Klassenarbeit. Teamwork. Beim erfolgreichen Abschluss einer großen Vertragsunterzeichnung. Teamwork. Wenn Mama und Tochter gemeinsam die Einkäufe erledigen. Teamwork. Wenn bei einem wichtigen Fußballspiel alle Spieler an einem Strang ziehen. Teamwork.

Ein mongolisches Sprichwort sagt: »MIT EINER HAND LÄSST SICH KEIN KNOTEN KNÜPFEN.« Das gilt im Sport wie auch im Berufs- und Alltagsleben.

Alles nur Kopfsache

Die Beine können, solange der Kopf will

Das ist das Paradies. Seit über zwei Wochen bin ich schon hier auf diesem traumhaften Fleck Erde. Meine Sinne erfahren fast täglich eine regelrechte Reizüberflutung. Nebelverhangene Regenwälder, weite Lavawüsten, raue Küstenabschnitte und dichter Dschungel – es herrscht hier eine atemberaubende Vielfalt an Landschafts- und Vegetationszonen. Natur pur. Ich bin fast 10.000 Kilometer von meiner Heimat entfernt und befinde mich immer noch in Europa, genauer gesagt in Frankreich. Mitten im Indischen Ozean steigt ein gigantischer Kegel aus dem Meer mit dem Namen »La Réunion«, eine landschaftlich wunderschöne Vulkaninsel. Einmal im Jahr wird die Insel Schauplatz eines der anspruchsvollsten Ultra-Cross-Rennen der Welt: des »Grand Raid de la Réunion«, besser bekannt als »Diagonale der Verrückten«. Bei diesem Lauf gilt es, 150 Kilometer und über 9.000 Höhenmeter einmal quer über die Insel zurückzulegen. Nonstop.

Der Untergrund ist schlammig, glitschige Wurzeln und Baumstämme liegen überall im Weg. Ich muss meine Hände zu Hilfe nehmen, um überhaupt voranzukommen. An Ästen und Bäumen ziehe ich mich den Hang hinauf. Es geht steil, sehr steil durch den Regenwald. Als ich zu Hause zum ersten Mal das Höhenprofil dieses Rennens gesehen habe, bin ich schier aus den Latschen gekippt. Doch was ich jetzt hier im Dschungel erlebe, kann ich einfach nicht glauben. Es geht fast senkrecht den Berg hoch! Gleich nach dem Start wartet ein Mörderanstieg auf die Läufer. Auf einer Strecke von 21 Kilometern sind 2.500 Höhenmeter nonstop zu bewältigen. Und die Finsternis lässt die Situation noch brutaler erscheinen. Vor drei Stunden, um Punkt Mitternacht, erfolgte der Startschuss zu diesem Rennen. Und jetzt stehe ich hier und schnappe nach Luft wie ein Gaul bei einem Galopprennen. Ich gehe Schritt für Schritt, ganz langsam, den Berg hinauf. An Laufen ist nicht zu denken. Mein Sichtfeld ist auf den schmalen Streifen Licht meiner Stirnlampe begrenzt. Vor und hinter mir sind unzählige Läufer; über 2.000 nehmen an diesem extremen Crosslauf teil. In Frankreich erfreut sich das Trail-Running einer ungemein großen Beliebtheit. Je höher wir kommen, umso lichter wird die Vegetation. Dann stehe ich auf dem Gipfel. Was für eine eindrucksvolle Kulisse! Ich bleibe für einen kurzen Augenblick stehen, schaue mich um und erfreue mich an dieser beeindruckenden Landschaft. Die Morgensonne blinzelt mir ins Gesicht und lässt die weiten Sandebenen und wilden Gesteinsformationen in einem goldenen Licht erstrahlen. Vor mir liegt der gewaltige Vulkan Piton de la Fournaise, den wir im Laufschritt passieren. Dieser zählt zu den aktivsten der Welt. Im Schnitt bricht er alle 18 Monate aus. Während andere Vulkane auf der Insel nicht mehr aktiv sind, hat es der Piton de la Fournaise im 20. Jahrhundert auf 125 Ausbrüche gebracht. Die Umgebung hier oben präsentiert sich fast ohne Vegetation als wahre Mondlandschaft. Vorbei an scharfkantigen Lavaplatten und durch knirschenden Lavasand passiere ich die Plaine des Sables, eine riesige Sandwüste. Der Boden ist so porös, dass Regenwasser sofort versickert und erst weit entfernt im Canyon des Riviere de l'Est wieder austritt.

EINHUNDERT PROZENT AUFMERKSAMKEIT SIND ANGESAGT!

Trotz der gewaltigen Natureindrücke habe ich ständig meine Uhr im Auge, denn bei diesem Rennen gibt es ein Zeitlimit von 63 Stunden. Und auf der Strecke kommen in regelmäßigen Abständen Checkpoints, bei denen peinlichst genau die Zeit der Läufer kontrolliert wird. Meine Uhr zeigt 7 Stunden 41 Minuten an. Das bedeutet: fast zwei Stunden Puffer auf das Zeitlimit. Was ist denn das da vorne? Warum halten die Läufer an? Vor mir hat sich ein »Stau« gebildet. Nach einigen Minuten ungeduldigen Wartens erkenne ich, warum. Es geht senkrecht den Berg hinunter! Vor mir führt ein schmaler, exponierter Pfad über Steigleitern in die Tiefe. Als ich endlich an der Reihe bin, setze ich mich zunächst auf den Boden, um dann ganz langsam Sprosse für Sprosse die Leiter hinunterzusteigen. Du musst bei diesem Rennen definitiv schwindelfrei sein. Über spitze, rutschige Felsen bewege ich mich weiter Schritt für Schritt den Berg hinunter. Mir ist spätestens in diesem Moment klar, warum der Veranstalter explizit den Einsatz von Trekkingstöcken verboten hat. Du benötigst schlichtweg deine Hände! Ich stütze mich mit beiden Händen an Büschen und Ästen ab, um sicher und ohne Verletzung diese sehr steile Bergab-Passage zu bewältigen. Vereinzelt läufst du über Steine, die nass und glitschig sind und damit eine tückische Verletzungsgefahr darstellen. Ruckzuck knickst du mit deinem Fuß um und landest im Sanitätszelt. Deshalb ist jeder einzelne Schritt ungemein wichtig und bestimmt über deine Gesundheit. Mach einen falschen und das Rennen kann vorbei sein. Du musst bei jedem Schritt genau wissen, wo du deinen Fuß als Nächstes hinsetzt. 100 Prozent Aufmerksamkeit sind hier angesagt. »Konzentriere dich!«, sage ich mir immer wieder. Konzentration ist eine absolute Voraussetzung zum erfolgreichen Abschneiden beim Grand Raid.

Nach 70 gelaufenen Kilometern ist distanzmäßig fast Halbzeit des Rennens. Ich erreiche die Ortschaft Cilaos, eine Insel auf der Insel in 1.200 Meter Höhe. Die ersten Gäste mussten noch zu Fuß nach Cilaos laufen, denn erst seit 1932 existiert eine Straße in das unwegsame Gelände. Für die 35 Kilometer lange, abenteuerliche Fahrt nach Cilaos, durch enge Schluchten, einspurige Tunnel und insgesamt 420 Kurven, benötigt man über eine Stunde – mit dem Auto. Ich begebe mich in die beheizte Halle. Draußen regnet es mittlerweile in Strömen. Mein Magen knurrt ununterbrochen und sehnt sich nach einem Energieschub. Angeblich entspricht der Energieverbrauch bei der »Diagonale der Verrückten« dem von acht Marathonläufen zusammen. Deshalb esse ich gleich zwei große Teller Reis mit Hühnerfleisch. »Mhmm, das tut gut!« Mit jedem Bissen merke ich, wie mein Energieniveau wieder steigt. »Du musst weiter«, sage ich mir. Doch draußen ist es bereits stockdunkel geworden und es regnet weiterhin am laufenden Band. Mein innerer Schweinehund wird immer größer, doch meine Willenskraft behält schließlich doch die Oberhand und ich ziehe weiter. In diesem Moment kommt mir der Rat meines Lauffreundes Eberhard in den Sinn, der schon einmal zuvor dieses Rennen erfolgreich beendet hat: »Bis Cilaos ist zeitmäßig erst ein Drittel des Rennes vorbei. Für die zweite Hälfte benötigst du gut zwei Drittel an Zeit.« Was wird da wohl noch kommen? Mit diesem Gedanken im Kopf nehme ich die nächsten steilen Kurven bergab in Angriff. Ich bin allein, außer dem Lichtstrahl meiner Stirnlampe ist es stockdunkel um mich herum. Eine beängstigende Stille umgibt mich – keine Stimmen, keine Musik, nur das sanfte Rauschen des Windes nehme ich wahr. Bin ich überhaupt noch auf dem richtigen Weg?

WIE AUF SCHMIERSEIFE …

Mittlerweile bin ich schon seit über 30 Stunden nonstop unterwegs und habe den Cirque de Mafate, einen der drei großen Bergkessel der Insel, betreten. Keine einzige Straße führt hier hinein. Die wenigen Einwohner des Cirque werden aus der Luft mit dem Hubschrauber versorgt. Ein bizarres System aus Schluchten, Plateaus und Steilwänden durchzieht diese wilde Landschaft. Die Mafate ist von tiefen Gräben zerfurcht und im Zentrum weitestgehend unzugänglich. An Stahlseilen abgestützt, die fest in der Felswand montiert sind, gehe ich langsam den Steilhang hinunter. Die Pfade sind vom Regen völlig aufgeweicht. Wie auf Schmierseife bewege ich mich vorwärts. Das Fortbewegen hat jetzt nichts mehr mit Laufen zu tun. Schlittern und Rutschen sind angesagt. Alle paar Meter finde ich mich auf dem schlammigen Boden wieder. Für zwei Kilometer benötige ich sage und schreibe eine Stunde! Auf einmal werde ich hundemüde. Meine Augen fallen mir fast während des Laufens zu. Mein ganzer Körper sehnt sich nach einem Bett, doch meine Willenskraft treibt mich voran. »Beim nächsten Checkpoint bekommst du deine wohlverdiente Schlafpause«, motiviere ich mich und marschiere weiter. Doch ich muss höllisch aufpassen, denn ein falscher Tritt kann hier fatale Folgen haben. Vor ein paar Jahren sind beim Grand Raid sogar zwei Läufer tödlich verunglückt, weil sie vor lauter Müdigkeit einen Abhang hinuntergestürzt sind. Deshalb: Augen auf und Fokus auf den Boden! Wenig später erreiche ich den nächsten Verpflegungspunkt in Deux Bras. Hier belohne ich mich mit dem versprochenen Kurzschlaf: eine Stunde im Militärzelt auf einem Feldbett mit Decke. Was für ein Luxus! WENN

DU ÜBER 35 STUNDEN DURCH EXTREM ANSPRUCHSVOLLES GELÄNDE BEI TAG UND NACHT OHNE SCHLAFPAUSEN UNTERWEGS BIST, KOMMT DIR SOLCH EINE UNTERKUNFT WIE EIN ZIMMER IM SIEBEN-STERNE-HOTEL IN DUBAI VOR. Ich schlafe sofort ein. Wie abgesprochen, weckt mich exakt eine Stunde später einer der Soldaten, die für die Betreuung der Läufer und des Lagers verantwortlich sind. Im ersten Moment fühle ich mich wie in einem Kriegsfilm. Ich sehe verletzte Soldaten und zerbombte Militärcamps. Wo bin ich hier? Erst nach und nach wird mir bewusst, dass ich mich beim Grand Raid auf La Réunion befinde. Ich will weiter. Genauer gesagt, mein Kopf will weiter. Meine Beinmuskeln sind hart wie Stein und würden sich am liebsten hier am Checkpoint weiter erholen. Es kostet mich enorme Überwindung, bis ich schließlich von meiner Schlafposition wieder auf beiden Füßen stehe. Die zurückgelegten 121 Kilometer sind nicht spurlos an mir vorübergegangen.

Fast geschafft! Nur fünf Kilometer trennen mich jetzt noch vom Ziel. Bei manch anderen Läufen bedeuten diese letzten Kilometer ein lockeres Auslaufen. Nicht jedoch beim Grand Raid. Es geht noch einmal 600 Meter sehr steil bergab. Bilder von meinem Zieleinlauf gehen mir durch den Kopf. Ich reiße meine Arme in die Luft und freue mich wie ein kleines Kind. Dieser Gedanke, bei strahlend blauem Himmel über die Ziellinie zu laufen, löst in mir einen wahren Endorphinschub aus. Meine Emotionen gehen mit mir durch und ich bin voller Euphorie. Doch mein Verstand meldet sich sofort und signalisiert mir: »Du bist noch nicht im Ziel. Bis jetzt hast du noch gar nichts erreicht. Bleib weiter konzentriert!« Knapp 90 Minuten später laufe ich im Stadion de la Redoute in Saint-Denis ein. Meine Uhr stoppe ich bei 56 Stunden und 42 Minuten. Ich bin noch nie so lange am Stück bei einem Rennen unterwegs gewesen. Es ist schwer in Worte zu fassen, was einem durch den Kopf geht. Ich bin einfach nur müde. Es sollten noch ein paar Tage vergehen, bis ich diesen Erfolg richtig genießen konnte. »Ich habe überlebt«, lautet die Aufschrift auf meinem Finisher-Shirt.

Unser Gehirn ist trainierbar

Dass solche Höchstleistungen wie bei der »Diagonale der Verrückten« mit körperlichem Training möglich sind, ist für viele verständlich. Doch unser Gehirn ist ebenso trainierbar. Der am besten trainierte Körper hilft nicht weiter, wenn wir ihn nicht richtig einsetzen können. TRAINIEREN KANN JEDER, ABER SEINE LEISTUNG IM RICHTIGEN AUGENBLICK ZU ERBRINGEN, IST KOPFSACHE. Und unseren Kopf, unsere Gedanken und damit unser Handeln können wir aktiv steuern. Mentales Training hilft dabei und es gibt verschiedene Methoden, mit denen wir unser Denken und letztendlich unser gesamtes Leben beeinflussen können.

Wir nutzen nur einen sehr kleinen Teil unseres geistigen Potenzials. Angeblich rufen wir im Schnitt nicht einmal zehn Prozent unserer geistigen Leistungsfähigkeit ab. Das bedeutet im Umkehrschluss: Es ist noch ein ungemein großes Potenzial vorhanden, das wir »anzapfen« können. Was im »normalen« Berufsleben noch in den Kinderschuhen steckt, ist im Leistungssport bereits eine Selbstverständlichkeit. Dort spielt das mentale Training die alles entscheidende Rolle. Die körperliche Grenze der Athleten ist fast erreicht, die Trainingsprogramme sind nahezu identisch und die Methoden sind optimiert und ausgereizt. Nehmen wir dazu ein Beispiel aus dem Tennis. Die ersten 50 der Weltrangliste verfügen alle über optimale und nahezu identische Trainingsbedingungen. Neben dem grundlegenden Talent für den Sport haben die Spieler das beste Equipment, werden von den besten Trainern betreut und werden auch außerhalb des Platzes bestens umsorgt. Die meisten haben schon als Kind mit dem Tennissport angefangen und über die Jahre ihr Training optimiert. Tagtäglich »feilen« sie an einzelnen Schlägen, um sie perfekt zu beherrschen. Alle betreiben Ausdauertraining, stehen stundenlang im Kraftraum und arbeiten an ihrer Koordination, Schnelligkeit und Beweglichkeit. Alle Komponenten der Trainingslehre werden berücksichtigt und wurden mit der Zeit perfektioniert. Was macht also den Unterschied zwischen Sieg und Niederlage aus? Welcher Faktor bildet den Unterschied, wenn es im fünften und entscheidenden Satz in den Tie-Break geht? Antwort: allein die mentale Stärke.

DEN SCHALTER UMLEGEN …

Wie wichtig die mentale Stärke bei langen Läufen ist, wurde mir schon nach den ersten Ultramarathons bewusst. Im Jahr 2007 nahm ich zum ersten Mal beim Ultra-Trail Mont Blanc teil. Vor dem Start erzählte mir mein Lauffreund Pascal von seinen Erfahrungen aus dem Vorjahr. Pascal ist ein sehr erfahrener, ehrgeiziger und schneller Läufer. Er hat schon zahlreiche Rennen in der ganzen Welt bestritten. Pascal bereitet sich jedes Mal professionell auf einen Wettkampf vor. Lange Läufe, Laufeinheiten am Berg, Intervalltraining und Krafttraining gehören zum festen Bestandteil seines Trainingsplans. Top vorbereitet kam er also nach Chamonix zum Lauf um den Mont Blanc. In der ersten Hälfte des Rennens lief für ihn alles nach Plan. Er war sogar noch unter seiner geplanten Zielzeit. Beim nächsten größeren Verpflegungspunkt in Champex gab er dann völlig überraschend auf. Was war geschehen? Pascal hatte im weiteren Rennverlauf ein wenig an Tempo verloren, fühlte sich eigentlich aber körperlich noch relativ fit, und das nach 122 gelaufenen Kilometern. Dennoch sagte der Kopf an diesem Punkt des Rennens »Nein«, weil er nicht mehr innerhalb seiner ambitionierten gewünschten Zielzeit lag. Dabei hatte er noch viele Stunden Puffer auf das Zeitlimit. Er hätte sogar locker die verbleibenden Kilometer wandern können, um das Ziel zu erreichen. STATTDESSEN GAB ER AUF, WEIL SEIN KOPF AN DIESEM PUNKT DES RENNENS DEN SCHALTER AUF »NEIN« LEGTE. Er glaubte nicht mehr daran, sein Ziel zu erreichen.

Über dieses Erlebnis meines Lauffreundes dachte ich lange nach. Was waren seine Gründe für die Aufgabe? Er berücksichtigte fast alle Faktoren in seiner Vorbereitung, nur nicht seinen Kopf. Und der hatte ihn bei Kilometer 122 im Stich gelassen. Bei einem Ultralauf spielen sich gut 80 Prozent des Rennens nur im Kopf ab. Der Grenzgänger Reinhold Messner formulierte es in meinen Augen sehr treffend. Er sagte vor vielen Jahren einmal: »DIE BEINE KÖNNEN, SOLANGE DER KOPF WILL.« Daraus folgt, dass die physische Komponente nicht primär erfolgsentscheidend ist. Das körperliche Training ist sicherlich wichtig, überhaupt keine Frage. Es ist sogar eine zwingende Voraussetzung für einen Extremlauf wie am Mont Blanc. UNSERE KÖRPERLICHE VERFASSUNG ENTSCHEIDET JEDOCH NICHT ÜBER ANKOMMEN ODER AUFGEBEN, ÜBER DEN ERSTEN ODER ZWEITEN PLATZ. DAS BESTIMMT NUR UNSER KOPF. Dieser ist immer stärker als unser Körper. Warum ist das so? Weil unser Gehirn die zentrale Schaltstelle für alle Stoffwechselvorgänge, für alle Bewegungen und für alle körperlichen Funktionen ist. Der Körper führt letztendlich nur noch die Befehle aus, die ihm das Gehirn sendet. Wenn der Kopf sagt »Lauf weiter«, dann kann der Körper nichts dagegen tun, auch wenn man physisch müde oder verletzt ist. Und genau deshalb kommt der mentalen Stärke auch so eine große Bedeutung zu.

Was verstehen wir überhaupt unter mentaler Stärke? Mental bedeutet nichts anderes als »den Geist betreffend«. Insofern kann man mentale Stärke als »geistige Stärke« übersetzen. Der Sportpsychologe Dr. James E. Loehr definiert mentale Stärke als die Fähigkeit, sich ungeachtet der Wettkampfbedingungen an seiner oberen Leistungsgrenze zu bewegen. Und das schaffen wir nur, wenn wir unseren Kopf einsetzen.

Vorbereitung auf Tag X

Die mentale Stärke ist nicht nur im Extrem- und Spitzensport entscheidend. Vielmehr spielt sie auch im Alltags- und Berufsleben eine zentrale Rolle. Nehmen wir an, dein Chef beauftragt dich, in der kommenden Woche die entscheidende Verkaufspräsentation bei einem wichtigen Kunden zu halten. Du bereitest dich darauf vor, konzipierst deine Rede, erstellst deine Präsentation und übst diese immer wieder, bis du sie schließlich sicher und kompetent beherrschst. Der wichtige Kundentermin rückt immer näher. Ein leichtes Kribbeln macht sich in deiner Magengegend bemerkbar. Und dann, am Tag X, während der Präsentation, hast du plötzlich einen vollkommenen Blackout und musst gewaltig improvisieren, um deine Präsentation einigermaßen über die Bühne zu bringen. Von deinem geplanten und gut einstudierten Konzept präsentierst du nur einen winzig kleinen Teil. Hast du das schon einmal erlebt?

Ich gebe dir noch ein anderes Beispiel. Eine Studentin befindet sich gerade in der mündlichen Diplomprüfung. Sie hat ihre Kurzpräsentation souverän gehalten und muss sich nun den Fragen der Prüfer stellen. Inhaltlich überzeugt sie zunächst. Doch die vertiefenden und weiterführenden Fragen bringen sie etwas aus dem Konzept. Die Studentin fühlt sich nicht mehr wohl in ihrer Haut, ihr Puls steigt, sie verspürt eine zunehmende Wärme in sich aufsteigen und ihr Gehirn blockiert irgendwann. Mit gemischten Gefühlen verlässt sie den Prüfungsraum. Auf die Frage, wie es für sie gelaufen ist, antwortet sie nur: »Ganz okay. Ich hätte mich nicht besser vorbereiten können, was das Lernen anbelangt. Nur etwas anders.«

Ob Extremlauf, Kundenpräsentation oder Abschlussprüfung – was können wir tun, um eine wichtige und kritische Situation zu meistern? Es gibt verschiedene Techniken, die dabei helfen, diese mentale Kraft, die in uns allen schlummert, zu wecken und ganz zielgerichtet zu stärken.

Was ich mir vorstellen kann, werde ich auch erreichen

Einer meiner Leitsprüche lautet: »Die Grenze ist dort, wo die menschliche Vorstellungskraft endet.« Dieses Motto begleitet mich bei allem, was ich tue.

Hast du schon einmal von Roger Bannister gehört? Jahrzehntelang war man der felsenfesten Überzeugung, dass kein Mensch es je schaffen würde, eine Meile unter vier Minuten zu laufen. Im Jahr 1954 durchbrach Roger Bannister als erster Mensch diese unvorstellbare Grenze. Das Interessante daran ist, wie er das geschafft hatte. Ihm gelang »das Unmögliche« nicht durch hartes körperliches Training oder weil er ein außergewöhnlich talentierter Läufer war. Er schaffte diese, zur damaligen Zeit, unglaubliche Leistung, indem er seine Vorstellungskraft einsetzte. ROGER BANNISTER HATTE ZUVOR DIE VIER MINUTEN IN GEDANKEN SO HÄUFIG UNTERSCHRITTEN, DASS DIESE IMAGINÄRE ERFAHRUNG SEIN GEHIRN AUTOMATISCH VERANLASSTE, DAS AN-

GESTREBTE ERGEBNIS ZU ERZIELEN. Er stellte sich jeden Tag bildhaft vor, wie er die Ziellinie unter vier Minuten erreichte. Wieder, wieder und immer wieder. Bannister entwickelte mithilfe seiner Vorstellungskraft das Gefühl der Gewissheit, dass er es schaffen würde. Er ließ vor seinem inneren Auge immer wieder das Bild ablaufen, wie er den Rekord brach. Er hörte, sah und fühlte, wie er diese Hürde nahm. Bald verfügte er über so viele Referenzerlebnisse, dass er sich seines Erfolgs sicher schien. Und eines Tages setzte er diese Referenzspeicherung in die Tat um. Dieser Rekord ist für sich genommen schon einzigartig. Doch es kommt noch besser: Noch im selben Jahr erbrachten 37 Läufer die gleiche Leistung. Bannisters Erfahrung bot ihnen genügend Referenzerlebnisse, aus denen sie die Gewissheit schöpften, dass auch sie das Unmögliche erreichen konnten. Und im darauffolgenden Jahr stieg die Zahl der Rekordbrecher sogar auf 300.

DAS GEFÜHL DER GEWISSHEIT.

Als ich zum ersten Mal Bilder von der »Diagonale der Verrückten« auf La Réunion sah, konnte ich zunächst gar nicht glauben, dass man auf dieser Insel überhaupt laufen kann. Ich dachte mir: »Das sind ja alles nur Verrückte, die da mitmachen.« Ein guter Lauffreund von mir hatte den Grand Raid schon dreimal zuvor absolviert. Und er benötigte jedes Mal über 60 Stunden für diesen Lauf. Ich dachte mir: »60 Stunden am Stück laufen, das geht doch gar nicht.« Dann wollte ich es auch wissen und meldete mich für den Grand Raid an. Einige Lauffreunde gaben mir ihre Erfahrungen von diesem Lauf weiter. Allen gemeinsam war, dass sie den technischen Anspruch betonten. Und genau dieser technische Faktor ist es auch, der dieses Rennen vom Ultra-Trail Mont Blanc und anderen Ultratrails unterscheidet. Ich trainierte körperlich nicht anders als für die Mont-Blanc-Umrundung. In einem Punkt unterschied sich jedoch mein Training erheblich: Ich setzte in der Vorbereitungsphase verstärkt meine Vorstellungskraft ein. Ich besorgte mir Bilder von der Insel, vom Lauf, von der Strecke und besonders vom Ziel. Ich entwickelte für mich ein tägliches Ritual: Jeden Morgen nach dem Aufwachen und jeden Abend vor dem Einschlafen nahm ich mir zehn Minuten Zeit und stellte mir diesen Lauf in allen Einzelheiten vor. Ich stellte mir zum Beispiel einzelne Streckenabschnitte vor. Oder ich dachte mir kritische Situationen aus, die ich überwinde. Und ich malte mir auch immer wieder aus, wie ich mit Tränen in den Augen über die Ziellinie laufe. In meiner Fantasie verkündete der Stadionsprecher meinen Namen. Ich sah vor mir, wie meine Angehörigen mich im Ziel empfangen und mir gratulieren würden. Diese Dinge stellte ich mir wieder und immer wieder vor. Ich machte also nichts anderes, als mein großes Ziel zu visualisieren. Dabei entwickelte ich mithilfe meiner Vorstellungskraft das Gefühl der Gewissheit, dass ich es schaffen werde. Ich ließ in meinem Kopf immer wieder das Bild ablaufen, wie ich bei diesem Rennen über die Ziellinie laufen werde. Und bald verfügte ich über so viele positiv gespeicherte Erlebnisse in meinem Kopf, dass ich mir meines Erfolges sicher war. Ich hatte diesen Lauf zuvor noch nie gemacht, verfügte also noch nicht über die entsprechende Erfahrung. Deshalb konstruierte ich mir diese Erfahrung mithilfe meiner Vorstellungskraft.

Warum betrieb ich dieses Ritual gerade beim Aufwachen und vor dem Einschlafen? Weil zu diesen Zeiten unser Unterbewusstsein am aufnahmefähigsten ist und wir es gut mit Gedanken beeinflussen können. Nicht selten träumte ich dann auch im Schlaf von diesen Bildern und vom Lauf. DAS ENTSCHEIDENDE DABEI IST, DASS UNSER GEHIRN NICHT UN-

TERSCHEIDEN KANN ZWISCHEN EINER SITUATION, DIE WIR UNS NUR IN ALLER DEUTLICHKEIT VORSTELLEN, UND EINER SITUATION, DIE WIR TATSÄCHLICH ERLEBEN. Und genau diese Erkenntnis können wir uns zunutze machen.

DIE EIGENTLICHE GRENZE IM LEBEN …

Unsere Fähigkeit zur Vorstellung ist die eigentliche Grenze im Leben. Mit der Kraft positiver Bilder können wir sie verschieben, mit negativen Bildern engen wir sie ein. Und dieser Punkt gilt im Extremsport genauso wie im Business und im Privatleben. Was ich mir vorstellen kann, werde ich auch erreichen. Diese Technik ist eins zu eins auf das Berufs- und Alltagsleben übertragbar. Auf das Beispiel mit der Kundenpräsentation übertragen, bedeutet dies, dass du dich nicht nur »körperlich« auf diese Situation vorbereiten kannst, also das Konzept erstellen und die Präsentation üben, sondern dass du dich auch mental mit dieser auseinandersetzt. Indem du zum Beispiel die Präsentation gedanklich vorwegnimmst. Wie du souverän und sicher auftrittst. Wie du mit deinen Argumenten die Teilnehmer überzeugst. Wie du nach der Präsentation den Beifall bekommst und von deinem Chef beglückwünscht wirst. Du kannst dir auch die Räumlichkeiten und die einzelnen Teilnehmer vorstellen. Wo werden die Teilnehmer sitzen? Wie groß ist der Raum? Welche technischen Hilfsmittel stehen dir zur Verfügung? Organisiere dir vorab Bilder vom Raum und von den Teilnehmern, wenn möglich. Stell dir die Bedingungen, die dich vor Ort erwarten werden, so genau wie möglich vor.

Eine andere wertvolle Anwendung der Visualisierungstechnik besteht darin, dass du noch einmal die Zeiten erlebst, in denen du eine optimale Leistung erbracht hast. In diesem Fall kannst du also schon auf eine entsprechende Erfahrung zurückgreifen. Besonders als ich zum zweiten Mal nach Chamonix gefahren bin, um meinen Erfolg am Mont Blanc zu wiederholen, arbeitete ich mit dieser Methode. Ich konzentrierte mich auf viele Aspekte des Laufs aus dem Vorjahr. Ich nahm einzelne Szenen wahr. Wie ich bei Nacht den steilen Pass des Col du Bonhomme Schritt für Schritt hochlaufe. Nur das sanfte Rauschen des Windes und die vielen Stirnlampen der anderen Läufer nehme ich wahr. Ab und zu steigt mir der Duft von Massageöl in die Nase. Und ich sehe wieder das Bild vor mir, wie ich in Chamonix unter tosendem Applaus und bei strahlendem Sonnenschein über die Ziellinie laufe. Ich höre die Geräusche, sehe die Umgebung und fühle das Kribbeln wie im Vorjahr. Und ich schaffte es wieder. Ich erreichte das Ziel und war sogar noch 90 Minuten schneller als im Vorjahr.

Wie hast du dich nach einer tollen Leistung gefühlt? Was hast du dabei alles wahrgenommen? Welche Geräusche hörtest du? Wie sah die Umgebung aus, in der du diesen Triumph gefeiert hast? Welche Personen begleiteten dich? INDEM WIR UNS EINEN VERGANGENEN ERFOLG WIEDER INS BEWUSSTSEIN RUFEN UND UNS DIESEN IN ALLER DEUTLICHKEIT VORSTELLEN, VERSTÄRKEN WIR DAS GEFÜHL DER SICHERHEIT, AUCH IN ZUKUNFT WIEDER ERFOLGREICH ZU SEIN.

EIN MÄCHTIGES WERKZEUG ...

Durch den bewussten Einsatz deiner Vorstellungskraft kannst du wahre Wunder bewirken. Doch jetzt kommt der Haken: Das alles geschieht, wie so vieles im Leben, nicht von heute auf morgen. Du musst dir diese Technik erst aneignen. Dafür benötigst du ein wenig Geduld, Fleiß und jede Menge Training. DU MUSST DEINE VORSTELLUNGSKRAFT WIE EINEN MUSKEL TRAINIEREN. Wenn du deinen Körper trainieren möchtest, dann gehst du sicherlich nicht nur einmal in der Woche ins Fitnessstudio und erwartest davon Ergebnisse. Genauso musst du auch deine Vorstellungskraft regelmäßig trainieren. Indem du beispielsweise beginnst, dir am Morgen nach dem Aufwachen oder am Abend vor dem Einschlafen sehr intensiv ein schönes Bild oder eine für dich positive Situation vorzustellen, die du erlebt hast. Starte damit – nur fünf Minuten pro Tag. Doch die Fortschritte gehen in der Regel nur langsam vonstatten und es erfordert einige Zeit, bis sich diese Art des mentalen Trainings bemerkbar macht. Ich kann dir versprechen: Das regelmäßige Üben lohnt sich. Wenn du diese Technik erst einmal beherrschst, hast du ein mächtiges Werkzeug in der Hand, mit dem du deine Gedanken und dein Handeln beeinflussen kannst.

Nur der nächste Schritt zählt – Konzentration auf das Wesentliche

Als ich mit dem Ultramarathonlaufen im Jahr 2001 begonnen habe, fiel mir bei sehr vielen Wettkämpfen immer wieder ein bestimmter Läufer auf. Er unterschied sich nicht nur wegen seines Äußeren, seines schwarzen Kopftuchs und seines langen, weißen Vollbarts von den anderen Läufern. Er schien auch schon ein wenig älter zu sein. Ich fand heraus, dass er 62 Jahre alt war. Für mich war es zum damaligen Zeitpunkt einfach unvorstellbar, dass jemand in seinem Alter noch Läufe von 100 Meilen und mehr erfolgreich absolvieren konnte. Doch er schien jedes Mal topfit zu sein. Bei fast jedem Lauf erreichte er das Ziel. Er lief zum Beispiel den sehr anspruchsvollen Badwater Ultramarathon im Tal des Todes in Kalifornien. 217 Kilometer und über 4.000 Höhenmeter bei teilweise 50 Grad. Einige jüngere Läufer mussten aufgeben, doch er beendete dieses Rennen erfolgreich. Vor dem Lauf am Mont Blanc kamen wir schließlich ins Gespräch. Er stellte sich als Bernhard vor. Wir verstanden uns sofort und redeten gleich über Gott und die Welt. Und irgendwann fragte ich ihn: »Wie schaffst du es in deinem Alter noch 100 Meilen zu laufen?« Und er sagte mir: »ICH LAUFE NICHT 100 MEILEN, SONDERN EINE MEILE - 100-MAL!«

JEDER GELAUFENE METER ZÄHLT.

Bernhard konzentrierte sich jeweils auf eine Meile und konnte so die ganze Strecke laufen. Bei einer Fokussierung auf die gesamte Distanz hätte ihn allein schon der Gedanke daran völlig abgelenkt und ermüdet. Begeistert von dieser Erkenntnis fing ich an, dieses Prinzip auf mich zu übertragen. Und von da an gingen meine Gedanken bei den Läufen immer nur bis zum nächsten Verpflegungspunkt oder beschränkten sich auf den jeweiligen Kilometer. Ich denke heute teilweise nur noch an den jeweils nächsten Schritt. »JEDER GELAUFENE METER BRINGT DICH DEINEM GROSSEN ZIEL EIN STÜCK NÄHER«, habe ich dann im Hinterkopf. Die gesamte Strecke, die gesamten 166 Kilometer wie am Mont Blanc, sind bei mir völlig ausgeblendet. Damit erhalte ich eine andere Einstellung gegenüber Distanzen. 166 Kilometer kann ich mir nur schwer vorstellen. Aber acht Kilometer oder auch zwölf Kilometer sind noch überschaubar. Und diese Denkweise in kleinen Abschnitten behalte ich auch während meiner Läufe.

Diese Art der Konzentration hat mir besonders auch beim Sächsischen Mount Everest Treppenmarathon weitergeholfen, den du bereits in diesem Buch kennengelernt hast. Bei diesem Rennen kam es im wahrsten Sinne des Wortes immer nur auf den nächsten Schritt, die nächste Stufe an. Zu Beginn legte ich die Runden relativ locker zurück. Die Zeit verging wie im Flug. Nach fünf Stunden hatte ich schon die ersten 25 Runden und damit den ersten Halbmarathon hinter mir. Aber nach 70 Runden, nach über 15 Stunden, war die mentale Stärke sehr wichtig für den weiteren Rennverlauf. Hinzu kam das monotone und immer wiederkehrende Auf- und Absteigen, das dich auf Dauer einfach ermüdet. 100-mal denselben Parcours, dieselbe Treppe zu überwinden, ist zu einem überwiegenden Teil Kopfsache. Ich blendete alles um mich herum aus und konzentrierte mich wirklich nur auf die gegenwärtige Runde. Mein Fokus war immer nur auf die jeweils nächste Stufe gerichtet. Jede einzelne Stufe zählte. Runde für Runde und Stunde um Stunde vergingen. Die Nacht und der aufkommende Regen erschwerten die Bedingungen. Die Treppenstufen waren nass und rutschig. 100 Prozent Aufmerksamkeit und höchste Konzentration waren gefordert, um einen Sturz zu vermeiden. Von den reizvollen Weinbergen um mich herum habe ich zu diesem Zeitpunkt des Rennens nichts mehr mitbekommen. Mein Blick war stets auf den grauen, nassen Asphalt der Treppe gerichtet. Nach über 21 Stunden erreichte ich schließlich das Ziel. Gerade wenn ein Projekt noch so lang und noch so monoton ist, kommt es auf jede einzelne Stufe und jeden einzelnen Schritt an. Das hat mir dieser Lauf eindrucksvoll und sehr bildhaft gezeigt.

Letztendlich geht es, auch im Berufs- und Alltagsleben,

genau darum: Wir dürfen uns immer nur auf den nächsten Schritt, die nächste Aufgabe, das nächste Telefonat, den nächsten Termin fokussieren. Und erst danach machen wir wieder den nächsten Schritt. Bis wir ein Projekt erfolgreich beendet haben. Dafür sind Tausende kleinster Schritte, kleinste Aufgaben zu meistern. Jede einzelne ist wichtig. Entscheidend dabei ist, dass wir uns gedanklich vollkommen auf den gegenwärtigen Moment, die aktuelle Aufgabe konzentrieren. NUR DAS HIER UND JETZT KÖNNEN WIR AKTIV BEEINFLUSSEN. Doch häufig sind wir mit unseren Gedanken schon weiter. Planen schon den übernächsten Schritt. Sind durch irgendwelche anderen Dinge abgelenkt. Widmen uns der gerade eingehenden E-Mail, anstatt weiter an unserem Konzept zu arbeiten. Studien haben gezeigt, dass wir nach einer Ablenkung im Schnitt 20 bis 30 Minuten benötigen, um wieder konzentriert an einer Aufgabe weiterzuarbeiten. Daher macht es Sinn, sich erst gar nicht ablenken zu lassen.

WORAUF RICHTEST DU DEINE AUFMERKSAMKEIT?

Die entscheidende Frage ist, ob ich bei einem Extremlauf, einem Kundengespräch oder einer wichtigen Präsentation voll da bin. Worauf richtet sich meine Aufmerksamkeit? Wo ist mein Fokus? WO WIR UNSEREN FOKUS HABEN, DORT IST AUCH UNSERE ENERGIE. In meinen Firmenvorträgen führe ich an dieser Stelle manchmal ein kleines Experiment durch. Ich suche mir im Publikum einen Freiwilligen, der zu mir auf die Bühne kommt. Er stellt sich dann links neben mich und streckt seinen rechten Arm im 90°-Winkel von sich weg.

Seine rechte Hand ballt er zu einer Faust. Ich versuche dann, nach kurzer Anweisung, seinen Arm nach unten zu drücken. Und er hält mit aller Kraft dagegen. Was glaubst du, wer gewinnt? Immer der freiwillige Teilnehmer. Das Publikum verfolgt jedes Mal sehr gespannt die Darbietung. Jetzt spiele ich mit meiner Hand vor seinen Augen herum und lenke ihn mit diesen Handbewegungen ab. Damit hat er nicht gerechnet. Wir machen die ganze Übung noch einmal. Was glaubst du, wer jetzt gewinnt? Immer ich. Warum ist das so? Beim ersten Mal ist er völlig bei der Sache, konzentriert und lenkt die gesamte Energie auf seinen rechten Arm. Beim zweiten Mal ist er abgelenkt. Und weil er abgelenkt ist, hat er nicht mehr dieselbe Energie wie vorher. Unser Fokus bestimmt unsere Energie. Das mache ich mir immer wieder bewusst. Wenn ich laufe, dann laufe ich. Wenn ich einen Vortrag halte, halte ich einen Vortrag. Wenn ich mit meiner Tochter spiele, dann mache ich nur das. Doch auch diese Konzentration klappt leider nicht immer, was ich bei einem Rennen am eigenen Leib erfahren musste.

NICHTS IST UNWICHTIG, ALLES IST WICHTIG.

Nach meinem erfolgreichen Lauf durch die Atacamawüste im Mai 2010 schwebe ich über viele Tage auf Wolke sieben. Ich fühle mich wie berauscht nach dieser für mich außergewöhnlichen und beeindruckenden Erfahrung. Meine Gedanken kreisen ständig um die Erlebnisse meines Wüstenlaufs. Nur vier Wochen nach diesem Abenteuer nehme ich am Fidelitas Nachtlauf in Karlsruhe teil, dem ältesten Ultralauf Deutschlands. Für mich ist es, als alter Karlsruher, ein Heimspiel, deshalb will ich unbedingt bei diesem Event dabei sein, auch wenn es immerhin respektable 80 Kilometer an Distanz sind, die du zurücklegst. »Aber was sind denn bitte 80 Kilometer hier in heimischen Gefilden im Vergleich zu den 600 Kilometern, die du durch die trockenste Wüste der Erde gelaufen bist?«, denke ich mir. Immer noch euphorisch und gleichzeitig ein wenig überheblich gehe ich an den Start dieses Rennens. Ich unterhalte mich auf den ersten Kilometern mit anderen mir bekannten Läufern und erzähle stolz von meinen Erfahrungen aus der Wüste. Dabei vernachlässige ich ein wenig meine Konzentration und trinke an einem der ersten Verpflegungspunkte zwei Becher eines isotonischen Getränks, das ich zuvor noch nie probiert habe. Normalerweise teste ich alle meine Utensilien und auch meine Verpflegung zuvor im Training. Aber es sind ja »nur« 80 Kilometer, sagt mir wieder ganz dezent meine innere Stimme. Ohne weiter darüber nachzudenken, nehme ich auch bei den kommenden Verpflegungsposten wieder dieses für mich unbekannte Isogetränk zu mir. Nach 30 Kilometern bekomme ich zum ersten Mal Schmerzen in der Magengegend. Ich verschwinde hinter einem Busch, erleichtere mich und laufe danach weiter, ohne mich zu fragen, woher dieses Problem stammen könnte. Erst als die Schmerzen weiter anhalten, werde ich nachdenklich. Alles, was ich zu mir nehme, scheidet mein Körper wieder aus. Das weitere Laufen wird zu einer Qual. Alle paar Meter muss ich anhalten und ins Gehtempo überwechseln. Irgendwann ist an Laufen gar nicht mehr zu denken. Ich schleppe mich durch die klare, sommerliche Nacht. Der Vollmond lässt die Felder und Bäume um mich in einem faszinierenden Licht erscheinen. Die Luft ist sauber und rein und selbst um zwei Uhr morgens noch angenehm warm. Traumhafte Bedingungen für einen Nachtlauf durch den Schwarzwald. Doch ich kann diese sagenhafte Atmosphäre nicht genießen, denn ich bin viel zu sehr mit mir und meinen Magenschmerzen beschäftigt.

Selten zuvor musste ich mich bei einem Ultramarathon dermaßen quälen. Mit einer großen Portion Frust über mich und meine Überheblichkeit marschiere ich Meter für Meter weiter. Für einen kurzen Augenblick schwanke ich zwischen Aufgeben und Weitermachen. Was soll ich tun? Macht das Ganze überhaupt noch Sinn? Der vernünftige Teil in mir sagt: »Hör auf, du quälst dich doch unnötig. Du wärst in einer Stunde daheim in deinem bequemen Bett.« Doch der andere, der willensstarke Teil antwortet sofort: »Morgen würdest du es bitter bereuen, wenn du jetzt das Rennen abbrichst. Geh weiter!« Die Willenskraft hat dieses Mal über die Vernunft gesiegt. Nach fast 13 Stunden erreiche ich fix und fertig das Ziel. Die sehr lehrreiche Erkenntnis, die ich durch diesen Lauf gewonnen habe, lautet: »NICHTS IST UNWICHTIG, ALLES IST WICHTIG.« Das ist mir bei diesem Rennen in Karlsruhe wieder bewusst geworden. Selbst wenn ich heute nur fünf Kilometer laufe, genießen diese fünf Kilometer meine volle Aufmerksamkeit. Wir sollten nie eine Aufgabe unterschätzen, ganz gleich, wie unbedeutend sie erscheinen mag. Auch wenn sie auf den ersten Blick sehr einfach ausschaut, sollten wir immer mit der nötigen Konzentration an sie herangehen. Mit der gleichen Konzentration, als wäre sie die wichtigste Aufgabe des Tages. Die Haltung »Das mache ich mit links« sollten wir ganz schnell aus unserem Kopf streichen. Es gibt keine unwichtigen Aufgaben, sondern immer nur wichtige. Ob es sich bei der Aufgabe um einen Laufwettbewerb, ein Kundengespräch, eine Klausur, eine E-Mail oder einen Jahresabschluss handelt – diese Regel gilt immer.

Guter Lauf, schlechter Lauf – Die richtige Perspektive entscheidet

Einen der kritischen Punkte bei meinem Lauf auf La Réunion habe ich bei Kilometer 122 am Verpflegungspunkt in Deux-Bras gehabt, als ich mir eine Stunde Schlafpause im Militärzelt genehmigte. Ich bin zu diesem Zeitpunkt bereits knapp 35 Stunden nonstop unterwegs gewesen und will jetzt nach diesem Kurzschlaf weiterlaufen. Doch es fällt mir verdammt schwer, denn es ist schweinekalt draußen, die Temperaturen bewegen sich im einstelligen Bereich, und dazu regnet es schon seit Stunden ohne Unterbrechung. Meine Oberschenkelmuskulatur ist inzwischen wieder einmal steinhart geworden und schmerzt bei jedem Schritt. Die Versuchung ist groß gewesen, einfach weiterzuschlafen oder sogar aufzugeben. Es wäre so einfach gewesen. In diesem Moment hätte ich denken können: Warum tue ich mir das an? Warum mache ich das bloß? Doch solche Fragen helfen einem nicht weiter.

Was kannst du in dieser konkreten Situation tun? Es gibt genau zwei Möglichkeiten. Du kannst sagen: »Das Wetter spielt ja heute gar nicht mit. Der viele Regen, der starke Wind und die eisige Kälte. Es sind heute einfach keine optimalen Bedingungen. 122 Kilometer sind auch schon gut.« Oder du sagst dir: »Drei Viertel des Rennens hast du schon. Du wirst bald im Ziel sein. Das Wetter wird dich auch nicht davon abhalten. Jetzt gibst du erst richtig Gas!« Genau zwei Möglichkeiten: aufgeben oder weitermachen. WIR KÖNNEN NUR EINEN GEDANKEN ZUR GLEICHEN ZEIT HABEN. ENTWEDER IST DIESER POSITIV ODER NEGATIV. WIR KÖNNEN EIN UND DIESELBE SITUATION GANZ UNTERSCHIEDLICH INTERPRETIEREN.

Wie habe ich die Situation auf La Réunion gelöst? Ich fing an, wieder positiv zu denken. Das habe ich geschafft, indem ich mir andere Fragen stellte. Ich veränderte durch andere Fragen einfach meinen Blickwinkel. Ich fragte mich stattdessen: Was kann ich tun, um aus dieser Situation wieder herauszukommen? Was ist an dieser Situation positiv? Wie wird es wohl sein, wenn ich jetzt weiterlaufe und das Ziel erreiche? Wenn es mir besonders schlecht bei einem Lauf geht, frage ich mich auch schon einmal:

WIE VIELE MENSCHEN WÄREN WOHL LIEBEND GERNE IN DEINER SITUATION?

WIE VIELE MENSCHEN WÜRDEN SEHR GERNE MIT DIR TAUSCHEN?

Diese zwei Fragen stelle ich mir mittlerweile auch im Alltag, wenn ich mich über Dinge ärgere oder wenn ich mich energetisch in einem Loch befinde. Oder ich rufe mir folgendes Szenario ins Gedächtnis: Auf der Erde leben mehr als acht Milliarden Menschen. Und jeden Tag werden es mehr. Wie unbedeutend bist du in Anbetracht dieser Zahl? Die Erde ist nur ein winziger Punkt im riesigen Universum. Wie klein bist du dagegen als einzelner Mensch? Stell dir genau diese Fragen, wenn gerade wieder einmal alles über dir zusammenbricht oder du in einer scheinbar kritischen Lage steckst. Und was merkst du? Fühlst du dich besser als zuvor? Mach diese Übung. Stell dir genau diese Fragen: Wie viele Menschen auf der Welt wären wohl überglücklich, wenn sie mit mir tauschen könnten? Wie unbedeutend ist mein Problem im Vergleich zu den Sorgen anderer? Wie klein bin ich und mein Problem im riesigen Universum?

EIN KLEINER AUSSCHNITT AUS DEM GESAMTBILD …

Unser momentaner Blickwinkel spiegelt nicht immer die wahre Situation wider, sondern stellt nur eine von vielen Möglichkeiten dar, wie wir Dinge wahrnehmen. Es handelt sich dabei nur um einen kleinen Ausschnitt aus dem Gesamtbild, das wir von einer bestimmten Situation haben. Wenn ich meinem Fotografen Christian bei der Arbeit über die Schulter schaue, bin ich häufig erstaunt, wenn ich die Bilder von den Laufabenteuern sehe. Es existiert zum Beispiel ein Foto, das bei trübem, regnerischem Wetter aufgenommen worden war. Ich habe in Erinnerung, dass ich mich körperlich nicht so gut fühlte. Doch wenn ich das Bild nun betrachte, zeigt es einen ganz anderen Ausschnitt aus derselben Situation. Man sieht einen gutgelaunten Läufer in einer hellen, freundlichen Umgebung.

SIEH DURCH DIE AUGEN EINES KINDES!

Eine weitere gute Methode, seinen Blickwinkel zu verändern, ist, die Welt durch die Augen eines Kindes zu betrachten. Daran glaubte ich lange Zeit selbst nicht, bis ich im März 2010 Vater einer Tochter wurde. Dadurch änderte sich nicht nur mein Leben, sondern auch meine eigene Perspektive. Ich finde es schlichtweg erstaunlich, wie Kinder an Situationen herangehen. Wie sie für Erwachsene selbstverständliche Dinge ganz anders sehen. Wie sie Gegenstände anfassen und mit Neugierde ihre Umgebung erfahren. Für uns Erwachsene ist beispielsweise ein Stück Alufolie eben ein Stück Alufolie. Sie stellt für uns in der Regel nichts Besonderes mehr dar, oder? Für ein Kind sehr wohl. Für ein Kind ist dieses silbrig schimmernde Papier ein faszinierender, spannender und hochinteressanter Gegenstand, mit dem man sich stundenlang beschäftigen kann. Von der Neugier, der Lernbereitschaft und der Aufmerksamkeit, die Kinder alltäglichen Dingen beimessen, können wir uns Erwachsene eine Scheibe abschneiden. Betrachte die Welt öfter einmal mit den Augen eines Kindes und manches Problem wird sich relativieren.

ALLES EINE FRAGE DER PERSPEKTIVE …

Auch wenn bei meinem Lauf auf La Réunion bei Kilometer 122 äußerlich vieles gegen mich sprach, konnte ich allein mit meiner inneren Haltung dagegen steuern, indem ich mich auf die positiven Elemente bei diesem Rennen konzentrierte. Das waren zum Beispiel die beeindruckenden farbenprächtigen Pflanzen, die überall am Wegesrand zu finden waren. Indem ich bewusst nur auf die Blumen fokussierte, vergaß ich meine bleischweren Beine, meine Müdigkeit und meine steinharte Oberschenkelmuskulatur. Mehr noch: Meine mentale Lage verbesserte sich wieder, weil ich durch diese Ablenkung den Gedanken »schwere Krise« durch den Gedanken »schöne Blumen« ersetzte.

NICHT DIE ÄUSSEREN UMSTÄNDE BEEINFLUSSEN UNSEREN MOMENTANEN ZUSTAND, SONDERN VIELMEHR, WIE WIR EINE SITUATION INTERPRETIEREN UND BEWERTEN. Die Bedeutung, die wir einem bestimmten Ereignis beimessen, beeinflusst unser Verhalten. Denke daran: Du kannst nur einen Gedanken zur gleichen Zeit haben. Entweder ist dieser positiv oder negativ. Du kannst ein und dieselbe Situation ganz unterschiedlich interpretieren. Du kannst entweder immer nur die negative Seite einer Medaille sehen oder du konzentrierst dich auf den positiven Aspekt der Situation. Es ist immer eine Frage der richtigen Perspektive.

Meine felsenfeste Überzeugung lautet: Viele Menschen könnten von ihrem Potenzial her lange Läufe bestreiten. 100 Kilometer und mehr am Stück zu laufen, ist grundsätzlich für viele Menschen möglich. Wenn ich in meinen Vorträgen von meinen Abenteuern berichte, geraten viele Menschen ins Schwärmen und wollen auch ihren Träumen nachgehen. Doch dann taucht bei ihnen der Gedanke auf: Das schaffe ich doch gar nicht. Das kann ich doch gar nicht. Was ist das Resultat? Sie schaffen es nicht beziehungsweise gehen das Abenteuer erst gar nicht an. WENN WIR DENKEN, DASS WIR ETWAS NICHT SCHAFFEN, DANN SCHAFFEN WIR ES AUCH NICHT. NICHT, WEIL WIR ES NICHT SCHAFFEN, SONDERN WEIL WIR DENKEN, DASS WIR ES NICHT SCHAFFEN. Und solange wir denken, dass wir es nicht schaffen, werden wir es nicht schaffen.

DENKEN – DIE UNSICHTBARE KRAFT.

Gedanken haben eine enorm große Auswirkung auf unser Leben. Sie sind die Ursache für alles, was uns im Leben passiert. Unser Denken ist die einzig unsichtbare Kraft, die wir wirklich steuern können. Deine bisherigen Ergebnisse im Leben stehen im direkten Zusammenhang mit deinem Denken. Ob ich einen Extremlauf erfolgreich beende, hängt im Wesentlichen davon ab, was ich während des Abenteuers denke beziehungsweise welche Gedanken ich zulasse.

WIR SIND, WAS WIR DEN GANZEN TAG DENKEN. WIR WERDEN, WORÜBER WIR NACHDENKEN.

Die Gedanken sind frei – sagt der Volksmund. Doch sind sie das wirklich? Können wir wirklich denken, was wir wollen? Einige Leserinnen oder Leser werden sagen: Sicher können wir das! Aber dir wird es wie den meisten Menschen gehen: WIR DENKEN GRÖSSTENTEILS NICHT MEHR BEWUSST, WIR DENKEN WIEDERHOLT. Die Gedankenprozesse laufen automatisch und unbewusst ab. Wissenschaftler haben herausgefunden, dass wir nur drei bis fünf Prozent neue Gedanken zulassen. Der Rest wird wiederholt. Es ist ein geistiges Wiederkauen der immer gleichen Gedanken. Wenn du beispielsweise einen sichergeglaubten Auftrag doch nicht bekommst, werden deine Gedanken eine Zeitlang sehr wahrscheinlich immer wieder um diesen Auftrag kreisen.

Was können wir dagegen tun? Wir können an unseren Gedanken arbeiten. Das machen viele Sportler. Es bedeutet, dass ich wissen sollte, was ich denke, damit ich entscheiden kann, ob ich es denken will oder nicht. Oder kurz gesagt: Wir müssen Gedankendisziplin erlernen. Das funktioniert durch bewusste und einfache Fragen, die wir uns immer wieder stellen. Solche Fragen sind:

Was denke ich gerade?

Will ich das denken?

Erreiche ich mit diesem Denken meine Ziele?

Wir bekommen also, und das ist das Entscheidende, ein Bewusstsein über unseren aktuellen Gedankeninhalt. Das ist bedeutsam, weil jeder mehrfach wiederholte Gedanke eine Denkgewohnheit wird. Ein Denkmuster. Hast du positive oder negative Gedankenmuster entwickelt?

GEDANKEN BEWUSST STEUERN …

Gedanken haben enorme Auswirkungen, vor allem in Bezug darauf, was möglich ist. Unsere Art zu denken, setzt uns die Grenzen. Das bedeutet: Wenn wir es schaffen, unser Denken zu verändern, können wir auch unsere Grenzen verschieben. Einverstanden? Es kommt dabei nicht darauf an, wo du gerade im Leben stehst. Es kommt nicht darauf an, von wo du losläufst. Entscheidend ist, dass du wirklich bereit bist, zu lernen. ERFOLG IST KEINE FRAGE VON WIE, SONDERN VON WER. UND WER IST TRAINIERBAR. Das *WER* trainierst du, indem du lernst, deine Gedanken bewusst zu steuern. Die Macht der Gedanken in dir ist viel stärker als deine aktuelle Lebenssituation. Es ist leicht, dein Denken von den aktuellen Lebensumständen steuern zu lassen. Dazu ein Beispiel: Du bist selbstständig oder Unternehmer und hattest während Corona einige umsatzschwache Monate. Entscheidend ist nun, ob du diesen Resultaten erlaubst, deine Gedanken zu steuern. Oder ob du neue Gedanken erschaffst und dich fragst, wie du das Ruder herumreißen wirst.

Denken und vor allem selbstständiges Denken ist die anstrengendste Tätigkeit, die es gibt. Selbstständig denken heißt, Dinge kritisch zu hinterfragen und sich eine eigene Meinung zu bilden. Viele Menschen konsumieren, ohne kritisch zu hinterfragen, sind passiv und lassen sich berieseln und von der Außenwelt beeinflussen. Wer selbstständig denkt, lässt sich nicht von der materiellen Welt und der Meinung anderer beeinflussen. Die eigenen Gedanken sind die einzige Ursache für alles, was in deinem Leben passiert.

WAS IST STÄRKER: WUNSCH ODER ZWEIFEL?

Vor kurzem traf ich einen guten Lauffreund von mir. Wir sprachen über Gott und die Welt und natürlich über das Laufen. Er erzählte mir von seinem Traum, einmal in seinem Leben einen Wüstenlauf in der Sahara machen zu wollen. »Ich wünsche mir diesen Lauf so sehr«, waren seine Worte. Diesen Gedanken, denn Worte sind hörbare Gedanken, hat er nun in seinem Kopf selbst geschaffen. Doch keine zehn Sekunden später kam von ihm diese Aussage: »Der Wüstenlauf ist aber viel zu teuer. Das kann ich mir nicht leisten.« Diesen Gedanken hat er ebenfalls selbst kreiert. Welcher Gedanke wird sich jetzt in seinem Leben durchsetzen? Jener, mit dem er die stärkere Emotion verbindet. Wenn der Wunsch, den Lauf durch die Sahara zu machen, größer ist als der Zweifel, ob er sich das leisten kann, wird er früher oder später den Lauf realisieren.

WIR KÖNNEN NICHT ALLES BEEINFLUSSEN, WAS UNS IM LEBEN PASSIERT. ABER WIR HABEN IMMER IN DER HAND, WIE WIR AUF ETWAS REAGIEREN. Abgesehen von den automatischen Reaktionsprozessen unseres Körpers können wir selbst bestimmen, was wir denken. Und wie genau machen wir das? Durch Fragen. EINE FRAGE IST EIN EINFACHES UND GLEICHZEITIG SEHR WIRKUNGSVOLLES INSTRUMENT, UM UNSERE GEDANKEN UND UNSERE STIMMUNG ZU BEEINFLUSSEN. Wenn wir uns neue Fragen stellen, führen uns diese zu einem anderen Denken als bisher. Denken ist im Grunde nichts anderes als ein ständiger Prozess von Frage und Antwort. Ein Gedanke, der die gegenwärtige Situation verlässt, ruft ein anderes Gefühl hervor. Ein anderes Gefühl hat wiederum ein anderes Verhalten zur Folge. Ein anderes Verhalten führt zu einem anderen Ergebnis. Stell dir positive Fragen. Dadurch bekommst du positive Gedanken. Und dadurch bist du in einer besseren Stimmungslage und kannst positive Handlungen in Gang bringen, die letztendlich zu einem besseren Resultat führen.

Alles beginnt beim Denken. Welche Gedanken wir

haben, bestimmt darüber, wie wir uns fühlen und welches Verhalten wir zeigen. Wir müssen also »nur« die »richtigen« Gedanken in unseren Kopf lassen, um eine positive Handlung zu vollbringen. Die Herausforderung ist, dass wir jeden Tag ca. 50.000 bis 70.000 Gedanken haben. Gedanken, die wir über die riesige Informationsflut erhalten, die tagtäglich auf uns einströmt und uns beeinflusst. Stell dir vor: eine ausverkaufte Münchener Allianz-Arena voller Gedanken. Die meisten davon sind unwichtig. Viele sogar negativ und kontraproduktiv. Die Kunst besteht nun darin, die für einen wichtigen und positiven Gedanken herauszufiltern, sie zuzulassen und vor allem die anderen negativen Gedanken aus dem Kopf zu bekommen. Das erreichst du dadurch, dass du dich nur auf die positiven Gedanken konzentrierst, die für dich relevant sind und die zu einer positiven Stimmungslage beitragen. Und das ist wiederum eine Frage der Konzentration und der Fokussierung.

Quäl dich, du Sau, oder wie du dich noch motivieren kannst

Welchen Einfluss der Mensch auf sein Unterbewusstsein ausüben kann, lernte ich nicht nur durch die schon beschriebenen Visualisierungstechniken. Auch mit anderen mentalen Techniken beschäftige ich mich vor und selbst während langer Läufe. Bei meinen Trainingseinheiten und Wettkämpfen wandte ich intuitiv Techniken an, die auch bei NLP-Ausbildungen gelehrt werden. Bei einem Lauf wie am Mont Blanc durchlebst du ständig Hochs und Tiefs. Ob Muskelprobleme, Magenbeschwerden oder mentale Krisen – der ganze Körper wird bei solch einem Rennen extrem beansprucht. Die Kunst besteht darin, in Krisensituationen, die unweigerlich auftreten, weiterzulaufen und nicht aufzugeben. Was mache ich, wenn es mir schlecht geht und ich mich in einer Krise befinde? Ich beginne zum Beispiel automatisch, Selbstgespräche zu führen. »Das ist ein toller Lauf in einer atemberaubenden Landschaft. Ich bin echt froh, dass ich hier sein darf. Und es läuft richtig rund. Wir haben jetzt 4:28 Uhr und ich fühle mich prächtig. Gleich muss der Anstieg zum Col de la Seigne beginnen. Den kenne ich schon aus dem Vorjahr. Absolut machbar.« So und so ähnlich läuft das bei mir ab. Ich rede bei langen Läufen häufig mit mir selbst. Erst später erfuhr ich, dass dieses Verhalten in der Fachsprache auch als Power-Monolog oder Affirmation bezeichnet wird.

Das lateinische Wort »affirmare« bedeutet bestärken, bejahen, behaupten, bestätigen. Wenn wir Affirmationen verwenden, behaupten wir etwas, das wir erst später durch die entsprechende Erfahrung bestätigt bekommen. Von allen mentalen Techniken, mit denen wir unseren Denkvorgang steuern können, ist die Affirmation die einfachste. Wenn ich eine Affirmation verwende, entscheide ich mich für eine Aussage, die das, was ich erreichen will, zum Ausdruck bringt. »Ich schaffe es«, ist beispielsweise eine positive Affirmation, die ich mir bei einem Wettkampf zigfach sage. Das Gegenstück, die negative Affirmation dazu, würde lauten: »Ich schaffe es nicht.«

An der erfolgreichen Anwendung von Affirmationen ist unser Unterbewusstsein maßgeblich beteiligt. Das Unterbewusstsein kannst du dir wie einen trockenen Schwamm vorstellen. Alles, was wir erleben, hören, sehen, fühlen, schmecken und sprechen, saugt es auf und speichert es ab. Nur ein Bruchteil unseres Tuns ist uns bewusst. Der Rest läuft unbewusst ab. Viele unserer lebensnotwendigen Funktionen laufen völlig unbewusst ab. Denkst du zum Beispiel über deine Verdauung oder über deine Atmung nach? Oder denkst du beim Autofahren noch an das Schalten und das Betätigen des Blinkers beim Abbiegen? Wohl kaum. Das funktioniert wie von allein – dank unseres Unterbewusstseins. Unser Unterbewusstsein ist also maßgeblich an unseren Entscheidungen beteiligt. Es steuert und beeinflusst zu einem großen Teil unser Handeln. Haben wir unser Unterbewusstsein mit den von uns gewünschten Gedanken »gefüttert«, wird es uns bei der Verwirklichung unserer Ziele helfen. Indem wir einen bestimmten Gedanken oder eine Redewendung immer wieder in unser Unterbewusstsein lassen, können wir damit das gewünschte Ergebnis erzielen. Die wiederholte Anwendung prägt sich dem Unbewussten dermaßen ein, dass alte, negative Denkmuster unwirksam werden und die ersehnten Veränderungen eintreten.

Während eines Wettkampfes rede ich mir immer wieder positiv zu: »Du schaffst es« oder »Das ist dein Lauf, Norman«. Dabei stelle ich mir vor, wie ich den Lauf erfolgreich beenden werde. Danach fühle ich mich in der Tat besser und energiegeladener als zuvor. Oder denke nur an den berühmten Spruch von Udo Bölts an Jan Ullrich während der Tour de France beim Anstieg nach Alpe d'Huez: »Quäl dich, du Sau!« Auch diesen Satz sage ich mir häufiger in kritischen Situationen. Er hilft mir dabei, wirklich das Letzte aus mir herauszuholen.

Du hast bisher die Anwendung von Affirmationen ausschließlich aus meiner Welt, aus der Welt eines Extremsportlers, vermittelt bekommen. »Können denn auch Nichtsportler von dieser Technik profitieren?«, werde ich bei meinen Vorträgen immer wieder gefragt. Selbstverständlich. Einzige Bedingung: Training. Du musst solche positiven Selbstgespräche systematisch trainieren. Du musst zunächst einmal »deinen Satz« oder »deine Redewendung« finden. Wenn du dich für einen passenden Satz oder mehrere Sätze entschieden hast, die dich pushen, kannst du diese durch ständige Wiederholung in Fleisch und Blut übergehen lassen. Nur so hast du sie in einer Stresssituation sekundenschnell parat und kannst sie anwenden. Wichtig ist, dass eine Selbstansprache wie zum Beispiel »Ich schaffe das« auf einer realistischen Einschätzung der eigenen Fähigkeiten beruht. Du musst schon das Know-how und die Fertigkeiten für ein Ziel mitbringen, um »Ich schaffe das« zu sagen. Wenn du zum Beispiel zu dir sagst »Ich werde in der Präsentation alle Teilnehmer begeistern«, musst du diese auch entsprechend vorbereitet haben. Sonst bringt dich die beste Affirmation nicht weiter, weil du ja in deinem tiefen Inneren weißt, dass du ohne eine adäquate Vorbereitung keinen Erfolg haben wirst.

KLEINE KARTE – GROSSE WIRKUNG.

Beim Ultra-Trail Mont Blanc im Jahr 2008 erhielt jeder Läufer eine eigene Läuferkarte zur Identifikation beim Rennen. Diese Karte, mit einem eindrucksvollen Motiv vom Lauf, hat die Größe einer Kreditkarte. Vor meinem zweiten Start am Mont Blanc steckte ich mir diese Karte in mein Portemonnaie, weil sie einfach toll aussah und ich damit zeigen konnte, wo ich bald laufen werde. Dabei passierte Folgendes: Immer, wenn ich mein Portemonnaie öffnete, und das machte ich am Tag durchaus häufiger, sah ich die Karte und war in Gedanken sofort in Chamonix beim Lauf. Die Gedanken, die ich vor ein paar Sekunden hatte, waren urplötzlich verschwunden. Mein Fokus richtete sich nur noch auf den Lauf. Ich befand mich sofort in einer euphorischen Stimmung. Die Bilder von meinem Start aus dem Vorjahr gingen mir durch den Kopf. Ich sah die majestätische Bergkulisse des Mont Blanc vor mir. Ich fühlte die unglaubliche Stimmung und das Kribbeln am Start. Ich hörte die Menschenmassen in den einzelnen Dörfern, die ich bei diesem Rennen passierte. Ich sah, hörte und fühlte noch einmal den Moment, als ich im vergangenen Jahr unter tosendem Applaus das Ziel in Chamonix erreichte. Den Auslöser für diese emotionalen Zustände bildete diese kleine Karte.

Diese Läuferkarte war nicht nur meine Identifikation oder ein schönes Souvenir. Sie stellte für mich einen sogenannten Anker dar. Damit meine ich natürlich nicht die mitunter sehr imposanten Schiffsanker. Das »Ankern« verstehe ich im Zusammenhang mit mentalem Training. Ein Anker kann ein Wort, ein Satz, ein Gegenstand, eine Melodie, eine Geste oder eine bestimmte Bewegung sein. Anker haben eine sehr starke Wirkung, weil sie sofort intensive Zustände auslösen können. Sie können einer Erfahrung Dauer verleihen und kommen tagtäglich häufig zum Einsatz. Vielen Menschen ist das gar nicht bewusst. Kennst du das auch? Wenn im Radio ein bestimmtes Lied erklingt, denkst du automatisch an eine gewisse Situation zurück? An deine erste Liebe? An ein bestimmtes Konzert? An ein erfolgreiches Fußballspiel? Das Lied hat in all diesen Fällen die Funktion eines Ankers.

Ein wissenschaftlicher Beleg dafür sind die bekannten Experimente des russischen Forschers Iwan Pawlow mit seinen Hunden. Pawlow fütterte seine Hunde und beobachtete dabei ihren Speichelfluss. Wenn er dabei eine Glocke in engem zeitlichem Abstand zur Fütterung erklingen ließ, reagierten die Hunde allein auf den Glockenton mit Speichelfluss.

Selbstgespräche und Anker sind zwei mächtige Instrumente, mit denen wir unsere Gedanken lenken und auf Erfolg programmieren können. Im Extremsport wie im »normalen« Berufs- und Alltagsleben.

Der Glaube versetzt Berge

»Der Glaube versetzt Berge«, lautet ein bekanntes Bibelzitat. Woran glaubst du? Mir geht es dabei nicht um deine religiöse Einstellung, sondern darum, was du in Bezug auf deine Person, deine Eigenschaften und dein Leben glaubst. Du wirst nur selten etwas erreichen, woran du nicht wirklich glaubst. Der unerschütterliche Glaube ist eine unabdingbare Voraussetzung für persönlichen Erfolg. Solange wir fest an etwas glauben, übernimmt unser Gehirn die Funktion eines Autopiloten und lässt nur die Informationen zu, die unserem Glaubenssystem entsprechen. Wenn dieses System beispielsweise sagt »Ich glaube an die Wirkung von Medikamenten«, dann wird auch dein Gehirn dahingehend programmiert und du erlebst die Effekte tatsächlich. Auch wenn die Medikamente nicht über die entsprechenden Wirkstoffe verfügen. Dieses Phänomen, als Placebo-Effekt bezeichnet, finde ich bemerkenswert. Die Wunderwirkung der Medikamente liegt immer im Glauben der Person begründet, nicht in den Präparaten selbst.

VERTRAU DIR SELBST!

Nur: Glaube allein reicht nicht aus. Der Glaube an sich und seine Stärken ist eine starke Basis. Ein breites Fundament. Nur damit allein erreichst du nicht dein Ziel. Du musst auch etwas dafür tun. Du musst aktiv werden. Wenn ich in der Vorbereitung für einen großen Lauf stecke, bin ich zu 100 Prozent davon überzeugt, dass ich ihn auch erfolgreich beenden werde. Ich glaube an mich und meine läuferischen

Fähigkeiten. Wenn ich aber nicht ausreichend trainieren würde, körperlich wie mental, brächte mich auch der beste Glaube nicht an mein Ziel.

UNSER GLAUBE STELLT EINE INNERE HALTUNG, EINE INNERE GEWISSHEIT DAR, DASS DAS, WAS DU DIR WÜNSCHST, ERREICHT WERDEN KANN. Glaube ist immer auch in Zusammenhang mit Vertrauen in sich selbst und seine Fähigkeiten zu sehen. Vor allem, wenn wir eine große Aufgabe vor uns haben, die wir zuvor noch nie bewältigt haben, ist es enorm wichtig, Vertrauen aufzubauen. Als ich zum ersten Mal vom Ultra-Trail Mont Blanc hörte, konnte ich es zunächst gar nicht glauben, dass man solch eine Leistung überhaupt vollbringen kann. Wie kann man 166 Kilometer und 9.400 Höhenmeter nonstop innerhalb von 46 Stunden laufen? Das war zunächst meine innere Haltung. Mit dieser Einstellung hätte ich nie und nimmer diesen Lauf erfolgreich zu Ende bringen können. Doch diese Herausforderung reizte mich ungemein – und offensichtlich hatten ja schon einige Menschen diese enorme Leistung geschafft. Doch erst als ich anfing, mich mit dem Rennen intensiv auseinanderzusetzen und erfolgreich längere Bergrennen in der Vorbereitung bestritt, änderte sich allmählich mein Glaube in Bezug auf diesen Lauf. Ich habe für mich in der Vorbereitung langsam ein Gefühl der Gewissheit entwickelt, dass ich diese Herausforderung bewältigen könnte. Der Lauf schien für mich absolut machbar. Nach und nach erzeugte ich den Glauben an mich. Und das schaffte ich dadurch, dass ich mich jeden Tag mit dem Rennen beschäftigte und mich mit ihm identifizierte. Insgesamt bereitete ich mich über ein Jahr sehr intensiv auf diesen Lauf vor, lief allein in den letzten acht Monaten vor dem Rennen fast 4.000 Kilometer und investierte unzählige Stunden in mein Bergtraining. Als es dann nur noch wenige Wochen bis zum Start waren, war ich mir absolut sicher, dass ich es schaffen werde, obwohl ich noch nie zuvor solch eine Distanz gelaufen bin. Durch meine sorgfältige Vorbereitung auf diese große Aufgabe erhöhte sich auch mein Glaube an einen erfolgreichen Lauf. Genauer gesagt: Durch die vielen Tausend Trainingskilometer, die zahlreichen Bergrennen und die daraus gewonnenen Erfahrungen veränderte sich mein Glaube in Bezug darauf, was möglich ist.

Ein befreundeter Läufer fuhr im selben Jahr nach Chamonix, um am Ultra-Trail Mont Blanc teilzunehmen. Er hatte jedoch eine ganz andere Haltung. Nach dem Motto »Ich fange einmal an und schaue, wie weit ich komme«, ging er an den Start. Rate einmal, wie für ihn dieses Rennen gelaufen ist. Er stieg nach gut der Hälfte aus. Körperlich war er topfit. Von seinem physischen Zustand her hätte er diesen Lauf sicherlich geschafft. Was ihm jedoch fehlte, war der Glaube an sich und seine Fähigkeiten.

Was bedeutet das für dich? Wenn du ein konkretes Ziel vor Augen hast, wenn du von dir und deinen Fähigkeiten, die du zur Erreichung des Ziels benötigst, überzeugt bist, dann bist du auch bereit, dich an die Umsetzung des Ziels zu machen. Du bist also motiviert. Richtig? Wenn jetzt noch ein kontinuierliches Handeln dazukommt, steht der Erreichung deines Ziels nichts mehr im Wege. Alles fängt mit deinem Ziel an. Dein Ziel stellt die Basis für Erfolge in sämtlichen Lebensbereichen dar. **DER GLAUBE AN DEIN ZIEL UND DEINE FÄHIGKEITEN IST WIEDERUM DIE VORAUSSETZUNG, DASS DU MOTIVIERT BIST.** Nur wenn du motiviert bist, wenn du die richtige Einstellung hast, kommst du auch ins Handeln. Dein Tun bestimmt wiederum über deinen Erfolg.

DIE SACHE MIT DEN WADENKRÄMPFEN ...

Weißt du, was eine sich selbst erfüllende Prophezeiung ist? Wenn du in einer bestimmten Situation denkst, »Das schaffe ich nie«, wird dies mit hoher Wahrscheinlichkeit eintreten. Oder du kannst daran glauben, dass du es schaffst. Und genau das wird dann mit hoher Wahrscheinlichkeit passieren. Zu Beginn meines Läuferlebens bekam ich bei Marathonläufen regelmäßig Krämpfe in meinen Waden. Ab einer zurückgelegten Strecke von etwa 30 Kilometern tauchten diese Muskelkrämpfe auf. Mit der Zeit brannte sich dies regelrecht in meinen Kopf ein, was zur Folge hatte, dass ich bei jedem Marathonlauf nur darauf wartete, dass die Krämpfe einsetzten. Ein leichtes Zucken in den Waden wertete ich sofort als Krampf. Selbst wenn es bei einem Rennen ausgezeichnet lief, hatte ich immer im Hinterkopf: »Nach dem dreißigsten Kilometer kommen die Wadenkrämpfe.« Und dann setzten sie meist auch ein. Erst als ich nicht mehr daran dachte und meine innere Haltung änderte, verschwanden die Wadenkrämpfe. Unser Erfolg ist immer auch eine Frage des Glaubens.

Du kennst bestimmt Aussagen wie »Sei doch realistisch«, »Schuster, bleib bei deinen Leisten« oder »Bleib doch auf dem Boden«. Davon existieren noch einige mehr. Was diese sogenannten Glaubenssätze vereint, ist die Tatsache, dass sie alle negativ sind. Aber bevor ich näher darauf eingehe: Was ist überhaupt ein Glaubenssatz? Bei einem Glaubenssatz handelt es sich um eine Regel, die für uns mit einem Gefühl der Gewissheit verbunden ist, welches wir in Bezug auf einen bestimmten Sachverhalt, eine Person oder Situation haben. Oder kurz gesagt: EIN GLAUBENSSATZ IST EINE ANNAHME, DIE WIR FÜR RICHTIG HALTEN. »Wenn ich mehr Sport treibe, dann nehme ich ab«, »Es ist nun mal so, dass wir alle arbeiten müssen, um Geld zu verdienen«, »Ich brauche nur Talent, um erfolgreich zu sein«, »Meine Arbeitszeiten sind von neun bis siebzehn Uhr«. Das sind Beispiele für Glaubenssätze.

Aus meiner Erfahrung als Vortragsredner und Motivationstrainer stelle ich immer wieder fest, dass viele Menschen negative Glaubenssätze in sich tragen. Damit engen sie sich ein, beschneiden ihre Möglichkeiten und reduzieren letztendlich ihre Lebensqualität. Ein Kunde von mir hatte den Glaubenssatz »Mir gelingt nichts. Alles, was ich anfasse, wird zum Misserfolg«, fest verinnerlicht. Schon das Auftreten dieser Person spiegelte diese Haltung wider: Er lief mit hängenden Schultern und heruntergezogenen Mundwinkeln durch die Welt. Bei der Begrüßung bekam ich nur einen schwachen Händedruck. Angst bestimmte sein Handeln. Sein Selbstvertrauen war nur sehr gering ausgeprägt und er saß am liebsten daheim in der sicheren Wohnung und sah fern. Um solch ein eingespieltes und tief eingeprägtes Verhalten zu ändern, muss eine neue Erfahrung, ein neues Referenzerlebnis aufgebaut werden. Meinem pessimistischen Kunden zeigte ich an einfachen Dingen im Alltag, dass er sehr wohl in der Lage ist, erfolgreich zu sein. Wenn er beispielsweise auf fremde Menschen zuging, wenn er ein Gespräch führte oder wenn er sich überwand, Sport zu treiben, waren das Erfolge, die ich ihm bewusst machte. Zudem fing er an, seine täglichen Erlebnisse in einem Erfolgstagebuch festzuhalten, was das Bewusstsein für seine Erfolge nochmals verstärkte. NACH UND NACH NAHM SEIN SELBSTVERTRAUEN WIEDER ZU, DENN SELBSTVERTRAUEN ENTSTEHT NUR DURCH KONKRETE TATEN.

SEI UNREALISTISCH!

Allein die Aufforderung »Sei doch mal realistisch« finde ich persönlich ungemein einschränkend. Was bedeutet diese Aussage schon? Wenn wir immer nur »realistisch« sind, dann wagen wir uns erst gar nicht an neue Herausforderungen heran, weil uns noch die entsprechenden Erfahrungen fehlen. Die fehlende Erfahrung führt dazu, dass wir Dinge häufig gar nicht richtig einschätzen und bewerten können und vor einer neuen Aufgabe zurückschrecken. Doch dieses Manko können wir durch Mut und mit einem Blick über den Tellerrand wettmachen. Glaubst du, dass ich durch die trockenste und höchstgelegene Wüste der Erde gelaufen wäre, wenn ich nur realistisch gewesen wäre? NUR WENN WIR DINGE TUN, DIE WIR ZUVOR NOCH NICHT GEMACHT HABEN, KÖNNEN WIR UNS WEITERENTWICKELN. Immer wenn wir komplett neue Situationen und ganz neue Erfahrungen bewusst suchen, kommen wir im Leben weiter und können diesen negativen Glaubenssatz aus unserem Kopf streichen. Leider machen viele Menschen immer nur die Dinge, die sie bereits können und die sie immer schon gemacht haben. Sie bleiben lieber realistisch und bestärken sich genau auf diese Weise in ihrem Glaubenssatz.

Erfolgreiche Menschen sind selten realistisch. Vielmehr nehmen sie auch Herausforderungen in Angriff, die ihnen ganz fremd sind. Wenn Reinhold Messner realistisch gewesen wäre, hätte er dann allein den Mount Everest ohne Sauerstoff bestiegen? Wenn Mahatma Gandhi realistisch gewesen wäre, hätte er dann diesem übermächtig erscheinenden Gegner England Paroli bieten können? Wenn Götz Werner realistisch gewesen wäre, hätte er dann die erfolgreichste deutsche Drogeriemarktkette gegründet?

Es muss nicht jeder gleich Ziele wie Reinhold Messner oder Mahatma Gandhi haben. Häufig reicht es schon, einfach einmal den berühmten Blick über den Tellerrand zu wagen und etwas zu tun, was einem auf den ersten Blick unmöglich erscheint. WENN WIR ES TATSÄCHLICH SCHAFFEN,

EINFACH EINMAL ANZUFANGEN UND DEN ERSTEN SCHRITT MACHEN UND DANN NOCH EINEN UND NOCH EINEN, WERDEN WIR FESTSTELLEN, DASS ES GAR NICHT MEHR SO UNMÖGLICH IST, WIE WIR ZUNÄCHST ANGENOMMEN HABEN. Denn durch den zurückgelegten Weg und die gesammelten Erfahrungen verändert sich unser Glaube in Bezug darauf, was möglich ist. Und damit können wir in der Tat wahrhaftig Berge versetzen.

Die Kraft der Gefühle

Motivation ist Emotion

Die Straße nimmt einfach kein Ende. Sie führt in unzähligen Kurven durch das Land. Mal geht es bergauf, mal bergab. Nur selten verläuft der Weg in der Ebene. Eine wohltuende Stille umgibt mich. Nur die fröhlichen Gesänge der Vögel, die es sich in den dichten Laubbäumen bequem gemacht haben, nehme ich wahr. Ansonsten ist es ruhig. Ich befinde mich irgendwo auf dem National Highway im Königreich Bhutan. Über 600 Kilometer schlängelt sich diese schmale Straße, die Ost- mit Westbhutan verbindet, über Bergpässe und durch Täler, durch Städte und Dörfer. Ein angenehmes Wärmegefühl durchdringt meinen ganzen Körper, wenn ich an mein großes Ziel denke. Es ist ein sehr ambitioniertes Ziel, das ich mir gesetzt habe. Vielleicht ist es dieses Mal doch etwas zu hoch? Definitiv unvernünftig. Auf jeden Fall reizvoll, anziehend, krass. Ich laufe zum Tigers Nest, dem weltbekannten Kloster in Bhutan. 265 Kilometer und 7.000 Höhenmeter in maximal 60 Stunden. Ohne Gegner. Ohne Zuschauer. Nur ich gegen meinen eigenen inneren Schweinehund.

»Abenteuer Donnerdrache«, so lautet der Name meines selbstorganisierten Laufabenteuers. Der Donnerdrache ist das Wappentier Bhutans und ziert die Nationalflagge des

Landes. Er repräsentiert Veränderung, Energie und Kreativität. »Druk Yul«, das Land des Donnerdrachen, wie Bhutan genannt wird, ist flächenmäßig ungefähr so groß wie die Schweiz mit nur knapp 700.000 Einwohnern. Das zwischen Tibet (China) und Indien eingebettete Königreich im Himalaya war jahrhundertelang von der Außenwelt abgeschnitten. Bis in die Siebzigerjahre gab es keine Straßen, Schulen und Krankenhäuser. Erst im Jahr 1990 wurde das Land an das Telefonnetz der Welt angeschlossen. Und erst seit 1999 gibt es Fernsehen und Internetanschluss. Die Unberührtheit, Fremdheit und Abgelegenheit Bhutans fasziniert mich und hat mich zu diesem Laufabenteuer motiviert.

EINE VÖLLIG ANDERE WELT …

Schon nach den ersten Kilometern tauche ich ein in eine völlig andere Welt. Die Umgebung ist durch grüne Reisterrassen, dichte und kühle Laubwälder und rauschende Bäche gekennzeichnet. Durch die enormen Höhenunterschiede (höchster Punkt 7.541 Meter, niedrigster Punkt 97 Meter) existieren unterschiedliche Landschafts- und Vegetationszonen. Es ist ein Genuss, hier laufen zu dürfen. Bhutan verfügt über eine Naturbelassenheit, die unvergleichlich auf der Welt ist. Zwei Drittel des Landes sind immer noch von Wald bedeckt. Über 70 Prozent des Landes sind als Nationalpark ausgewiesen. Immer wieder passiere ich kleine Siedlungen und Dörfer. Nur ein Dutzend Häuser am Wegesrand. Ein paar Kinder, die vor den Häusern spielen, schauen mich neugierig an und winken mir zu. Bunte Gebetsfahnen flattern im Wind. Gebetsmühlen, Reliquienschreine und Stupas (buddhistisches Bauwerk, das Buddha symbolisiert) sind allgegenwärtig. Der Buddhismus ist Staatsreligion, die Landessprache ist Dzongkha. Mein Puls rast. Ich befinde mich mittlerweile auf knapp 3.200 Metern. Und es geht noch höher. Der Pele-La-Pass, mit knapp 3.500 Metern der höchste Punkt des Laufs, liegt vor mir. Ich keuche, ich japse, ich schnaufe. Kein Wunder, denn über 80 Prozent des Landes liegt auf über 2.000 Metern Höhe.

Ein lokales vierköpfiges Team, bestehend aus dem Fotografen, Fahrer, Koch und Physiotherapeuten, begleitet und unterstützt mich bei diesem Abenteuer. Ausgestattet mit einem großen Van, in dem unser gesamtes Equipment untergebracht ist, warten sie immer im Abstand von acht bis zehn Kilometern auf mich. Die Gesichter von Tandin, Lhapshering, Kinsang und Yama wirken zuversichtlich und entspannt. Sie machen für mich einen ausgeglichenen und zufriedenen Eindruck. Während des Laufs unterhalten wir uns über Sport, Frauen, Ziele, Werte und Glück. Bhutan ist weltweit auch als das Land bekannt, das das Thema Glück in seiner Verfassung verankert hat. König Jigme Singye Wangchuck, der vierte König des Landes, prägte Anfang der Siebzigerjahre den Begriff Bruttonationalglück als Kriterium für politisches Handeln. Ob die Menschen hier tatsächlich glücklicher sind als in der westlichen Welt?

Kurz vor Wangdue Phodrang, einer Stadt in Westbhutan, treffe ich auf einen älteren Mann, der vor einem kleinen Haus steht. »Hello« ruft er mir schon von weitem zu. Er trägt das traditionelle Gewand, den Gho, eine einem Bademantel ähnelnde Jacke, die ein wenig über das Knie reicht und durch einen Gürtel um die Taille gehalten wird. Die weiten Ärmel enden in weißen Stulpen. Die meist bunte Bekleidung ist Teil der bhutanischen Identität. Ob ich Hunger habe? Ob mir etwas fehlt?, fragt er mich mit einem freundlichen Lächeln auf dem Gesicht. Er will mich, einen Fremden, in sein Haus und zum Essen einladen. Zuvorkommend, unbefangen, gastfreundlich und warmherzig – diese Attribute beschreiben die Bhutaner sehr treffend.

DIE ZWEITE NACHT BRICHT AN.

Stunden um Stunden vergehen. Die Straße schlängelt sich wieder hinauf, umsäumt an beiden Seiten von dichtem Wald. Ein weiterer Pass, der Dochu-La, wartet auf mich. Ich komme nur langsam voran. Gehpassagen dominieren immer mehr meinen Rhythmus. Doch dann habe ich den Dochu-La auf 3.100 Metern erreicht. Ein großer Chörten, ein Kultbau des tibetischen Buddhismus, und 108 kleinere werden umflattert von unzähligen bunten Gebetsfahnen. Der große Chörten hat die Form einer umgestülpten Glocke und erhebt sich auf einem hohen, abgestuften Unterbau. Ein spiritueller Ort. Wenig später bricht die Nacht herein. Die zweite für mich bei diesem Abenteuer. Seit dem Start gestern Morgen in Trongsa sind bereits 30 Stunden vergangen. Gut 200 Kilometer habe ich in meinen Beinen. Immer wieder nehme ich im schmalen Schein meiner Stirnlampe ruhende Yaks wahr, die sich neben der Straße hingelegt haben. Schon tagsüber begegne ich dieser Rinderart, die vor allem in Zentralasien verbreitet ist, mit großem Respekt. Doch bei Nacht wirken die großen, finsteren Augen und das dicke Fell dieser imposanten Tiere noch angsteinflößender.

Auf einmal werde ich hundemüde. Ich schlafe während des Laufens fast ein. Meine Augenlider werden immer schwerer. Nicht einmal ein Streichholz würde mehr dazwischen passen. Am Simtokha Dzong, drei Kilometer südlich der Hauptstadt Thimphu, gönne ich mir im Van eine halbstündige Schlafpause. Für den prächtigen Dzong, die buddhistischen Klosterburgen in Bhutan, habe ich keine Augen mehr. Ich bin fix und fertig mit der Welt.

Nur zwei Stunden später. Die ersten Sonnenstrahlen

kitzeln meine Nase. Eine Gänsehaut macht sich breit. Ich bin wieder voll da. Ein Gefühl der Freude und Dankbarkeit durchflutet meinen Körper. Von der Müdigkeit und Niedergeschlagenheit der vergangenen Nacht keine Spur mehr. Mein ganzer Körper zittert – vor Glück. Die Strapazen der vergangenen Stunden sind auf einmal wie weggeblasen. Serpentine für Serpentine gehe ich leichtfüßig den Berg hinauf. Nochmals knapp 800 Höhenmeter warten auf mich. Das Tigers Nest kommt immer näher und näher. Meine Beine, meine Arme, mein gesamter Körper fühlt sich leicht an. Ich schwebe fast über den Asphalt und könnte die Welt umarmen. Das ist schwer in Worte zu kleiden. Es ist vergleichbar mit dem Verliebtsein. In mir ist eine Art Cocktail, der für dieses Hochgefühl verantwortlich ist: Emotionen.

EINE ANREGENDE KRAFT.

Lass uns auf das Hauptthema dieses Buch zurückkommen: Motivation. Was ist Motivation?

MOTIVATION IST PURE EMOTION. Sie ist eine anregende Kraft, die unser Verhalten beeinflusst. Motivation entsteht *nicht* aus der Vernunft. Sie ist kein bewusster Vorgang, sondern entsteht durch emotionale Ansprache. Jeder von uns strebt nach Situationen, die ihn emotional ansprechen und in denen wir uns körperlich wie psychisch wohlfühlen. Du hast bisher in diesem Buch viel über Ziele, Gedanken, Glaubenssätze und Vorstellungskraft gelesen. Doch es sind nicht deine Ziele, die dich motivieren. DIE EMOTION HINTER DEINEM ZIEL IST DEINE MOTIVATION.

Fast jede deiner Verhaltensweisen ist emotionsgetrieben. Fast keine deiner Entscheidungen ist rational getroffen, fast jede Entscheidung und jede Handlungsweise wird von deinem »Bauchgefühl«, deinen Ängsten oder deinen Motiven bestimmt. Deine emotionale Reaktion auf Reize aus deiner Umwelt beeinflussen deine Entscheidungen und dein Verhalten in deinem Leben. DEINE EMOTIONEN STEUERN DEIN LEBEN. UND DU KANNST DEINE EMOTIONEN STEUERN. Mach dir folgendes bewusst: Gefühle werden erzeugt – von dir!

WAS SIND EMOTIONEN EIGENTLICH?

Emotionen, die wir benennen, werden zum Gefühl. Ein Gefühl können wir bewusst wahrnehmen und in Worte fassen. Emotionen werden durch äußere Reize sowie die damit verbundenen Gedanken ausgelöst. Emotionen entstehen, wenn du Reize als relevant für das Erreichen deiner Ziele beurteilst.

Ein Gefühl entsteht aus der Interaktion von Gedanken und Umwelt. Gedanke und Gefühl sind also nicht Gegensätze, sondern bedingen einander. Gefühle spiegeln Gedanken, da sie von ihnen und durch sie ausgelöst werden. Ein Gefühl basiert demnach auf der Interpretation, die mein Verstand von seiner Umgebung trifft. Gefühle sind innere Kräfte. Jeder von uns kann lernen, mit seinen Gefühlen nicht nur irgendwie zurechtzukommen, sondern sie als innere Kräfte zu erschließen, indem wir ein Gefühl als solches erkennen und es zulassen. Du kannst dir dazu beispielsweise folgende Frage stellen: Was fühle ich gerade?

Es geht letztendlich darum, jedes Gefühl tatsächlich zu fühlen. Und zu genießen. Auch Gefühle wie Wut, Trauer oder Angst. Das mag für dich seltsam klingen. Doch erst durch die Erschließung jedes einzelnen Gefühls als Kraft können wir Gedanke, Gefühl und Tat als Einheit fließen lassen und dadurch unseren Leidenschaften, Herzenswünschen und Träumen bewusst eine Richtung geben. Es gibt fünf Grundgefühle: Wut, Trauer, Freude, Scham und Angst. Um letztere geht es im folgenden Kapitel.

Ein verdammt zweischneidiges Gefühl

Ich stecke fest, kann meinen Körper nicht mehr bewegen, bin gefangen. Wie in einem Trichter. Schnee und Eis um mich. Die Dunkelheit macht mich wahnsinnig, meine rechte Hand sendet Höllenschmerzen, und ich brauche einen Augenblick, um mich zu orientieren, um die Situation, in der ich mich befinde, zu begreifen. Wo bin ich?

Als ich an diesem Morgen, zusammen mit meinem Vater, losging, hatte ich keine Ahnung, dass ich an diesem Tag nur mit ein wenig Glück dem Tod von der Schippe springen sollte. Es war ein herrlicher Tag, die Sonne schien kräftig am strahlend blauen Himmel. Traumhafte äußere Bedingungen für eine Bergtour. Das Ziel: der Gran Paradiso, ein technisch einfacher 4.000er-Gipfel in den italienischen Alpen. Der Schnee knirschte unter unseren Füßen, als wir die letzten Meter Richtung Gipfel gingen. Nur eine knappe Stunde später – beim Abstieg – passierte es. Mein Vater war vorausgegangen, befand sich gut 15 Meter vor mir. Ohne Anseilen. Ich genoss das grandiose Panorama, die Schönheit und Pracht der umliegenden Berge und kam nur ein paar Meter vom Weg ab. Zack! Ich stürzte ins Bodenlose, durch Schnee und Eis, in die Tiefe, in eine Gletscherspalte. Ich weiß bis heute nicht mehr genau, was passiert ist. Ich fiel wohl gut zwölf Meter. Panik kam in mir auf, mein Atem raste, mein

Herz bebte. Eine gefühlte Ewigkeit hing ich in der Dunkelheit fest. Dann ein winzig schmaler Lichtstrahl von oben, das Blau des Himmels. Ein kleiner Hoffnungsschimmer.

An diesem Tag hatte ich riesengroßes Glück. Nur wenige Minuten hinter uns befand sich eine italienische Bergsteigergruppe, ebenfalls beim Abstieg, die mich wieder herauszog. Während ich dort unten in der Spalte feststeckte, machte sich ein Gefühl breit, es kroch durch meinen gesamten Körper, hielt mich gefangen: Angst. SO INTENSIV, STARK UND ALLGEGENWÄRTIG, WIE ICH ES SELTEN ZUVOR IN MEINEM LEBEN ERFAHREN HABE. TODESANGST – FÜR EINEN KURZEN AUGENBLICK ZUMINDEST.

ANGST BEDEUTET GRENZE.

Angst – ein Thema, über das noch viel zu wenig gesprochen wird. Denn Angst ist negativ, schlecht, kontraproduktiv. Aber stimmt das? Machen wir uns doch einmal bewusst, was Angst bedeutet. Angst ist ein Zeichen für Unbekanntes. ANGST BEDEUTET GRENZE. ANGST BEDEUTET, BEKANNTES TERRAIN ZU VERLASSEN. ANGST IST DER INBEGRIFF VON ABENTEUER UND AUFREGUNG. Wir haben jedoch die Wertschätzung für das Unbekannte verloren, indem wir Angst mit Gefahr gleichgesetzt haben. Wir brauchen Angst als innere Kraft, um Abenteuer zu erleben, Grenzen zu überschreiten und über selbst hinauszuwachsen, uns weiterzuentwickeln und um wirklich leben zu können.

Ich habe oft Angst. Dieses Gefühl begleitet mich mein ganzes Leben hindurch. In meiner Kindheit war es die Angst, für längere Zeit von zu Hause weg zu sein. Als Jugendlicher fürchtete ich mich, frei vor Menschen zu sprechen. Und als

Erwachsener ein profitables Einzelunternehmen zu führen, gleichzeitig zu reisen und dennoch für meine Familie da zu sein. Wenn ich heute an einer bevorstehenden Expedition arbeite, spüre ich manchmal, wie sich in mir alles zusammenzieht, wie die Unruhe in meinem Inneren aufflammt und sich mein gesamtes Wesen auf einen winzig kleinen Ausschnitt eines Augenblicks verdichtet. Hunderte von Kilometern allein durch eine Wüste zu laufen – diese Dimensionen scheinen mich von Zeit zu Zeit zu erdrücken. Als ob eine Riesenschlange mein gesamtes Wesen zusammendrückt. Ich bin dann unfähig, einen klaren Gedanken zu fassen. Oft wache ich nachts auf oder kann nur schwer einschlafen. Zweifel schleichen sich ein, Angstgefühle überfallen mich. Angst vor dem Scheitern, dem Versagen. Ich fühle dann intensiv das Blut durch meine Adern rasen.

ANGST – DEIN FREUND.

Und gleichzeitig habe ich festgestellt: JE GRÖSSER MEINE ANGST, DESTO INTENSIVER LEBE ICH DIE MOMENTE. Es geht um die Lebendigkeit und Intensität von Lebensmomenten. Und diese erfahre ich nicht, wenn ich mich immer nur im Bereich der Sicherheit aufhalte. Bei meinen Abenteuern mache ich mir die Angst zum Freund. Ein beliebter Kalenderspruch lautet, dass es in unserem Leben nicht auf die numerische Anzahl der gelebten Jahre ankommt, sondern vielmehr darauf, wie diese Jahre mit Leben erfüllt werden.

Jeder hat sie. Ob jung oder alt, Frau oder Mann, in Deutschland, in Ruanda oder Australien lebend. Wer behauptet, er habe vor niemandem und nichts Angst, bei dem darf man argwöhnen, dass er noch nicht gelebt hat. Ich dachte lange Zeit, dass ich erst mit mir im Reinen bin, wenn ich keine Angst mehr im Leben hätte. Ich habe lange gebraucht, bis ich verstanden habe: Ängste sind in Ordnung, sie gehören zu mir, sind ein Teil von mir, und ich werde immer welche haben. Ja, du darfst Angst haben. Es geht nicht darum, angstfrei durchs Leben zu gehen. Nichts ist für einen Menschen natürlicher, als hin und wieder Angst zu haben. Und: WAS ALLES WÜRDE UNS MIT EINEM ANGSTFREIEN LEBEN FEHLEN?

WISSEN, FÄHIGKEITEN, ERFAHRUNG …

Die Mehrheit der Menschen bleibt in ihrer Komfortzone, weil sie Angst hat. Angst zu versagen, Angst, jemanden zu verlieren, Angst, sich zu blamieren, Angst vor einer Zurückweisung, Angst vor der Zukunft. Doch weshalb haben wir Angst? Machen wir uns das doch einmal bewusst! Angst entsteht nur aus mangelndem Wissen, mangelnden Fähigkeiten und mangelnder Erfahrung. Haben wir alles drei, Wissen, Fähigkeiten und Erfahrung, verschwindet die Angst.

JEDE ANGST BEDEUTET UNGEWISSHEIT. KLARHEIT ERZEUGT GEWISSHEIT. Und diese Klarheit erhältst du, wenn du dich deinen Ängsten stellst. Deinen Ängsten trittst du entgegen, indem du den ersten Schritt setzt. Dann noch einen. Und wieder einen. Mit jedem Schritt wird deine Angst immer kleiner werden. Mach dir bewusst: In deiner Angst steckt oft dein größtes Entwicklungspotenzial.

Es gibt drei Bereiche, in denen du ansetzen kannst:

1. Überwindung der Angst durch neues Wissen.
2. Überwindung der Angst durch neue Fähigkeiten.
3. Überwindung der Angst durch neue Erfahrungen.

Angst ist ein verdammt zweischneidiges Gefühl. Angst ist gut, wenn sie unsere Sinne schärft, uns Ressourcen entdecken lässt, von denen wir vorher nichts wussten. Und Angst lähmt uns, wenn sie unser Lebensgefühl einengt,, uns zum Angsthasen dressiert und wir in Lethargie verfallen. Meiner Erfahrung nach benötigen wir, um uns unseren Ängsten zu stellen, eine Eigenschaft: Mut. MUT BEDEUTET NICHT, KEINE ANGST ZU HABEN. MUT BEDEUTET VIELMEHR, TROTZ DER ANGST ZU HANDELN. Angst ist weniger der Gegenspieler als vielmehr der Mitspieler von Mut. Ich kann Angst haben und gleichzeitig mutig sein. Und ist nicht Angst erst die Voraussetzung für mutiges Handeln?

ABENTEUER, ABER BITTE KONTROLLIERT.

Jeder von uns hat das Bedürfnis nach Neuem und Unbekannten. Doch das wird, je älter wir werden, sukzessive durch Sicherheitsdenken zugedeckt. Gregory Berns, Gehirnforscher und Professor für Psychiatrie an der Emory University in Atlanta (USA), untersucht in seinem Buch »Satisfaction – warum nur Neues uns glücklich macht«, was uns eigentlich befriedigt. Sein Fazit: Nur das Neue erfüllt uns wirklich. In seinem Buch beschreibt er, dass der Neurotransmitter Dopamin vermehrt ausgeschüttet wird, wenn uns Neues begegnet. Je nachdem, ob sich dieses Neue für uns als bedrohlich erweist oder nicht, mobilisiert dieser Stoff entweder unsere Fluchtreaktion oder löst spontanes Glück und Befriedigung aus.

WIR WOLLEN ABENTEUER, ABER BITTE KONTROLLIERT. Wir wollen Unbekanntes, aber nur, wenn wir im Vorfeld sicher sein können, dass es uns auch gefallen wird. Unsere

Beziehung zur Angst verhindert, dass wir wirkliche Zufriedenheit erfahren. Als Kraft ermöglicht Angst uns, in jedem Moment Erfüllung zu erfahren, schon durch die Unvorhersagbarkeit der kleinen Dinge. Durch Angst als Kraft erweitern wir unsere Komfortzone, unseren Radius und unseren Handlungsspielraum. Dadurch offenbaren sich Möglichkeiten, die bislang nicht gegeben waren, da sie jenseits des Bekannten lagen. Durch sie wachsen wir über uns selbst hinaus und entwickeln uns wie durch kaum eine andere Kraft.

Wenn ich einzelne Reisen und Abenteuer reflektiere, bin ich immer wieder erstaunt, dass Ängste in unseren westlichen Industrienationen scheinbar ein weitaus größeres Problem darstellen als in vielen anderen Ländern. Prüfungsängste, Verlustängste, Existenzängste, Statusängste scheinen Jahr für Jahr zuzunehmen. Und das, obwohl unsere Sicherheitssysteme immer ausgefeilter werden. Es scheint: JE SICHERER WIR WERDEN, DESTO MEHR ANGST HABEN WIR. Wie kann das sein? Wie bereits geschrieben, ist Angst ein Zeichen für Unbekanntes. Wäre die Angst nur ein Zeichen für Gefahr, würde sie mit zunehmender Absicherung kleiner werden. Wir würden angstfrei leben. Durch zunehmende Absicherung reduziert sich womöglich die Gefahr in deinem Leben, nicht jedoch der Bereich des Unbekannten. Im Gegenteil: JE MEHR WIR UNS ABSICHERN, DESTO MEHR GRENZEN WIR UNS EIN UND VERGRÖSSERN DAMIT DEN BEREICH DES UNBEKANNTEN – UND DAMIT DEN BEREICH DER ANGST.

Eine stille Heldin

Ein Mensch, den ich ungemein bewundere, ist meine Tante Franziska. Am 14. November 1924 erblickte sie das Licht der Welt. Sie hatte mir und vielen Menschen in ihrem Umfeld etwas vermittelt, was sie selbst als Kind und Jugendliche nie erfahren hatte: Herzlichkeit und Liebe. Ihr ganzes Leben war getragen von Gottvertrauen, Nächstenliebe und Hilfsbereitschaft. Ihre tiefe Zufriedenheit, die sie in ihrem Herzen trug, war immer für jeden spürbar. Ich habe Franziska als liebevollen, bescheidenen, hilfsbereiten, naturverbundenen und einfühlsamen Menschen kennengelernt. Dabei hatte sie sicherlich kein einfaches Leben. Im Jahr 1933 starb Franziskas Mutter Theresia mit 41 Jahren an Magenkrebs. Die achtjährige Franziska und ihre beiden Schwestern Hilde und Rosa verloren eine herzliche und liebevolle Mutter. 1935 heiratete Franziskas Vater wieder. Doch ihre Stiefmutter hatte die gegensätzlichen Charaktereigenschaften wie ihre Mutter.

Wenn ich sie besuchte, sagte sie oft voller Wehmut zu mir: »Weißt du, ich hätte so gerne nach der Schule eine Berufsausbildung gemacht, aber meine Stiefmutter sagte immer nur, dass ich nichts lernen brauche, da die jungen Frauen sowieso heiraten und eine Familie gründen. Nach dem damaligen Motto: Frauen sind zuständig für Kinder, Küche und Kirche.«

Als Franziska 14 Jahre alt war, brach der Zweite Weltkrieg aus. Eine extrem schwere Zeit. Während unserer Gespräche war ich immer fasziniert und erstaunt, wie interessiert und aufmerksam meine Tante für viele Bereiche des Lebens war, ob es sich um geistes- oder naturwissenschaftliche Themen, sportliche Ereignisse oder um alltägliche Dinge handelte. Von meinen Reisegeschichten war sie jedes Mal besonders beeindruckt. Selbst reisen konnte sie nicht. Ihr ganzes Leben verbrachte sie in Rheinstetten, einer Stadt bei Karlsruhe. Am 17.November 2005 wurden Franziska Magen und Galle entfernt. Trotz dieser enormen körperlichen Einschränkung war Franziskas Lebensweise stets diszipliniert, vorbildlich und beispielhaft. Franziska hat durch ihr Leben eine reichere und bessere Welt hinterlassen als die, die sie am 14. November 1924 betreten hat. Am 26. April 2018 verstarb sie mit 93 Jahren.

Eine stille Heldin und ein großes Vorbild – das war sie für mich, meine Tante Franziska. Obwohl sie sicherlich kein einfaches Leben gehabt hatte, sagte sie mir immer wieder einen Satz. An diese Worte denke ich ganz oft:

»ICH BIN SO DANKBAR FÜR DAS, WAS ICH HABE.«

Ich kenne keinen Menschen, der so oft Danke gesagt hat und das auch so meinte. Von Franziska habe ich Dankbarkeit gelernt.

DANKBARKEIT – EINE LIEBESERKLÄRUNG AN DAS LEBEN.

Dankbarkeit ist eine starke Emotion, die du leicht erzeugen kannst. Unabhängig von deinem aktuellen Zustand kannst du mit dem Gefühl der Dankbarkeit deine Stimmung umgehend verbessern, indem du deinen Fokus auf etwas Positives lenkst. Wenn wir uns bewusst machen, wofür wir dankbar sein können, machen sich ein tiefes Gefühl der Befriedigung und persönliches Wohlbefinden in uns breit. Dankbarkeit beschreibt den Zustand, in dem wir zu schätzen wissen, dass einem jemand oder etwas ein positives Gefühl durch eine immaterielle oder materielle Zuwendung geschenkt hat. Dankbarkeit lässt sich auch als Einstellung, Wert, Gewohnheit oder Charaktereigenschaft bezeichnen. Dankbarkeit ist eine Liebeserklärung an das Leben.

Mehrere Studien haben gezeigt, dass Dankbarkeits-Tagebücher dazu führen, das Wohlbefinden zu erhöhen und Anzeichen von Depressionen zu lindern. Im Rahmen eines Forschungsprojekts aus dem Jahr 2003 untersuchten die beiden Dankbarkeitsforscher Robert Emmons und Michael McCullough die psychologischen und physischen Effekte von Dankbarkeit anhand von drei experimentellen Studien. Die Ergebnisse waren:

Studie 1:
Dankbarkeit erhöht Optimismus und reduziert physische Beschwerden.

Studie 2:
Dankbarkeit erhöht positive affektive Zustände und prosoziales Verhalten.

Studie 3:
Dankbarkeit erhöht auch bei chronischen Kranken das Wohlbefinden.

WOFÜR KANNST DU DANKBAR SEIN?

Im Grunde genommen für alles, was du besitzt. Materielles und Nichtmaterielles. Die meisten Menschen halten vieles für selbstverständlich und nicht beachtenswert. Gründe, dankbar zu sein, gibt es viele, wenn du bereit bist, vieles Selbstverständliche (wieder) wertzuschätzen. Zum Beispiel mit einer einfachen Frage: WOFÜR BIST DU IN DIESEM AUGENBLICK DEINES LEBENS DANKBAR?

Eine Gießkanne voller Begeisterung

»Herr Bücher, können Sie auf der nächsten Vertriebstagung unsere Mitarbeiter:innen motivieren?« Meine ehrliche und kurze Antwort: »Nein, das kann ich nicht.« Kein Mensch auf dieser Welt kann dich motivieren. EINER DER ABSURDESTEN IRRTÜMER UNSERER LEISTUNGSGESELLSCHAFT IST DIE IDEE, MENSCHEN MOTIVIEREN ZU KÖNNEN UND ZU MÜSSEN. Motivation ist sinnlos!

Hör auf, dich für irgendetwas motivieren zu wollen, was deinem Herzen keine Freude bereitet. Wenn du denkst, dich für irgendetwas motivieren zu müssen, liegt ein Weg vor dir, der nicht deiner ist. Anstatt dich für eine Aufgabe oder ein Projekt zu motivieren, frag dich: Erlebe ich bei dem, was ich gerade tue, eine natürliche, von innen kommende, Freude? Freude ist als Grundemotion genetisch festgelegt. Das Gefühl der Freude als Reaktion auf schöne Momente oder Situationen wirkt wie ein Geschenk, löst ein Lächeln oder Lachen aus. DURCH FREUDE FEIERN WIR DAS LEBEN.

BEGEISTERUNG =
UNBESCHWERTHEIT UND LEBENSLUST

Eine Form von Freude ist Begeisterung. Diesen Begriff hast du bereits im Buch ein paar Mal gelesen. Begeisterung ist ein Zustand freudiger Erregung. Menschen in diesem Zustand empfinden ihre Tätigkeit als sinnreich und wertvoll. Menschen mit Begeisterung brennen für das, was sie tun, und sind aus sich heraus motiviert. Begeisterung ist Unbeschwertheit und Lebenslust. Das Verb »begeistern« ist mit »begeisten« verwandt und bedeutet: mit Geist, Inhalt erfüllen, beseelen. Begeisterung hängt damit zusammen, dass wir in etwas einen Sinn sehen.

WIR HABEN KEIN MOTIVATIONSPROBLEM. WIR HABEN EIN BEGEISTERUNGSPROBLEM. Für was begeistern wir uns heutzutage noch? Begeisterung ist ein Gefühl, das in unserer funktionalisierten Gesellschaft weitgehend abhandengekommen ist. Wir werden zwar immer besser in Dingen. Wir kommen immer höher, schneller, weiter. Wir erreichen Spitzenleistungen. WIR WERDEN EFFIZIENTER UND PRODUKTIVER IN UNSEREM TUN. ABER WIR HABEN OFT KEINEN SPASS MEHR DABEI. WIR FÜHLEN HÄUFIG NICHTS MEHR DABEI. DER ERFOLG IST LEER.

Wann entsteht die Fähigkeit, sich für etwas zu begeistern? Was ist die Voraussetzung dafür? EIN MENSCH KANN SICH NUR FÜR ETWAS BEGEISTERN, WENN ETWAS FÜR IHN SELBST BEDEUTSAM IST.

Wenn Menschen die Gelegenheit bekommen, sich selbst als bedeutsam zu erleben, dann kommt auch die Begeisterung wieder. Wir sollten nicht das Verhalten eines Menschen verändern, sondern seine Haltung. Die Haltung ist die innere Einstellung. Damit sich die Einstellung eines Menschen verändern kann, muss ich sie zunächst verstehen. Wir müssen erkennen, was Menschen begeistert.

BEGEISTERUNG TRÄGST DU IN DIR – SEIT DEINER GEBURT.

Machen wir einen kleinen Ausflug in das Gehirn. Unser Gehirn besteht aus verschiedenen Gehirnzellen. Die wichtigsten und häufigsten Gehirnzellen sind die Nervenzellen (Neuronen). Von ihnen existieren schätzungsweise 100 Milliarden bis eine Billion Zellen. Die Anzahl der Synapsen, der Neuronen-Verbindungen, spielt eine wichtige Rolle beim Informationsaustausch unter den Gehirnzellen. Denn die Synapsen tragen Informationen in weit entfernte Körperbereiche. Lange Zeit ging die Wissenschaft davon aus, dass erwachsene Menschen keine neuen Nervenzellen mehr bilden können. Seit den Neunzigerjahren ist jedoch klar, dass wir Menschen auch noch bis ins hohe Alter neue Gehirnzellen und neuronale Verbindungen bilden können. Eine Grundvoraussetzung dafür ist, dass wir unser Gehirn benutzen.

Das ist nicht ganz richtig. DAS GEHIRN WIRD NICHT SO, WIE WIR ES BENUTZEN. UNSER GEHIRN WIRD SO, WIE WIR ES MIT BEGEISTERUNG BENUTZEN. Denn wenn ein Mensch etwas mit Begeisterung tut, werden im Mittelhirn sogenannte neuroplastische Botenstoffe aus diesen Zellgruppen ausgeschüttet. Und diese neuroplastischen Botenstoffe dienen dazu, neue Verbindungen im Kopf zu schaffen. Man nennt das Neuroplastizität oder Gehirnplastizität. Die Neuroplastizität ermöglicht, dass die Neuronen neue synaptische Verbindungen herstellen. Doch diese neuroplastischen Botenstoffe werden nur ausgeschüttet, wenn sich ein Mensch für etwas begeistert. Die emotionalen Zentren kannst du dir laut Hirnforscher Gerald Hüther wie eine Gießkanne vorstellen: Wird die Gießkanne angesetzt, fließen an ihrem Ende die neuroplastischen Botenstoffe heraus und ergießen sich sozusagen über das Gehirn. BEGEISTERUNG IST DAS, WAS DIESE GIESSKANNE MIT DEN NÄHRSTOFFEN IM GEHIRN ANSTELLT.

Jede Lernerfahrung ist dabei auch mit Gefühlen verknüpft. Wir können nur dann etwas lernen, wenn die sogenannten emotionalen Zentren im Gehirn aktiviert werden. Das heißt, es muss in jeder Lernsituation, wenn sie erfolgreich sein soll, eine emotionale Aktivierung stattfinden. DIE SCHÖNSTE AKTIVIERUNG, DIE WIR KENNEN, HEISST BEGEISTERUNG.

Menschen verändern ihre Situation unter zwei Bedingungen: Entweder weil der Leidensdruck zu groß wird. Oder weil sie sich für eine Tätigkeit begeistern und bei dem, was sie tun, Freude empfinden. Das Leben hat mit Aufregung und Lebendigkeit zu tun.

DURCH BEGEISTERUNG LEBT DER MENSCH, DURCH DIE VERNUNFT EXISTIERT ER NUR.

Hinfallen, aufstehen, weiterlaufen

Kollaps im Dschungel oder Scheitern als Chance?

Hüfttiefe Sümpfe, handgroße Spinnen, fleischfressende Pflanzen und grüne Wände aus gewaltigen Bäumen. Nichts als dunkelgrüner Dschungel, so weit das Auge reicht. Fast 40 Grad sind es im Schatten. Mein T-Shirt und meine Laufhose sind komplett durchnässt und kleben an meinem Körper. Kein Wunder, bei fast 100 Prozent Luftfeuchtigkeit. Die äußeren Bedingungen sind extrem und die Umwelt unerbittlich. Ich befinde mich auf der zweiten Etappe des Jungle Marathon, der als einer der gefährlichsten Abenteuerläufe der Welt gilt. 222 Kilometer in sechs Etappen geht es bei diesem Rennen durch den Amazonas-Regenwald. Fünf Kilometer in sage und schreibe 2 Stunden und 10 Minuten habe ich bisher heute zurückgelegt. Immer wieder muss ich über imposante Baumstämme steigen, die im Weg liegen. Dann tauchen plötzlich tückische Erdlöcher auf, die von Blättern verdeckt werden und eine hohe Verletzungsgefahr darstellen. Höchste Vorsicht ist geboten. Bloß nicht umknicken! Die Strecke ist extrem anspruchsvoll. Alle 15 Minuten bleibe ich für einen kurzen Augenblick stehen, damit mein Körper nicht überhitzt. Mein Puls rast und ich schnappe nach Luft, atme tief durch die Nase ein und ganz lange durch den Mund aus, damit meine Pulsfrequenz langsam wieder sinkt. Aus jeder Pore meines Körpers tritt Schweiß. Selbst wenn ich bloß dastehe und nichts tue, tropfen die Schweißperlen weiter von meinem Körper auf den Boden. Ich fühle mich wie in einem riesigen Gewächshaus. Au, was ist das denn bitte? Vor meinen Füßen hat sich eine Ameisenstraße gebildet. Und was für eine! Ameisen, so groß wie mein Daumen, die über den feuchten Dschungelboden huschen. In diesem Moment kommt mir der abschließende Appell vom Dschungel-Überlebenstraining, das wir vor Beginn des Rennens hatten, wieder in den Sinn: »SO WENIG WIE MÖGLICH BERÜHREN UND ALLEM, WAS SICH BEWEGT, AUS DEM WEG GEHEN.« Selbst Ameisenbisse können in dieser Region sehr schmerzhafte Folgen haben. Von den anderen gefährlichen Tieren wie Jaguaren, Spinnen, Skorpionen, Schlangen, Dschungelwildscheinen, Piranhas und Stachelrochen ganz zu schweigen. »Nichts wie weiter«, sage ich mir und gehe wieder in ein langsames Lauftempo über. Immer wieder bleibe ich an herunterhängenden Lianen kleben und Dornenzweige reißen an meiner Kleidung. Der Dschungel ist nichts für zarte Haut. Nackte Haut wirkt hier wie ein Magnet auf die unzähligen, hungrigen Insekten. Ich muss höllisch aufpassen, denn Schürfwunden und Hautinfektionen können schwerwiegende Folgen in diesem Terrain haben. Vor mir taucht schon das nächste Hindernis auf: ein Sumpf, den es zu durchqueren gilt. Auch davor wurde beim Überlebenstraining gewarnt, da Schlangen und vor allem Stachelrochen Bewohner dieser trüben und seichten Gewässer sind. Bilder von Abenteuerfilmen schießen mir in den Kopf. Bilder von riesigen, angsteinflößenden Anakondas, die an die Wasseroberfläche kommen, angreifen und ihre Opfer grausam erwürgen. »Stopp«, sagt meine innere Stimme. »Ich bin nicht der erste Läufer, der durch diesen Sumpf marschiert, und die anderen leben auch noch. Also Augen zu und durch.« Doch die Herausforderung beim Durchschreiten dieser Sumpflöcher, von denen es auf jeder Etappe gleich mehrere gibt, ist, dass man häufig nicht erkennen kann, wie tief diese sind. Ganz langsam gehe ich, Schritt für Schritt, durch das trübe Wasser. Ich merke, dass irgendetwas oder irgendjemand meine Wade berührt. Ich denke nicht weiter darüber nach, sondern will einfach nur heil aus diesem Sumpfloch wieder herauskommen. Plötzlich sinke ich mit dem linken Bein ein – immer tiefer und tiefer! Ich halte die Luft an wie bei einer Achterbahnfahrt abwärts. Ich versuche, die Balance zu halten, und kann mich gerade noch an einem herunterhängenden Ast festhalten, sonst hätte es mich von Kopf bis Fuß in das Sumpfloch gezogen. Behutsam ziehe ich mich am Ast wieder in meine Ausgangsposition, atme einmal tief durch und gehe weiter. Ich bin heilfroh, als ich wieder festen Boden unter meinen Füßen habe.

Das Fortbewegen beim Jungle Marathon hat stellenweise nichts mehr mit Laufen zu tun: Stolpern, klettern, schlittern und schwimmen sind angesagt. Vergiss jegliche Zeitvorgaben bei diesem Rennen, denn hier bekommt der Faktor Zeit eine ganz neue Dimension. Für einen Kilometer muss man schon einmal mit 20 Minuten und mehr rechnen. Auch weil ich meine komplette Ausrüstung bei mir trage, inklusive Essensvorräte für sieben Tage. Ich bin in dieser Woche komplett auf mich selbst gestellt, was die Energiezufuhr anbelangt. Nur Wasser bekommen wir vom Veranstalter bereitgestellt. Das bedeutet insgesamt zwölf Kilogramm an Gewicht, was das Laufen enorm erschwert. Jeder zurückgelegte Meter kostet die doppelte Energie in dieser erbarmungslosen Umgebung.

Vor mir kann ich den nächsten Checkpoint ausmachen, von dem es auf der heutigen Etappe drei Stück gibt. Meine Trinkblase, die immerhin für drei Liter Flüssigkeit Platz bietet, freut sich, wieder aufgefüllt zu werden. Ich löse eine Salztablette auf, die bei diesem Lauf zur Pflichtausrüstung gehört. Wie selbstverständlich habe ich im Nu einen halben Liter vom Elektrolytgetränk getrunken. Auch heute werde ich wieder bis zu zwölf Liter Flüssigkeit aufnehmen. »DRINK OR DIE«, HAT ES EIN ARZT BEIM LETZTEN BRIEFING PASSEND AUF DEN PUNKT GEBRACHT. An jedem Checkpoint müssen wir eine obligatorische Pause von 15 Minuten einlegen. Wegen dieser brutalen äußeren Bedingungen. Seit sechs Wochen hat es hier nicht mehr geregnet – und das im Regenwald. Die Temperaturen sind dadurch noch einmal um ein paar Grad höher als normalerweise in dieser Jahreszeit. In meiner Vorstellung sehe ich mich in einem großen Schwimmbecken mit eiskaltem Wasser und einer kühlen Cola liegen. Das tut gut. Doch die Realität sieht anders aus: heiß, heißer, Dschungel. Ich esse noch einen Energieriegel und dann geht es weiter – sehr steil bergauf. Die Anstiege, von denen es beim Jungle Marathon einige gibt, erinnern mich von der Schwierigkeit her an die am Mont Blanc oder auf La Réunion. Ich muss mich immer wieder an Ästen und Bäumen abstützen, um voranzukommen. Wie gut, dass ich meine Radhandschuhe angezogen habe, die etwas Schutz vor den unzähligen Dornen, Stacheln und scharfkantigen Blättern bieten. Der Untergrund ist schlammig, lehmig und ein Labyrinth aus Baumwurzeln, Zweigen und Gestrüpp stellt unangenehme Hindernisse dar. Immer wieder rutsche ich aus oder stolpere über eine Wurzel. Wohin ich auch schaue: grün, grün und nochmals grün. Die »grüne Wand« ist so dicht, dass man keine 50 Meter weit sehen kann. MEINE AUGEN, NASE UND OHREN ERLEBEN HIER EINEN FRONTALANGRIFF. Angenehmes Vogelgezwitscher, schrille Schreie und unheimliche Laute – die Geräuschkulisse der Dschungelbewohner wirkt einerseits faszinierend auf mich, auf der anderen Seite dreht man fast durch. Immer wieder nehme ich links und rechts des Pfades ein Rascheln wahr. Neugierig drehe ich meinen Kopf Richtung Geräusch, in der Hoffnung, ein seltenes Tier erblicken zu können. »Einen Jaguar nimmst du zuerst über die Nase wahr, bevor du ihn siehst«, kommt mir die Botschaft vom Dschungel-Überlebenstraining in den Sinn.

Bin ich noch auf dem richtigen Weg? Ich habe schon länger keine Markierung mehr gesehen. Ein Verlaufen im Dschungel könnte fatale Folgen haben. Das ist bisher erst einem Läufer bei diesem Rennen passiert, der einem falschen Pfad gefolgt war und erst Stunden später in der Nacht unter Schock vom Suchtrupp gerettet werden konnte. Glücklicherweise erblicke ich ein gelbes Band ein paar Meter vor mir.

Dann endlich, nach acht Stunden, habe ich es geschafft und das Ziel der zweiten Etappe erreicht. Ich habe noch nie acht Stunden für eine Strecke von 23 Kilometern benötigt. Umgehend suche ich mir einen Platz für meine Hängematte. Während des gesamten Rennens wird in provisorisch eingerichteten Zeltlagern am Tapajos-Fluss geschlafen. Meine winzige Hängematte stellt während des Rennens mein Zuhause dar. Meine Kleidung ist völlig durchnässt und von oben bis unten voller Schlamm, Morast und Dreck. Auch meine Füße sind völlig aufgeweicht, aber wie durch ein Wunder blasenfrei geblieben. Winzige Sandkörner reiben an meiner Haut. Mein Kopf fühlt sich schwer wie ein Betonklotz an. Die lange Etappe und vor allem die erbarmungslose Hitze machen mir und auch den anderen Läufern zu schaffen. Ich sehne mich nach einer warmen Dusche, einem ruhigen und kühlen Zimmer und einem komfortablen, sauberen Bett. Das ist nur mein Wunschdenken, hier im Dschungel existiert kein Komfort. Keinerlei Luxus. Ich bin froh, wenn ich in meiner Hängematte sitzen und meine Fertignudeln aus der Tüte essen darf. Das stellt für mich Luxus in diesen Tagen dar.

Auch hier im Lager ist weiterhin Konzentration und Aufmerksamkeit angesagt, denn der Dschungel schläft bekanntlich nie. Ein unachtsamer Augenblick kann ins Unglück führen. Einfach auf dem Boden zu sitzen, zu entspannen oder seine Sachen unbeobachtet liegen zu lassen, kann hier fatale Folgen haben. Im gestrigen Camp durften wir Bekanntschaft mit einer großen, behaarten Vogelspinne machen. Unzählige Insekten und vor allem Ameisen belagern jeden Abend unsere Hängematten und Rucksäcke. Deshalb ist es ratsam, beim Aufstehen unter seiner Hängematte nach solchen Tieren Ausschau zu halten. Wenn die Sonne untergeht, treiben Moskitos ihr Unwesen. Während des Jungle Marathons juckt es permanent auf meiner Haut und Sand scheint an jeder Stelle meines Körpers zu sein.

TOTALER FILMRISS ...

Plötzlich fängt sich alles um mich herum an zu drehen. Mir wird auf einmal schlecht und schwindelig. Umgehend begebe ich mich zum Ärzteteam. Dort angekommen, breche ich zusammen. Ab diesem Punkt habe ich einen totalen Filmriss. Ich nehme nur ab und an schwach einzelne Stimmen wahr, die sehr besorgt klingen. Infusionen folgen. Eine, dann noch eine und wieder eine. Gegen Nadeln, Infusionen und ähnliche Dinge habe ich eine riesengroße Aversion. Und jetzt habe ich solch ein Teil an meiner linken Hand. Zitternd liege ich am Boden, unfähig, mich aufzurichten, geschweige denn aufzustehen. Nach einer Weile kommt Brett, der »Chefarzt« bei diesem Rennen, zu mir und stellt mir Fragen. »Welchen Tag haben wir heute? Wo bist Du gerade? Wie heißt Du?« Mir ist in diesen Momenten überhaupt nicht bewusst, wo ich mich befinde. Alles ist dunkel um mich herum. Ich stammle irgendwelche wirren Dinge vor mich hin und bin nicht in der Lage, einen korrekten Satz von mir zu geben, geschweige denn die Fragen richtig zu beantworten. Mir ist kalt, dabei hat es selbst um 21 Uhr noch 30 Grad. IN MEINEM KOPF TREIBT EINE GEWALTIGE ACHTERBAHN IHR UNWESEN.

Erst Stunden später schaffe ich es, wieder auf beiden Beinen stehen zu können und im Zeitlupentempo Richtung Hängematte zu marschieren. Ich habe mich selten zuvor in meinem Leben so mies gefühlt. Das Schlimmste für mich ist dabei die Tatsache, dass ich mich und meinen Körper nicht mehr kontrollieren kann. Von einem Moment auf den nächsten bin ich k.o. gegangen. Das macht mir Angst. Was soll ich jetzt tun? Meine Uhr zeigt mittlerweile kurz nach Mitternacht an. In vier Stunden heißt es wieder aufstehen. Die dritte Etappe steht auf dem Programm. 35 Kilometer, fast so viel wie Etappe eins und zwei zusammen, geht es wieder durch dichten Dschungel. Soll ich den Lauf mit aller Gewalt, mit aller Willenskraft finishen? Mit dem Risiko, dass ich vielleicht mitten im Dschungel zusammenbreche? Oder soll ich dieses Mal meine Vernunft über den Willen stellen und das Rennen abbrechen?

Ich höre in meinen Körper hinein und entscheide mich intuitiv für einen Abbruch. Ehrlich gesagt, gibt es für mich in diesem Moment keine Alternative. Für mich steht, nach kurzer Überlegung, umgehend die Entscheidung fest: Ich breche das Rennen hier ab! Diese Entscheidung ist für mich im ersten Moment sehr schmerzhaft und richtig bitter. Denn über Monate habe ich mich auf dieses Rennen vorbereitet, habe sehr viel Zeit, Energie und auch Geld in das Projekt Jungle Marathon investiert. Und nach nur zwei Tagen, nach ganzen 39 Kilometern, ist das Rennen für mich vorüber. Aus und vorbei! Das ist hart. Wie ein Haufen Elend sitze ich auf dem schlammigen Boden im Lager und starre ins Leere. Eine eigenartige Ruhe umgibt mich. Für den wolkenfreien Himmel mit seinen funkelnden Sternen habe ich keine Augen. Ich bin leer, unfähig, einen klaren Gedanken zu fassen. Dann schaffe ich es, in meine Hängematte zu steigen und ein wenig zu schlafen.

WAS MACHE ICH NACH EINEM RÜCKSCHLAG?

Nach ein paar Wochen Abstand sehe ich diese Erfahrung schon aus einer anderen Perspektive. Auch das Scheitern gehört zu unserem Leben und kann für die Weiterentwicklung ungemein positive Auswirkungen haben, wenn wir die richtigen Konsequenzen daraus ziehen. Im Sport wie im Berufsleben. Läuft bei dir im Job immer alles glatt? Oder hast auch du mit Rückschlägen zu kämpfen? Entscheidend dabei ist, dass wir uns durch Rückschläge nicht entmutigen lassen, sondern weiter unseren Weg gehen, dass wir dem Scheitern offen und ehrlich gegenüberstehen und dass wir unsere Fehler analysieren und aus ihnen lernen. Dann kann einem solch eine Erfahrung viel mehr bringen als der größte Sieg. Unser Leben ist nicht nur durch Erfolge, Siege und glorreiche Momente gekennzeichnet. Im Gegenteil, unser Leben gleicht einer Achterbahn. Hochs und Tiefs wechseln sich ab. Erfolge und Niederlagen halten sich die Waage. DIE ENTSCHEIDENDE FRAGE IST: WIE GEHE ICH MIT EINEM RÜCKSCHLAG UM? Was mache ich nach einem Scheitern? Ich kann mich verkriechen und aufgeben. Oder ich sehe dem Scheitern ins Auge und mache weiter. Ich entscheide mich fast immer für die zweite Option. Wenn ich mir ein Ziel setze, werde ich auf dem Weg dorthin unzählige Erfahrungen sammeln – positive wie negative. Ich gehe einen Schritt voran und fliege auf die Schnauze. Ich bewältige wieder drei Schritte und erhalte erneut einen Dämpfer. Ein sehr gutes Beispiel ist in diesem Zusammenhang meine Tochter Marla. Als ich im Jahr 2010 an der Erstauflage dieses Buches schrieb, versuchte sie gerade, ihre ersten Schritte ohne fremde Hilfe zu bewältigen. Sie richtete sich auf, stand dann auf beiden Beinen, fing ganz langsam an, den ersten Schritt zu machen und fiel wieder hin. Sie stand wieder auf, schaffte dieses Mal sogar zwei Schritte und fiel wieder auf den Boden.

Ähnlich verlief es bei meinen Vorträgen. Nach den ersten Auftritten bei Unternehmen dachte ich: »Wow, das läuft ja richtig gut an. Das ist fast ein Selbstläufer!« Was für ein gewaltiger Irrtum! Beim nächsten Vortrag fiel das Mikro aus, meine Videosequenzen funktionierten nicht und ich zeigte nicht die gewohnte Präsenz auf der Bühne. DAS IST DAS LEBEN. WIR SCHEITERN. WIR LERNEN. WIR ENTWICKELN UNS WEITER.

Eine elementar wichtige Frage in diesem Zusammenhang ist: Wie sehe ich den Rückschlag? Aus welchem Blickwinkel betrachte ich ihn? Du kannst dir sagen: »Ich bin einfach gescheitert.« Oder du sagst dir: »Das war eine unangenehme, aber wichtige Erfahrung, die mich weiterbringt. Daraus lerne ich.« Merkst du den Unterschied? Bei der ersten Alternative findest du dich einfach so mit dem Scheitern ab, während du bei der zweiten Option das Scheitern als wertvolle Erfahrung siehst. Nach dem Abbruch beim Jungle Marathon hätte ich leicht sagen können: »Nach nur zwei Tagen aufgegeben, was für eine Blamage! Alles ist schiefgelaufen.« Ich hätte mich nur auf die negativen Aspekte dieses Abenteuers fokussieren können. Stattdessen sagte ich mir: »Okay, ich bin nicht mehr im Rennen, das ist aus sportlicher Sicht sicherlich unbefriedigend. Doch ich befinde mich nach wie vor in einem der beeindruckendsten Gebiete der Erde und ich möchte die nächsten Tage noch genießen.« Und das machte ich auch. Ich habe die folgenden Tage, nachdem es mir wieder besser ging, weiter im Dschungel verbracht, wanderte einzelne Etappenabschnitte, genoss die Nächte in meiner Hängematte und erfreute mich an der atemberaubenden Flora des Dschungels. Dabei unterstützte ich die anderen Läufer, so gut es ging. Ich verschenkte meine Riegel und Gels, half an den Verpflegungsposten aus und feuerte die Läufer mit aller Kraft an. Das half mir zum einen, nicht mehr an meinen Rennabbruch zu denken. Zum anderen bekam ich etwas wirklich Wertvolles zurück: Dankbarkeit. Die Mitläufer zollten mir Respekt und Dankbarkeit, dass ich weiter bei ihnen war. Sie freuten sich über jedes motivierende Wort, über jeden Handgriff, den sie nicht mehr selbst machen mussten. In diesen Momenten dachte ich nicht mehr an meinen Abbruch des Rennens, sondern ich fühlte mich als wichtiger Bestandteil des Teams und der Gemeinschaft. Diese Erfahrung hätte ich niemals gemacht, wenn ich noch im Rennen gewesen wäre. Das schaffte ich nur, weil ich mich auf die positive Seite des Scheiterns konzentrierte. Darüber bin ich heute froh.

VERNUNFT VS. WILLENSKRAFT.

Eine weitere zentrale Frage lautet: Wie definiere ich überhaupt Scheitern? Auf Wikipedia wird Scheitern als Fehlschlagen eines Vorhabens erklärt. Als ein Bekannter von mir von meiner Aufgabe beim Jungle Marathon erfuhr, schrieb er mir folgende Zeilen: »DU BIST NICHT GESCHEITERT, DU BIST NUR **GESCHEITER**(T).«

Darüber dachte ich lange nach. Bei meinen Extremläufen stehen sich immer zwei Spieler gegenüber: der Vernünftige und der Willensstarke. Der Vernünftige denkt immer sehr rational und ist auf Daten, Zahlen und Fakten fokussiert. Er hört sehr häufig in seinen Körper hinein und passt sich diesem mit seinem Verhalten an. Der Willensstarke will sein Ziel immer und überall und unter allen Umständen erreichen. Dabei hört und beachtet er oftmals nicht die Signale, die ihm der Körper sendet. Diese beiden Akteure spielen nicht miteinander, sondern gegeneinander. Als ich im Dschungel in Folge von Erschöpfung und Hitzschlag zusammengebrochen bin, sagte der Vernünftige: »Das war jetzt zu viel des Guten. Denk an deine Gesundheit und hör' auf, bevor noch etwas Schlimmeres passiert.« Der Willensstarke hingegen meinte: »Ein Zusammenbruch kann einmal passieren, doch das Rennen geht weiter. Du wirst das Ziel erreichen, koste es, was es wolle.« Welcher Spieler ist Ihnen sympathischer? Was ist in dieser Situation gescheiter? Welche Entscheidung ist klüger?

IST ES NICHT SOGAR EIN ZEICHEN DER STÄRKE, WENN WIR EIN PROJEKT ODER EIN GROSSES ZIEL AUCH EINMAL ABBRECHEN? Ich entscheide immer situativ und verlasse mich auf meinen großen Erfahrungsschatz. Meine Intuition und mein Körpergefühl spielen dabei eine entscheidende Rolle. Ich höre immer sehr genau in mich hinein und wäge die Konsequenzen ab, die ein Weitermachen oder Aufgeben ergeben würden. Erst danach treffe ich eine endgültige Entscheidung. Im Dschungel hat der Vernünftige über den Willensstarken gesiegt. Beim Lauf um den Mont Blanc im Jahr 2009, als ich mehrere Blasen an meinen Füßen hatte, stellte ich den Willen über die Vernunft. Ich bin dort weitergelaufen, weil ich mit Blasen an den Füßen in der Regel keine langfristigen gesundheitlichen Schäden davontrage. Doch wenn eine Verletzung oder Krankheit ernsthafte Konsequenzen für meine Gesundheit hätte, dann würde ich mich wieder für einen Abbruch entscheiden und die Vernunft über die Willenskraft siegen lassen.

Antoine des Saint-Exupéry hat meine Erfahrung in Brasilien wie folgt zum Ausdruck gebracht: »Bewahre mich vor dem naiven Glauben, es müsse im Leben alles glattgehen. Schenke mir die nüchterne Erkenntnis, dass Schwierigkeiten, Niederlagen, Misserfolge, Rückschläge eine selbstverständliche Zugabe zum Leben sind, durch die wir wachsen und reifen.«

Vernunft sagt Nein – Willenskraft sagt Ja

Der Jungle Marathon stellt aber nicht mein erstes »DNF« dar. Die Abkürzung DNF steht für »Did Not Finish« und bedeutet, dass du das Ziel bei einem Rennen nicht erreicht hast. Bereits zwei Jahre zuvor musste ich bei einem anderen Lauf vorzeitig abbrechen. Im Juli 2008 nahm ich an einem sehr anspruchsvollen Etappenlauf teil, genauer gesagt am damals längsten Berglauf Europas: dem Swiss Jura Marathon, einem Rennen über insgesamt 350 Kilometer und 11.000 Höhenmeter von Genf nach Basel. Sieben Tage lang läufst du täglich mehr als eine Marathondistanz auf dem Schweizer Juraweg. Als wenn das nicht schon genug wäre, kommen dazu noch einige Tausend Höhenmeter. Kurzum: ein Berglauf im XXL-Format.

Wie gewohnt, beginne ich das Rennen sehr verhalten, um meine Kräfte zu schonen. Doch das ist bei solch einem extremen Lauf nicht immer so leicht zu kontrollieren. Schon auf der ersten Etappe gilt es, 47 Kilometer und über 1.400 Höhenmeter zu bewältigen. Dauerregen und Temperaturen im einstelligen Bereich begleiten uns am ersten Tag. Eine Nebelwand zieht sich tief in das Tal hinein und ich kann stellenweise nur ein paar Meter weit sehen. Die Kulisse hat etwas Gespenstisches an sich. Eine einzige, weiße Wand umgibt mich. Hoffentlich bin ich noch auf dem richtigen Weg? Schemenhaft kann ich vereinzelt Kühe erkennen, die auf den angrenzenden Weiden grasen. Doch auch sie machen, angesichts des trüben und ungemütlichen Wetters, keinen glücklichen Eindruck. IN DER STILLE HÖRE UND SPÜRE ICH JEDEN ATEMZUG GANZ INTENSIV. MEIN HERZ SCHLÄGT IMMER SCHNELLER. KEIN WUNDER BEI DIESEM MÖRDERANSTIEG! Von 500 Metern geht es auf über 1.600 Meter hinauf zum Gipfel des La Dole. 1.100 Höhenmeter bergauf – am Stück! Auf schmalen, schlammigen Pfaden, die durch den vielen Regen aufgeweicht sind, bewege ich mich vorwärts. Fast wie auf Schmierseife. Ein Matschloch jagt das nächste. Meine Schuhe sind mittlerweile mit einer braunen, dreckigen Soße überzogen. Ich fühle mich, als hätte ich Blei an meinen Beinen. Fast zeitlupenartig setze ich einen Fuß vor den nächsten. Der Gipfel scheint nicht näherzukommen. Was für ein brutaler Aufstieg! Die dichte Nebelwand lichtet sich ein wenig und ich kann links und rechts neben mir Geröll, Schutt, Steine und vereinzelt grüne, verlassene Weideflächen wahrnehmen. Obwohl meine Kleidung vom vielen Regen völlig durchnässt ist, ist es in meiner Kehle trocken wie in einer Wüste. Mein Puls rast, bedingt durch diesen steilen Anstieg, unaufhaltsam weiter. Ich halte alle 100 Meter kurz an, atme tief durch, nehme ein paar Züge Wasser von meiner Trinkblase und gehe dann weiter. Es ist ein Genuss, die reine, frische und kühle Bergluft einatmen zu dürfen. Diese gibt mir Kraft und neue Energie für die letzten Meter bis zum Gipfel.

Anschließend folgt ein derber Abstieg. 750 Meter freier Fall. Die mit Tau und Regen überzogenen Steine laden zum Rutschen ein. Höchste Konzentration ist angesagt. Ein falscher Tritt und das Rennen kann vorbei sein. Plötzlich bleibe ich mit meinem linken Fuß an einer Wurzel hängen und es haut mich der Länge nach auf den schlammigen Boden. Adrenalin schießt mir in die Adern. Intuitiv stütze ich mich mit beiden Händen ab. Nach ein paar Sekunden im Schockzustand rapple ich mich wieder auf, klopfe den Dreck von mir und inspiziere meinen Körper. Außer ein paar Abschürfungen an den Händen ist nichts passiert, Glück gehabt. Wenig später erreiche ich, nach 6 Stunden und 29 Minuten, das Tagesziel in Saint Cergue.

SCHMERZEN, SCHMERZEN, SCHMERZEN.

Der Swiss Jura Marathon hat sehr vielversprechend begonnen. So geht es auch die kommenden Tage weiter. Die ersten fünf Etappen laufen sehr gut für mich. Als ich am Ende der fünften Etappe jedoch die letzten Meter bis ins Ziel laufe, fühle ich plötzlich einen mir damals noch unbekannten, unangenehmen und stechenden Schmerz. Genauer gesagt: am rechten Schienbein. Ich denke mir nichts weiter dabei und ignoriere den Schmerz. Dieser wird aber mit der Zeit immer schlimmer. Sobald ich mich bewege und mein rechtes Bein belaste, fühle ich mich, als würde jemand mit Hammer und Meißel auf meinen blanken Knochen schlagen. Das unter Langstreckenläufern bekannte Schienbeinkantensyndrom hat mich getroffen. Mein rechtes Schienbein schwillt immer mehr an und jeder Schritt wird zu einer einzigen Tortur. Die folgende Nacht kann ich vor Schmerzen fast gar nicht schlafen. Mein Kopf arbeitet ununterbrochen: Was soll ich jetzt bloß machen? Wie soll ich mich morgen verhalten? Die Schmerzen ignorieren und einfach weiterlaufen? Oder die Vernunft siegen lassen und das Rennen vorzeitig abbrechen?

Nach einer grausamen, fast schlaflosen Nacht gehe ich zum Start der sechsten Etappe, laufe mit den anderen zusammen los, aber nach den ersten Metern merke ich, dass es für mich keinen Sinn mehr macht, weiterzulaufen. Jeder Schritt tut höllisch weh. Ich bleibe stehen und humple wieder zurück. Das ist ein besonders bitterer Moment! Alle Läufer bewegen sich geradeaus mit Kurs auf das nächste Etappenziel, und ich hinke als Einziger wieder mit schmerzverzerrtem Gesicht zurück zum Start. Ein Rückschritt im wahrsten Sinne des Wortes, zumindest in diesem Moment. Nach fünf gelaufenen Etappen, nach über 250 Kilometern höre ich auf. Tränen kullern mir über die Wangen und ich bin in diesem Moment am Boden zerstört. Dabei wären »nur« noch knappe 100 Kilometer vor mir gelegen. Doch der Preis, den ich dafür aus gesundheitlicher Sicht gezahlt hätte, wäre für mich zu hoch gewesen. Meine Gesundheit ist mir wichtiger, als mit aller Gewalt einen Lauf zu finishen. Meine Vernunft hat bei einem Rennen zum ersten Mal über meine Willenskraft gesiegt. Ich brauchte einige Zeit, bis ich das verarbeitet hatte.

EIN BLICK IN DEN SPIEGEL.

Was kannst du nach solch einem schmerzhaften Erlebnis tun? Ich kann mir eine Flasche Vodka kaufen und mich betäuben. Zugegebenermaßen hatte ich im ersten Moment nach dem Abbruch diesen Gedanken. Natürlich kann ich auch das böse Schienbeinkantensyndrom für meinen Abbruch verantwortlich machen. Oder endgültig auf »Jammer-Modus« umstellen und über alles, was mit dem Swiss Jura Marathon zusammenhängt, schimpfen: das anspruchsvolle Profil des Rennens, das unbequeme Massenquartier in den Turnhallen oder das bescheidene Wetter. Doch habe ich damit das Problem gelöst? Es ist sicherlich die bequemste Lösung, den Fehler bei anderen zu suchen. Die äußeren Umstände sind schuld an der Misere. Das ist einfach. Leider nehmen viele Menschen diesen Weg und beklagen sich über äußere Faktoren: den Chef, den Partner, die Eltern, den Lehrer, den Schiedsrichter. Sehr beliebt ist auch das Wetter. DABEI GENÜGT HÄUFIG EIN BLICK IN DEN SPIEGEL, UM ZU ERKENNEN, WER FÜR DEN FEHLER ODER DIE NIEDERLAGE VERANTWORTLICH IST: MAN SELBST. Das ist ein elementar wichtiger Schritt: die Verantwortung für sein eigenes Handeln, für seine eigenen Fehler und für sein eigenes Leben zu übernehmen.

Wer übernimmt heute noch Verantwortung? Schon in der Schule ist es der böse Lehrer, der für die schlechten Noten verantwortlich gemacht wird. Das Fußballspiel hat man verloren, weil der Schiedsrichter schlecht gepfiffen hat. Das schlechte Wetter war schuld an der eigenen Leistung und an der Niederlage. Es ist bequemer, die äußeren Umstände für unser eigenes Leben verantwortlich zu machen. Als ich mir als Jugendlicher noch die Sportschau angesehen habe, da spielte einmal der Karlsruher SC gegen den FC Bayern München. Bei diesem Spiel gewann ausnahmsweise der KSC. Nach dem Spiel werden stets einzelne Interviews mit ein paar Spielern gezeigt. Auch Lothar Matthäus stellte sich einem Interview und wurde gefragt, warum sie denn heute so schlecht gespielt hätten. Lothar Matthäus, damals Kapitän beim FC Bayern, rastete völlig aus und beschimpfte den Schiedsrichter auf übelste Weise. Der »Schiri« wäre allein schuld an dieser Niederlage. Er sprach von »Beschiss« und »Betrug«. Dabei wurde sein Hals immer dicker und sein Kopf immer röter.

DAS PRINZIP VERANTWORTUNG.

Nachdem ein paar Tage ins Land gegangen waren seit meinem Abbruch beim Swiss Jura Marathon, konnte ich mit der Situation schon etwas besser umgehen. Ich ging viel spazieren (laufen konnte ich ja noch nicht) und versuchte, an andere Dinge zu denken. Bei einem meiner längeren Spaziergänge wurde mir auf einmal bewusst: Nur ich war für den Ausgang dieses Rennens verantwortlich. Nicht das Wetter, nicht die Turnhallen und auch nicht das Schienbeinkantensyndrom. Ich fing an, mich zum ersten Mal offen und ehrlich dieser Situation zu stellen, was mir zu Beginn ein wenig schwerfiel. Ich hatte immer noch im Hinterkopf: »Wenn diese sch… Verletzung nicht gekommen wäre, hätte ich diesen Lauf locker gefinisht.« Ich musste mich wirklich zwingen, ehrlich zu mir selbst zu sein. »Du bist ganz allein für diese Situation verantwortlich«, sagte ich mir immer wieder. Dadurch fielen Tonnen von Ballast von mir und ich fühlte mich erleichtert. Der erste Schritt nach dem Abbruch beim Swiss Jura Marathon war also, dass ich zunächst ein wenig Abstand zu den Erlebnissen gewann und danach die komplette Verantwortung für den Ausgang dieses Rennens übernahm.

Nachdem ich die Verantwortung übernommen hatte, fragte ich mich immer wieder: An was hat es schlussendlich gelegen? Wie kam die Verletzung zustande? Was war die Ursache dafür und letztendlich für den Rennabbruch? Ich ging vor meinem geistigen Auge die letzten Tage und Wochen vor dem Swiss Jura Marathon durch. Wie habe ich mich vorbereitet? Ich nahm mein Lauftagebuch zur Hand und überprüfte mein Training für diesen Wettkampf. Ich hatte ohne Frage ein großes Pensum sowohl an langen Läufen als auch an Einheiten am Berg absolviert. Im Wesentlichen hatte ich aber nicht viel anders trainiert als für Läufe mit ähnlichem Profil. Mit einer Ausnahme: Exakt eine Woche vor dem Swiss Jura Marathon lief ich noch den Fidelitas Nachtlauf in Karlsruhe, einen Ultramarathon um Karlsruhe und durch Teile des Schwarzwaldes über insgesamt 80 Kilometer. Diesen lief ich zwar sehr verhalten in 10 Stunden und 12 Minuten, doch für meine Regeneration bis zum Wettkampf in der Schweiz war dieser »Trainingslauf« sicherlich nicht optimal.

Der zweite Schritt nach dem Abbruch beim Swiss Jura Marathon beinhaltete, dass ich meine Fehler analysierte. Was habe ich falsch gemacht? Woran lag es? Was kann ich beim nächsten Mal besser machen? Durch das Eingeständnis der eigenen Fehler eröffnete ich mir die Möglichkeit, mich weiterzuentwickeln, wenn ich aus diesem Fehler lernte und ihn nicht noch einmal mache.

SCHEITERN IST MENSCHLICH.

Wir sprechen die ganze Zeit über Fehler. Sind für dich Fehler eigentlich etwas Negatives? Betrachtest du ein Scheitern immer als Misserfolg? Ein riesengroßes Problem in unserer Gesellschaft sind die Fehlerkultur und unser Umgang mit Fehlern. Wir dürfen doch alle keine Fehler machen. Fehler sind schlecht, negativ, kontraproduktiv, ineffizient, nicht wirtschaftlich und so weiter. Durch Fehler entwickeln wir uns aber weiter. FEHLER ZU MACHEN, IST IN MEINEN AUGEN KLUG, DOCH DEN GLEICHEN FEHLER ZWEIMAL ZU MACHEN, IST DUMM. Durch den Swiss Jura Marathon lernte ich, mich und meine Leistungsfähigkeit besser einzuschätzen. Ich habe seit diesem Rennen keinen langen Trainingslauf ein paar Tage vor einem wichtigen Wettkampf mehr absolviert.

So schmerzhaft die Rennabbrüche beim Jungle Marathon und beim Swiss Jura Marathon auch waren, betrachte ich sie heute als wichtige Lernerfahrung. Heute kann ich sagen, dass ich durch das Scheitern viel mehr profitiert habe, als wenn ich ins Ziel gekommen wäre. Ich habe beispielsweise gelernt, Verantwortung für mich, meine Handlungen, meine Fehler und mein gesamtes Leben zu übernehmen. Ich habe auch gelernt, dass man durch Niederlagen seine Erfolge wieder aufwertet und sie mit ganz anderen Augen sieht. Du nimmst deine Siege völlig anders wahr: viel bewusster, viel intensiver. Ein Rückschlag schärft die Sinne für zukünftige Erfolge. Ein Scheitern stellt auch sicher, dass wir nie abheben und immer wieder auf den Boden der Tatsachen zurückgeholt werden. Und das ist gut so, denn es gibt nichts Schlimmeres als überhebliche, arrogante und erfolgsgeile Menschen. Das Scheitern zeigte mir deutlich, dass ich ein ganz normaler Mensch bin wie du auch. Ich bin kein Übermensch und keine Maschine. Nobody is perfect. Scheitern ist menschlich und bildet einen wichtigen Teil unseres Lebens.

WANN BIST DU ZUM LETZTEN MAL GESCHEITERT?

... Und Trotzdem

Ein Mensch, den ich ungemein bewundere, ist Darius Braun. Wir lernten uns im Rahmen meiner ADVENTURER MASTERCLASS kennen. Durch unser Coaching und die vielen Gespräche erfuhr ich seine bewegende Lebensgeschichte.

Am 15. Mai 1990 erblickte Darius in einem kleinen Ort in der Nähe des Bodensees das Licht der Welt. »Sportlich war ich schon immer«, verriet er mich gleich bei einem unserer ersten Telefonate. In seiner frühen Jugend erprobte er sich in den verschiedensten Sportarten, ohne die richtige Disziplin für sich zu finden. Bereits mit zwei Jahren maß er knapp einen Meter. »Ich fühlte mich wie in einem zu großen Körper«, erzählte er mir, »worunter meine Motorik litt.« Mit elf Jahren kam er zum Rudern und hatte zum ersten Mal das Gefühl, zu etwas zugehörig zu sein, da er sehr gut darin war. Sein

Trainer erkannte schnell sein Potenzial, wodurch er in das Jugendteam des Baden-Württemberg-Kaders aufgenommen wurde und bald mit täglichem Training in den Leistungssport überging. Dort war das Ziel, einen Titel bei den deutschen Meisterschaften zu gewinnen. Plötzlich musste er jedoch feststellen, dass mit ihm etwas nicht in Ordnung war. Seine schulischen Leistungen ließen nach, und auch beim Sport kam es des Öfteren zu Ausfällen. Doch bei ärztlichen Untersuchungen vermutete man lediglich die hormonellen Veränderungen eines Jugendlichen. Dennoch nahmen seine Beschwerden Tag für Tag zu und seine Klassenkameraden begannen ihn gänzlich auszuschließen und zu mobben.

EIN TUMOR VON DER GRÖSSE EINER KARTOFFEL.

Einen Tag nach den Qualifikationen zu den deutschen Meisterschaften plagten ihn extreme Kopfschmerzen, die sich wie Speerstöße in seinem Schädel anfühlten. Als er am Tag darauf die Schule besuchen sollte, konnte er wegen der anhaltenden Kopfschmerzen kaum die Augen öffnen und sein Gleichgewicht halten. Beim Finden von Worten geriet er dauerhaft ins Stottern. Er fühlte sich, als hätte er jede Kontrolle über sich selbst verloren. An diesem Tag wurde er von einem Arzt zum nächsten geschickt, bis ihm am Ende des Tages nach einer MRT-Untersuchung gesagt wurde, dass er einen Tumor von der Größe einer Kartoffel an seinem Stammhirn hätte. Die Ärzte sagten, dass umgehend eine Operation erfolgen müsste, da dies sonst seine letzte Woche sei. Gleich am nächsten Tag wurde der Gehirntumor innerhalb einer achtstündigen Operation entfernt. Am ganzen Körper verkabelt, mit einem Schlauch im Kopf und einem vom Hals bis zum Herzen, wachte er in der Intensivstation auf und musste feststellen, dass seine linke Seite gelähmt war.

Dank seiner Fitness, die er sich durch den Leistungssport erarbeitet hatte, verbrachte er lediglich zehn Tage im Krankenhaus und wurde an seinem 15. Geburtstag entlassen. Einen Tag war er zu Hause, konnte jedoch nicht laufen und ihm war es kaum möglich, sich zu artikulieren. Danach folgte ein dreimonatiger Aufenthalt in einer Reha-Klinik, wo er erneut die Grundlagen der Motorik erlernen musste. Im Fokus stand die Grobmotorik, an der Feinmotorik konnte er noch nicht arbeiten. In der Klinik teilten die Ärzte die Auffassung, dass er sich glücklich schätzen könne, wenn er jemals wieder in der Lage wäre, sich richtig zu bewegen, einen Hauptschulabschluss zu schaffen und eventuell eine Ausbildung zu machen. Er solle nicht traurig sein, wenn er keine weiteren sportlichen Erfolge erzielen könne und damit zufrieden sein, dass er nicht schwerbehindert sei. Damals wandte sich der Chefarzt an ihn und meinte, dass nach dem vierten Jahr nach seiner Operation keine motorischen Besserungen mehr zu erwarten seien und sehr wahrscheinlich sichtbare Schäden im Bewegungsapparat erhalten bleiben würden.

Nach über drei Monaten konnte Darius wieder die Schule besuchen, jedoch überforderte ihn das Gymnasium, weshalb er in die Hauptschule wechselte und dort einen sehr guten Abschluss machte. Von diesem Zeitpunkt an hatte er wieder das Gefühl, voll durchstarten zu können. Im kommenden Schuljahr besuchte Darius die Realschule. In den Herbstferien machte er mit seiner Familie einen Wanderurlaub auf Mallorca. Zu diesem Zeitpunkt hatte er noch kein zuverlässiges Gleichgewichtsgefühl und war nach wie vor unsicher auf den Beinen. Dadurch wurden die meisten Wanderungen für ihn zu einer großen Herausforderung, die er trotzdem meistern wollte.

NÄCHSTER RÜCKSCHLAG.

Beim Queren einer Felswand am letzten Tag rutschte Darius ab und fiel mehrere Meter tief in ein Geröllfeld. Als er von dem Schock wieder erwachte, fühlte er, dass sein Arm gebrochen war. Da es ihm nicht mehr möglich war, ins Tal zu gelangen, musste er von der Bergwacht mit einem Rettungshubschrauber vom Berg in das nächstgelegene Krankenhaus in Palma geflogen werden. Dort wurde ihm ein provisorischer Gips angelegt, damit er am nächsten Tag nach Deutschland ins Krankenhaus gebracht werden konnte. Eine Röntgenaufnahme ergab, dass sein Ellbogen zertrümmert war, worauf eine etwa fünfstündige Operation folgte. Der Eingriff verlief überraschend gut, doch die Nerven seines linken Armes waren durchtrennt und seine Hand erneut komplett gelähmt.

Seine Ärzte gingen davon aus, dass er in den nächsten zwei Monaten seine Hand wieder bewegen könnte. Dies bestätigte sich leider nicht. Selbst durch moderne Reizstromtherapien tat sich vorerst nichts. Auch durch tägliche Konzentrations- und manuelle Therapieübungen für seine linke Hand wollte keine Besserung eintreten. Selbst der Krankengymnast gab die Hoffnung auf, wollte jedoch noch so lange mit ihm üben, wie Darius gewillt war, dies zu tun. Nach mehr als elf Monaten gelang es ihm zum ersten Mal, dass die Nervenimpulse in seiner Hand ankamen, doch niemand sonst glaubte, dass dies wirklich der Fall sein könnte. Innerhalb der darauffolgenden Wochen nahm sein Gefühl stetig zu und nach einem weiteren Monat ließ sich seine Hand wieder bewegen.

TROTZ ALLER SCHWIERIGKEITEN …

Aufgrund seiner guten Leistungen in der Realschule konnte er das technische Gymnasium besuchen und sich vollends auf seine schulische Laufbahn konzentrieren, auch wenn ihm klar war, dass dies eine schwere Herausforderung werden würde. Der Weg zum Abitur war für Darius durch die Folgen des Gehirntumors mit einem erheblichen Mehraufwand verbunden. »Starke Konzentrationsprobleme musste ich zum Beispiel durch vielfaches Wiederholen von Aufgaben ausgleichen. Wegen eines fehlenden Punktes bestand ich die Abiturprüfung beim ersten Anlauf nicht«, erzählte er mir in einem unserer Gespräche. Es kostete ihn enorme emotionale Anstrengung, das 13. Schuljahr zu wiederholen. Heute ist er froh, dass er diesen Weg noch einmal gegangen ist und das Abitur mit Erfolg bestehen konnte.

Seine schulische Laufbahn, die durch seine Erkrankung und ihre Folgen geprägt war, motivierte ihn, als Lehrer zu arbeiten, um Schülern Mut zu machen, sie zu unterstützen und empathisch auf ihrem nicht immer geradlinigen Weg zu begleiten. Sein Weg durch sein Lehramtstudium sowie durch das anschließende Referendariat war wieder von nahezu unüberwindbaren Steinen, die ihm in den Weg gelegt wurden, geprägt. Trotz aller Schwierigkeiten schloss er sein Studium gut ab und durfte sich nach der erfolgreichen Beendigung des Referendariats staatlich geprüfter Lehrer nennen.

EIN GROSSER TRAUM ENTSTEHT.

Nach dieser für ihn körperlich wie auch seelisch ungemein kraftraubenden und anspruchsvollen Zeit, entschloss sich Darius, einen anderen Weg einzuschlagen und sich mehr Zeit für sich zu nehmen. Er reiste vier Monate durch Südostasien und machte dort abseits von großen Touristenströmen einige Dschungel-Trekkingtouren und bestand das eine oder andere kleine Abenteuer. Kurz vor dieser Tour bekam er die Zusage, für einen großen deutschen Wanderreiseanbieter als Reiseleiter zu arbeiten. Eineinhalb Jahre lang führte Darius Wander- und Studienreisegruppen durch Norwegen, Österreich, Griechenland und Zypern. Während dieser Tätigkeit verstärkte sich sein großer Traum: die Panamericana mit dem Fahrrad zu befahren. 20.000 Kilometer durch Nord- und Südamerika. Von Calgary in Kanada bis Ushuaia in Argentinien. Im Sommer 2020 sollte sein Abenteuer beginnen, doch dann kam Corona und ihm wurde schon wieder ein Strich durch die Rechnung gemacht. Seitdem die Welt durch das Virus lahmgelegt wurde, arbeitete er als Lehrer. Nach zwei Jahren des Wartens startete er im Juli 2022 endlich zu seiner Tour und erfüllte sich damit einen langersehnten Traum. Während ich diese Zeilen schreibe, hat Darius bereits über 8.500 Kilometer zurückgelegt und befindet sich in Costa Rica.

Mit seiner außergewöhnlichen Geschichte ist Darius für viele Menschen eine Inspiration. Für mich persönlich ist es eine große Freude, ihn auf seiner Panamericana als Mentor begleiten zu dürfen. Was mir Darius sehr eindrucksvoll zeigt: Egal, wie schwierig die Lebensumstände sind, egal, wie aussichtlos eine Situation erscheinen mag, es geht immer weiter. Für Darius sind es zwei Wörter, mit denen er sich aus seinen vielen Tiefs und Rückschlägen immer wieder aufs Neue motivierte: und Trotzdem.

Wir können in unserem Leben nicht alles beeinflussen, was uns passiert. Doch wir können immer beeinflussen, wie wir auf eine bestimmte Situation reagieren. Zwischen Reiz und Reaktion gibt es einen Raum. Und diesen Raum können wir aktiv gestalten.

WAS SAGST DU DIR IN EINER AUSSICHTSLOSEN SITUATION?

Mehr zu Darius und seinem Projekt erfährst du unter https://www.undtrotzdem.de/

Nur der lange Atem führt zum Ziel

Was für ein Genuss, hier sein zu dürfen. Die mediterrane Luft kribbelt in meiner Nase und erzeugt Wohlbefinden. Es ist der 27. Oktober 2002. Ich befinde mich in Stra, einer kleinen Ortschaft in der Nähe von Venedig. In fünf Minuten geht für mich der Lauf der Läufe los: der Venedig-Marathon. Dieser stellt für mich keinen gewöhnlichen Marathon dar, denn bei diesem Rennen will ich meine persönliche Marathonbestzeit laufen: unter drei Stunden. 2 Stunden, 59 Minuten und 59 Sekunden! Das war damals mein großes Ziel. Drei Stunden, eine der magischen Grenzen im Marathonlauf, zu unterbieten! Bei diesem Gedanken steigt ein leichtes Kribbeln in mir auf, zunächst ganz sanft in meinen Beinen und dann wird es immer intensiver und wandert in meine Magengegend. Meine Anspannung steigt, mir wird langsam warm und mein Puls rast. Hier im Läuferpulk kann man die Vorfreude, aber auch den Druck in den einzelnen Gesichtern ablesen. Die kühle Morgenluft weicht der konzentrierten Energie, die hier auf engstem Raum versammelt ist. Seit Monaten träume ich jede Nacht von meinem Ziel »Marathon unter drei Stunden«. Ich habe mir meine Zielzeit ganz groß auf meine Pinnwand in meinem Zimmer geschrieben: 2:59:59! Diese Zahl findet man auch auf meinen Laufschuhen. Seit Wochen und Monaten denke ich an nichts anderes mehr. Ich will es unbedingt erreichen und habe noch nie so hart für einen Lauf trainiert wie für diesen Marathon. Körperlich absolvierte ich lange Dauerläufe, Intervalleinheiten, Läufe in meinem Marathontempo und auch mein ungeliebtes Krafttraining zog ich konsequent drei Mal die Woche durch. Meinen gesamten Lebensrhythmus ordnete ich in den letzten Wochen und Monaten meinem Ziel »Venedig-Marathon« unter.

Selbst auf einer Studienfahrt, die unmittelbar vor dem Marathon stattfand, war ich jeden Morgen diszipliniert um fünf Uhr aufgestanden und hatte mein Training durchgezogen. Sogar den feuchtfröhlichen Abenden auf dieser Reise konnte ich widerstehen, trank keinen Tropfen Alkohol und befand mich ab 22 Uhr im Bett, zum Leidwesen meiner Kommilitonen. Ich wollte unbedingt unter drei Stunden laufen und dafür achtete ich auf jedes Detail.

Seit ich vor 2½ Jahren meinen ersten Marathon an der Deutschen Weinstraße gelaufen war, hatte ich mich kontinuierlich gesteigert, was meine Wettkampfzeiten anging. Meine aktuelle Bestzeit auf der Halbmarathondistanz war ich erst vor wenigen Wochen in Karlsruhe gelaufen: 1 Stunde, 23 Minuten und 38 Sekunden.

OPTIMALE ÄUSSERE BEDINGUNGEN …

Nach monatelanger intensivster Vorbereitung bin ich vor vier Tagen in Venedig angekommen, um mich noch etwas zu akklimatisieren und zu entspannen. Es scheint an diesem Wochenende fast alles zu passen. Es herrschen optimale äußere Bedingungen für das Laufen: kein Wind, angenehme zwanzig Grad und der Himmel ist immer leicht bewölkt. Und dann diese fantastische Kulisse, die mich umgibt: Piazza San Marco, Dogenpalast, Markusdom, die traumhafte Lagune und die vielen wunderschönen Inseln. Venedig zählt in meinen Augen zu den schönsten Städten der Welt. Auch deshalb habe ich mir diese Stadt für meinen Rekordversuch ausgesucht.

Peng! Endlich erklingt der Startschuss. Die Eliteläufer rennen los, als ginge es um Leben und Tod. Im dichten Gedränge versuche ich zunächst, meinen Rhythmus zu finden. »Nur nicht zu schnell beginnen«, sage ich mir. 4 Minuten und 15 Sekunden pro Kilometer will ich laufen und das über 42,195 Kilometer. Es läuft rund, und nach zehn gelaufenen Kilometern zeigt meine Uhr 42 Minuten und 36 Sekunden an. Genau im Plan. Meine Arme pendeln fast automatisch hin und her und meine Beine bewegen sich leichtfüßig und gleichmäßig auf und ab – wie ein Schweizer Uhrwerk. Mir scheint es, als schwebe ich über den grauen, harten Asphalt. Jede einzelne Bewegung verläuft flüssig und geschmeidig. Meine Gedanken sind nur im Hier und Jetzt, bei jedem Schritt, bei jedem Atemzug. Um mich herum nehme ich nichts und niemanden wahr. Nach der Halbmarathondistanz stoppe ich 1 Stunde, 30 Minuten und 14 Sekunden. Es läuft weiterhin alles nach Plan. Beim nächsten Verpflegungspunkt nehme ich eine halbe Banane und einen Becher Wasser zu mir, während des Laufens. Ich will in meinem Laufrhythmus bleiben und keine kostbare Zeit verlieren. Jede Sekunde kann am Ende zählen.

Nach 30 gelaufenen Kilometern kommt plötzlich, ohne Vorwarnung, der berühmt-berüchtigte »Mann mit dem Hammer«. Und bei mir hat er gleich einen richtig großen dabei, den er mir gnadenlos verpasst. Bei jedem Schritt spüre ich ihn. Ich breche total ein und muss mein Tempo drosseln. Als hätte jemand den Akku aus der Steckdose gezogen. Meine rechte Wade zuckt, als würde mir jemand ein Messer hineinrammen. Ich muss kurz stehenbleiben. Meine Kilometerzeiten werden immer langsamer: 4 Minuten und 20 Sekunden, 4 Minuten und 23 Sekunden, 4 Minuten und 28 Sekunden, 4 Minuten und 32 Sekunden. In diesem Moment realisiere ich, dass es vorbei ist. Ich kann mein Ziel nicht mehr erreichen. Fast wie mechanisch setze ich weiterhin einen Fuß vor den anderen. Hechelnd und mit schmerzverzerrtem Gesicht versuche ich noch einmal, das Letzte aus meinem Körper herauszuholen. Doch dieser will sich am liebsten in ein großes Bett legen, einfach nur erholen und nicht mehr laufen müssen. Endlos erscheinende sieben Kilometer liegen noch vor mir. Ich verfluche diese Strecke. Ich verfluche jeden einzelnen Kilometer. Ich verfluche jeden Schritt, den ich noch zu laufen habe. In meinem Inneren breiten sich Frust und Enttäuschung aus. Von Weitem sehe ich den markanten Dogenpalast von Venedig. Es kann nicht mehr weit bis zum Ziel sein. Eine letzte Brücke und ein letzter sanfter Anstieg, doch diese scheinen meine allerletzten Energiereserven zu verbrennen. Nichts scheint mehr zu gehen.

Dann sehe ich endlich den Markusplatz und das Ziel. Nach 3 Stunden, 8 Minuten und 31 Sekunden laufe ich über die Ziellinie. Ein junges Mädchen überreicht mir meine Finisher-Medaille, doch ich will nur allein sein. Ich setze mich auf den warmen Stein an der Uferpromenade und starre auf das Wasser. Alles erscheint mir so sinnlos. »Warum?«, frage ich mich.

UND WIEDER VERPASSE ICH MEINE ZIELZEIT.

Noch Tage und Wochen später bin ich geknickt, wenn ich an den Venedig-Marathon denke. Doch dann steigt neuer Mut in mir auf und ich sage mir: »Okay, einmal ist keinmal. Das kann passieren. Ich will es wieder versuchen und dieses

Mal schaffe ich es.« Für den zweiten Anlauf habe ich mir den Paris-Marathon im April 2003 ausgesucht. Und für dieses Rennen trainierte ich noch härter, noch länger und noch intensiver als für den Venedig-Marathon. Meine Welt drehte sich in dieser Zeit nur um den Paris-Marathon. Alle anderen Lebensbereiche blendete ich fast vollständig aus. Und auch beim Paris-Marathon schaffte ich es nicht, unter drei Stunden zu bleiben. Am Ende stand eine Zeit von 3 Stunden, 9 Minuten und 15 Sekunden auf meiner Urkunde. Und ich probierte es wieder und startete ein halbes Jahr später beim Köln-Marathon. Doch auch bei meinem dritten Versuch blieb mir das Ziel, einen Marathon unter drei Stunden zu laufen, verwehrt. Mit einer Zeit von 3 Stunden, 17 Minuten und 44 Sekunden lag ich um Welten über der selbstgesetzten Grenze.

Was sollte ich jetzt machen? Meine Laufschuhe an den Nagel hängen? Wieder mit dem Fußballspielen anfangen? Überhaupt keinen Sport mehr treiben? Es musste weitergehen. Nach dem Köln-Marathon bin ich zunächst für ein Jahr nach Australien gegangen (allerdings nicht wegen der unerreichten Marathonziele) und habe dadurch ein wenig Abstand zum Laufen und zu den Erlebnissen bei meinen Marathonläufen gefunden. Ich habe während dieses Jahres in Down Under keinen einzigen Wettkampf bestritten, aber immer wieder über das Laufen, meine Wettkämpfe und über meine zukünftigen Ziele nachgedacht. Dabei kam mir immer wieder der Gedanke, bei Ultramarathonläufen zu starten, in den Sinn. Zum damaligen Zeitpunkt, Ende 2003, hatte ich erst an zwei Ultramarathons teilgenommen: beim 100-Kilometer-Lauf in Biel und beim Fidelitas-Nachtlauf über 80 Kilometer in Karlsruhe. Bei beiden Läufen hatte ich gemischte Gefühle, doch irgendwie zogen mich diese Strecken magisch an.

Mit Marathon assoziierte ich Frust, Enttäuschung und Scheitern. Mit Ultramarathon hingegen verband ich Faszination, Begeisterung, Herausforderung und Naturerlebnisse. DURCH MEIN SCHEITERN BEIM ZIEL »MARATHON UNTER DREI STUNDEN« SCHLOSS SICH FÜR MICH DIESES KAPITEL UND ES GING GLEICHZEITIG EIN NEUES AUF: »ULTRAMARATHON«. Und erst dort stellten sich für mich nach und nach der Erfolg und auch die Zufriedenheit ein. Doch dieser Weg, den ich als Ultramarathonläufer gegangen bin und immer noch gehe, ist nur durch die Rückschläge im Marathon möglich geworden. Weil ich damals unbedingt weitermachen wollte, einen langen Atem bewies und mir neue läuferische Ziele suchte, habe ich schließlich »meine Disziplin«, die ganz langen Strecken, gefunden, die zu mir und meinen persönlichen Stärken passen.

ES GIBT KEINEN SCHNELLEN ERFOLG.

Was ich in meiner Laufkarriere gelernt habe, ist, dass es keinen schnellen Erfolg gibt. Auf dem Weg zum Ziel kommen Rückschläge, Hindernisse und Hürden vor. Und das erfordert Ausdauer und Durchhaltevermögen. Diese beiden Eigenschaften sind für mich die wesentlichen, wenn es um persönlichen Erfolg geht. Als ich mir vor Kurzem wieder einmal das Höhenprofil des Ultra-Trail Mont Blanc angesehen habe, stellte ich fest, dass dieses Profil auch unser Leben symbolisiert. DAS PROFIL DIESES EXTREMEN BERGLAUFS ÜBER 166 KILOMETER, 9.400 HÖHENMETER UND ZEHN ALPINE BERGPÄSSE SPIEGELT UNSER LEBEN WIDER. Denn auch dieses verläuft nicht auf einer ebenen, geraden Strecke wie bei einem Citymarathon. Es geht immer wieder auf und ab und es wechseln sich Hochs und Tiefs ab. Zunächst gilt es, überhaupt einmal zu starten, anzufangen und die ersten

Schritte zurückzulegen. Zu Beginn hat man häufig noch die Begeisterung und die Leidenschaft in sich. Alles scheint einfach zu sein und wie von selbst zu laufen. Doch auf dem weiteren Weg treten die ersten schwierigen Situationen auf. Hürden und Hindernisse kommen, die einen auf die Probe stellen: brutale Anstiege, das Laufen bei Nacht, die eisige Kälte, die Müdigkeit oder die steilen Abstiege. Im Alltagsleben können solche Hindernisse schwierige Telefonate, wichtige Präsentationen, entscheidende Spiele oder schwerwiegende Verletzungen und Krankheiten darstellen. An diesem Punkt entscheidet es sich: Gehst du weiter oder gibst du auf? Siehst du das Hindernis als unüberwindbar an oder betrachtest du es als Herausforderung? Jetzt kommt es nur auf das Durchhaltevermögen an. Viele Menschen schrecken leider schon vor dem ersten Berg, der ersten Hürde, dem ersten Hindernis zurück. Oder sie überwinden die ersten Schwierigkeiten und geben dann mittendrin auf. Oder sie bezwingen fast alle Hindernisse und kapitulieren kurz vor dem Ziel, beim allerletzten Hindernis. Obwohl es nur noch ein paar Meter zum Ziel, ein wenig mehr Anstrengung, gewesen wären, um den großen Erfolg zu realisieren.

Bei einem extremen Lauf wie am Mont Blanc treten zwangsläufig Hindernisse auf. Wenn du über 40 Stunden am Stück unterwegs bist, zwei Nächte im Hochgebirge durchläufst, wirst du irgendwann müde. Richtig müde. Es fallen dir während des Laufens die Augen zu. Die Frage in solchen Momenten lautet: Wie kann ich diese brenzlige Situation meistern? Verfüge ich über den notwendigen Biss, die Willenskraft und das Durchhaltevermögen? Habe ich die Ausdauer, die Krise zu überstehen? Will ich diese Krise überstehen?

Diese Fragen lassen sich 1:1 auf das Berufsleben übertragen. Auch im Job haben wir immer wieder schwierige Situationen zu meistern. Nehmen wir als Beispiel die Telefonakquise. Da hast du sicherlich nicht bei zehn Anrufen zehn Kunden gewonnen, oder? Du bekommst Absagen: zu teuer, haben wir schon, brauchen wir nicht, kein Interesse, keine Zeit, können wir uns momentan nicht leisten und so weiter. DIE ENTSCHEIDENDE FRAGE IST AUCH HIER: WIE VIELE NEINS KANNST DU ERTRAGEN? Wie ausdauernd bist du? Wie lang ist dein Atem?

DEN PREIS DER VERZÖGERUNG …

Die Kunst ist, in einer schwierigen Situation, nach einem Rückschlag, trotzdem weiterzumachen. Ob beim Extremsport oder im normalen Leben. Doch wie schaffen wir das? Wie schaffen wir es, nach zehn erfolglosen Telefonaten wieder zum Hörer zu greifen und weiterzumachen? Wie schaffen wir es, nach drei erfolglosen Marathonläufen sich fürs Weitermachen zu motivieren?

Die Antwort, die ich gefunden habe, lautet: Indem wir uns bewusst machen, dass wir Zeit brauchen. AUSDAUER UND DURCHHALTEVERMÖGEN HABEN SEHR VIEL MIT ZEIT ZU TUN. Ich kann nicht heute mit dem Laufen beginnen und übermorgen den Ultra-Trail Mont Blanc erfolgreich beenden. Das geht nicht. Oder stell dir einen jungen Mann vor, der gerade seine Ausbildung zum Bankkaufmann begonnen hat. Der wird sicherlich nicht in einem Jahr Filialleiter werden. Vor Kurzem habe ich gelesen, dass Dieter Bohlen zu Beginn seiner Karriere fast zehn Jahre bei Plattenfirmen nur Klinken geputzt hat, bevor ihm der große Durchbruch gelang.

Wir müssen uns von Anfang an bewusst machen, dass es ein langer Weg zum Erfolg ist. Ein langer Weg, der Zeit braucht. Zuerst muss immer die Anstrengung erfolgen und erst danach, mit Verzögerung, erhalten wir die Belohnung. Und über diese Verzögerung müssen wir uns von Beginn an im Klaren sein. Ich muss zunächst unzählige Stunden in mein Training investieren, um überhaupt um den Mont Blanc laufen zu können und auch ins Ziel zu kommen. Klingt logisch, oder? Den umgekehrten Weg zu gehen, macht schlichtweg keinen Sinn. DOCH GENAU DAS WOLLEN ANSCHEINEND VIELE MENSCHEN: ERFOLGREICH SEIN UND DAFÜR NICHTS TUN. DOCH SO FUNKTIONIERT DAS NICHT.

87.600 STUNDEN.

Zu diesem Punkt kannst du sehr bildhaft das Pareto-Prinzip, besser bekannt als 80:20-Regel, anwenden. 80 PROZENT EINES ERFOLGS KOMMEN ERST MIT DEN LETZTEN 20 PROZENT DER ANSTRENGUNG. Oder anders ausgedrückt: Du musst zunächst einmal einen Großteil an Zeit und Energie (80 Prozent) aufwenden, um überhaupt die ersten Erfolgserlebnisse (20 Prozent) zu bekommen. Und das erfordert einen langen Atem.

Wie lang benötigt man, um auf einem Gebiet, gleichgültig in welchem Lebensbereich, zur Spitze zu gehören? Wie lang braucht man, bis man eine Sache, die man beginnt, sehr gut beherrscht? Was meinst du? Um in einer Sache sehr gut zu sein, um Expertenstatus auf einem Gebiet zu erhalten, sind mindestens sieben, realistischerweise eher zehn Jahre notwendig. Zehn Jahre. Oder 120 Monate, oder 3.650 Tage, oder 87.600 Stunden. Doch viele Menschen denken ernsthaft, dass man von heute auf morgen erfolgreich wird, dass man gar nichts dafür tun muss und dass einem alles in die Wiege gelegt wird. Was für ein Trugschluss! Ohne Arbeit, ohne Engagement, ohne Anstrengung und vor allem ohne Ausdauer kommt man nicht weit im Leben. Der extreme Ausdauersport ist dafür ein sehr gutes Beispiel. Um einen Lauf wie den Ultra-Trail Mont Blanc erfolgreich zu beenden, ist Talent allein definitiv zu wenig. Training, Training und nochmals Training, über Wochen, Monate und Jahre, stellen die Basis zum Erfolg bei diesem Rennen dar. Darüber hinaus bestimmen noch zwei weitere Faktoren, ob du bei diesem Lauf durchkommst oder aufgeben musst: die Willenskraft und die Ausdauer.

Fehlende Ausdauer und mangelnde Beharrlichkeit sind die Hauptgründe, warum viele Menschen scheitern. Sie geben zu früh auf. Wilhelm Busch hatte dazu ein sehr passendes Zitat: »AUSDAUER WIRD FRÜHER ODER SPÄTER BELOHNT. MEIST SPÄTER.«

Im Ziel

Feiere deinen Erfolg

Ein sanftes Lächeln huscht mir über den Mund. Freudestrahlend schaue ich zum wolkenfreien Himmel hinauf, an dem die Sonne wie eine Königin thront. Dabei macht sich eine Gänsehaut auf meinem ganzen Körper breit. In mir ist es ganz warm. Es prickelt in mir vom Kopf bis zur Fußspitze. Ich bin völlig losgelöst von allem. Ich bin ganz bei mir angekommen. Ich brauche nichts in diesem Moment. Ich bin einfach nur da. Meine Beine, meine Arme, meine Füße, mein Kopf – alles fühlt sich ganz leicht an. Für einen kurzen Augenblick schließe ich meine Augen und fühle mich wie im siebten Himmel. Mein Gesicht habe ich in meine Hände gelegt. Alles fühlt sich nass an. Nicht vom Schweiß, der schon lange getrocknet ist, sondern von den vielen Tränen, die nur so aus mir herausströmen. Es sind Tränen der Freude! Was für ein geiler Moment! Ich bin der glücklichste Mensch auf der Welt. Wie ein kleines Kind, das gerade Weihnachten, Ostern und Geburtstag auf einmal erlebt, fühle ich mich. Ich sitze hier am Marktplatz in Chamonix und habe vor ein paar Minuten zum dritten Mal in Folge die Ziellinie beim Ultra-Trail Mont Blanc überschritten. Ich bin sprachlos. Ich sitze da und genieße dieses unbeschreibliche Glücksgefühl in vollen Zügen. Ich habe mein Ziel erreicht und bin einfach nur glücklich.

Die folgenden Tage bin ich in Gedanken immer wieder beim Lauf. Ich lasse das Rennen noch einmal Revue passieren und erlebe erneut meine persönlichen Höhepunkte: die besondere, warmherzige Atmosphäre während des gesamten Rennens, die beeindruckende, majestätische Bergkulisse, die Stirnlampen der Läufer bei Nacht, die wie unzählige Glühwürmchen wirken, und den fulminanten Zieleinlauf in Chamonix. Selbst Tage danach habe ich noch immer ein Gänsehautgefühl bei diesen Gedanken. Als besonderes Ritual hat sich eingebürgert, dass ich nach solch einem Abenteuer mit meiner Familie und meinen Eltern essen gehe. Ich gönne mir das eine oder andere Bier und freue mich im Kreise meiner Familie über meine Rückkehr. Die Tage nach dem Lauf lege ich meine Beine hoch und bin froh, nicht laufen zu müssen. Ich genieße die lauffreie Zeit, belohne mich mit ausreichend Entspannung und erfreue mich an meiner Leistung. Dieses Genießen und Feiern sind für mich genauso wichtig wie der Lauf selbst.

DIE UNSCHEINBAREN KLEINIGKEITEN DES ALLTAGS …

Was im Sport eine Selbstverständlichkeit ist, ist im Berufsleben eher die Ausnahme. Stell dir vor: Du hast soeben eine sensationell gute Präsentation abgeliefert, durch die dein Unternehmen einen lukrativen Auftrag an Land ziehen konnte. Du hast dafür hart gearbeitet, sehr viel Zeit und Energie in dieses Projekt investiert. Was ist danach passiert? Dein

Chef und deine Kollegen sind gleich wieder zur Tagesordnung übergegangen? IM BUSINESS FINDEN IN DER REGEL KEINE AUSGEFALLENEN JUBELARIEN ODER AUSGIEBIGE FEIERN STATT. WAS IM SPORT GANG UND GÄBE IST, DÜRFEN WIR IM GESCHÄFTSLEBEN HÄUFIG NOCH LERNEN.

Dennoch hat das Feiern von Erfolgen in allen Lebensbereichen seine Berechtigung als Belohnung für die investierte Zeit, die disziplinierte Arbeit und die aufgewendete Energie. Du musst dabei keine ausgelassenen Orgien feiern, in denen der Alkohol nur so in Strömen fließt. Mir kommt es vor allem auf die Wahrnehmung des Erfolges an, besonders bei kleinen Erfolgen. Das Problem ist, dass wir häufig auf ein großes Ziel, auf einen großen Moment hinarbeiten und dabei die zahlreichen kleinen Erfolge auf dem Weg zum großen Ziel vielfach übersehen. Oder die kleinen Erfolge als Selbstverständlichkeit abwerten, nach dem Motto: »Das war ja gar nichts Besonderes, das kann ich noch viel besser. Warte nur ab, bis ich am Ziel bin.« DIE KUNST IST, SICH GERADE AN DEN UNSCHEINBAREN KLEINIGKEITEN DES ALLTAGS ZU ERFREUEN. Wenn du zum Beispiel am Abend durch den Schwarzwald läufst, das Zwitschern der Vögel genießt, die reine, saubere Luft einatmest und den beeindruckenden Sonnenuntergang erleben darfst. Das ist Erfolg. Wenn dich deine Tochter oder dein Sohn nach dem Aufwachen anlächelt und über beide Ohren strahlt, als wäre Weihnachten, Ostern und Geburtstag zusammen. Das ist Erfolg. Wenn du einen begeisternden Vortrag hältst und die Teilnehmer für sich wichtige Impulse mitnehmen, die ihr Leben verändern. Das ist Erfolg. Wenn du einen Menschen zum Lachen bringst. Das ist Erfolg.

MEINE GRÖSSTE BEFÜRCHTUNG.

Diese Art von Erfolg war mir zugegebenermaßen nicht immer bewusst. Lange Zeit meinte ich, dass nur das Erreichen von großen Zielen und außergewöhnliche Leistungen im Leben als Erfolg zu werten sind. Meine Reaktion nach dem Zieleinlauf beim IsarRun kennst du ja bereits vom Anfang dieses Buchs. Erinnerst du dich? Da kam ich ins Ziel, nach 333 gelaufenen Kilometern und fünf Tagen extremer Anstrengung und fragte mich: »Das soll es schon gewesen sein?«

Bei meinem Lauf durch die Atacamawüste im Mai 2010 war es ganz anders. Da kam ich nach 14 Tagen und 600 Kilometern in Antofagasta an. Ich war am Ziel. Für einen kurzen Augenblick verspürte ich ein unbeschreibliches Glücksgefühl, dass ich mein großes Ziel erreicht hatte. Doch dann wurde mir sehr schnell bewusst, dass mit diesem Tag das Abenteuer Atacama Challenge vorbei war. Das anfängliche Glücksempfinden wich einem schweren, nachdenklichen Gefühl. Ich lief in diesen zwei Wochen im Durchschnitt jeden Tag einen Marathon. Und ich wäre am liebsten weitergelaufen. MEINE GRÖSSTE BEFÜRCHTUNG WAR, DASS IRGENDWANN DIESES ABENTEUER ZU ENDE SEIN WÜRDE. UND NUN WAR DIESER MOMENT EINGETROFFEN. Die vielen traumhaften Augenblicke, die ich erleben durfte, gingen mir nochmals durch den Kopf. Ich erinnerte mich an den sagenhaften Sonnenuntergang, den wir an der Lagune Chaxa mit unzähligen Flamingos erleben durften. Ich erinnerte mich an unsere gemütlichen Lagerabende und die vielen bereichernden Gespräche mit meinen Freunden. Ich erinnerte mich an die atemberaubende Weite der Landschaft und den grandiosen Sternenhimmel. Jeder dieser Momente war einzigartig. Und jeden dieser Momente genoss ich in vollen Zügen. Beim Zieleinlauf lief in mir ein Film mit den Best of dieses Abenteuers ab.

ERFOLG IST EIN PROZESS.

ERFOLG IST KEIN ZUSTAND, SONDERN EIN PROZESS. EIN PROZESS VON ERLEBNISSEN UND ERFAHRUNGEN. Wenn wir es schaffen, einen Großteil dieser Erlebnisse bewusst wahrzunehmen und zu genießen, dann sind wir erfolgreich. Einverstanden? Deshalb: Feiere ruhig deinen Erfolg, wenn du dein Ziel erreicht hast. Genieße den Augenblick! Koste diesen Erfolg aus und gehe nicht gleich wieder zur Tagesordnung über. Freue dich darüber, was du geleistet hast. Doch genieße genauso die vielen kleinen Erfolge auf dem Weg zu deinem Ziel. Nimm diese ebenfalls bewusst wahr. Dadurch wirst du weiter motiviert und freust dich auf die nächste Herausforderung.

Wenn ich ein Ziel erreicht und einen großen Lauf erfolgreich beendet habe und diesen Erfolg angemessen ausgekostet habe, tritt bald die Frage auf: Und jetzt? Was kommt als Nächstes?

Grenzen der Grenzen erkennen

»Break your limits« ist mein Lebensmotto. Für mich ist es ein unglaublich inspirierendes Erlebnis, meine Grenzen zu testen. Stets frage ich mich: Wann ist die Grenze erreicht? Ab welchem Punkt geht es nicht mehr weiter? Wann ist es genug?

Wenn ich dazu auffordere, die persönlichen Grenzen zu überwinden, meine ich damit nicht, mehr und mehr zu machen. ES MUSS NICHT IMMER SCHNELLER, HÖHER UND WEITER SEIN. Wesentlich ist, zu erkennen, wo die Grenzen der Grenzen sind. Das kann auch bedeuten, einmal zurückzustecken, ein Abenteuer abzublasen oder ein Projekt abzubrechen, wenn der Preis zu hoch ist. Genaugenommen müsste mein Motto vollständig lauten: »Break your limits, aber nicht um jeden Preis.«

EINMAL QUER DURCH EUROPA.

Für das Jahr 2012 plante ich, an einem Laufabenteuer teilzunehmen, das sicherlich zur absoluten Königsdisziplin unter den Ultraläufen zu zählen ist: am Transeuropalauf (Transeurope-Footrace), einem Lauf quer durch Europa. Dieser Wettkampf fand vom 19. August bis zum 21. Oktober 2012 statt. 4.000 Kilometer an 64 Tagen galt es vom Norden Schottlands bis nach Gibraltar zurückzulegen. Dabei passierte man Schottland, England, Frankreich und Spanien. Das bedeutete, jeden Tag eine Distanz von durchschnittlich 62 Kilometern zurückzulegen. Nur 50 Läufer durften an diesem einzigartigen Rennen teilnehmen. Erstmals fand dieser Lauf im Jahr 2003 statt. Die Route führte damals von Lissabon nach Moskau. Im Jahr 2009, bei der zweiten Durchführung, führte der Weg von Bari in Italien an das Nordkap in Norwegen. Mit diesem Abenteuer beschäftigte ich mich sehr lange. Ich konnte mir zunächst diese Dimensionen nur schwer vorstellen. An 64 Tagen, ohne einen einzigen Ruhetag, jeweils einen Ultramarathon zu laufen. Absoluter Wahnsinn! Aus sportlicher Sicht fand ich diesen Lauf einfach unglaublich und ungemein reizvoll. Es ist ein sehr anspruchsvolles und faszinierendes Ziel, ohne Frage. Das Feuer der Begeisterung brannte in mir, sobald ich an diesen Lauf dachte. Das war Ende 2009, als ich mich als einer der letzten Teilnehmer anmeldete. Einen Tag später waren die 50 Startplätze bereits vergeben. Und das über 2½ Jahre im Voraus.

Nach der Euphorie bei der Anmeldung fing ich an, die andere Seite der Medaille genauer zu betrachten. Kann ich solche körperlichen Herausforderungen ohne langfristige gesundheitliche Schäden meistern? Welche Konsequenzen müsste ich tragen, wenn ich diesen Lauf um jeden Preis finishen will? In welcher Weise werden meine anderen Lebensbereiche darunter leiden? Meine Familie? Meine Berufung als Vortragsredner? Andere Laufprojekte? Die entscheidende Frage, die ich mir beantworten musste, lautete: Bin ich bereit, den Preis für den Transeuropalauf zu bezahlen? BIN ICH BEREIT, JEDEN TAG DURCHSCHNITTLICH 62 KILOMETER ZU LAUFEN, UND DAS ÜBER 64 TAGE AM STÜCK?

Bin ich bereit, in dieser Zeit nur an das Laufen, das Essen und das Schlafen zu denken? Bin ich bereit, mit schmerzhaften Verletzungen wie beispielsweise dem Schienbeinkantensyndrom weiterzulaufen? Bin ich bereit, über zwei Monate jeden Tag auf hartem, grauem Asphalt bei Lärm und Abgasen zu laufen? Bin ich bereit, mich mit geschwollenen Füßen und mit großen Blasen zu quälen und weiterhin täglich einen Ultramarathon zu laufen? Bin ich bereit, über zwei Monate meine Tochter und meine Familie nicht zu sehen? Bin ich bereit, diesen Preis zu bezahlen?

Wenn ich mich dafür entscheide, dann muss ich es aus tiefstem Herzen wollen. Dann muss ich bereit sein, diesen festgelegten und bekannten Preis zu bezahlen. Ich durfte den Transeuropalauf nicht nur probieren wollen, nach dem Motto »Ich fange einmal an und schaue, wie weit ich komme«, sondern ich musste es in letzter Konsequenz wirklich wollen. Auch dieses Abenteuer ist letztendlich eine Frage des Willens. Nach sorgfältigem Abwägen und einigen schlaflosen Nächten fiel die Entscheidung gegen diesen Lauf. Der

Preis wäre für mich für dieses Ziel zu hoch gewesen. Meine anfängliche Euphorie und meine Träume einer läuferischen Durchquerung des europäischen Kontinents haben den nüchternen, realitätsnahen Fragen nicht standhalten können. Das Warum, meine ursprünglichen Motive für diesen Lauf, platzten wie eine Seifenblase.

BIST DU BEREIT, DEN PREIS DAFÜR ZU BEZAHLEN?

Dieses Abwägen zwischen verschiedenen Alternativen und ihren Konsequenzen lässt sich nahtlos auf das gesamte Leben übertragen, denn auch in anderen Lebensbereichen geht es darum, seine Grenzen zu erkennen. Bist du beispielsweise bereit, 60 Stunden und mehr pro Wochen für deine Karriere zu arbeiten? Bist du bereit, zu Hause alles aufzugeben, um dir in einem fremden Land eine neue Existenz aufzubauen? Bist du bereit, deine eigenen Bedürfnisse zugunsten einer Familie zurückzustellen? Bist du bereit, den Preis dafür zu bezahlen?

Vor vielen Jahren besuchte ich eine Netzwerk-Veranstaltung in Karlsruhe. Dort wurde ein namhafter Jungunternehmer zu seiner Karriere und seinem Unternehmen befragt, was ich sehr spannend fand. Er erzählte, wie er sein Informatik-Studium abgebrochen und sich mit 23 Jahren in der IT-Branche selbstständig gemacht hatte. Für den Aufbau seines Unternehmens hatte er auf sehr viel verzichten müssen: keine Partys, sieben Tage die Woche arbeiten und kein einziger Urlaub. Er habe in den letzten Jahren deutlich an Gewicht zugelegt, weil ausreichende Bewegung nicht mehr möglich war. Diese totale Hingabe und volle Konzentration auf eine Sache bewundere ich wirklich. Hut ab vor solchen Menschen, die vor Leidenschaft nur so sprühen und ihre Berufung gefunden haben. Ich fragte mich bei diesem Gespräch immer wieder: War der Preis, den er für sein Unternehmen bezahlen musste, nicht zu hoch? Als er abschließend nach seinen mittel- und langfristigen Zielen befragt wurde, antwortete er ganz spontan: »Wir wollen wachsen und die Nummer eins in Europa werden.« Er nannte eine bestimmte Umsatzgröße und strahlte über beide Ohren. Auch diese Aussage gab mir zu denken. Muss es immer höher, schneller, besser, weiter und mehr sein? Gerade in unserer Leistungsgesellschaft dürfen wir uns immer wieder die Frage nach den eigenen Grenzen stellen. WO LIEGT DIE PERSÖNLICHE GRENZE? WANN IST ES GENUG?

Mit dieser Frage setzte sich auch der britische Autor John Naish in seinem Buch »Genug – Wie Sie der Welt des Überflusses entkommen« auseinander. Naish war selbst ein Workaholic gewesen und hatte kurz vor einem Burnout gestanden. Er entschied sich daraufhin zu einem radikalen Kurswechsel, was bedeutet, dass er heute ohne Mobiltelefon, ohne Fernsehgerät und ohne größere materielle Dinge auskommt. Er verlässt sein Büro heute immer pünktlich. Sein Buch und seine Einstellung gaben mir zu denken. Das Thema der eigenen Grenzen lässt sich nicht nur im Leistungskontext betrachten, sondern gilt für sämtliche Lebensbereiche, allen voran im materiellen Bereich. Wir leben heute in Europa in einer Überflussgesellschaft. Uns allen geht es fast ausnahmslos gut. Wir besitzen ein komfortables Zuhause, haben ein Auto, ein Fernsehgerät, einen Computer und so weiter. Vielen Menschen fehlt es materiell an nichts. Doch anstatt uns daran zu erfreuen und damit zufrieden zu leben, wird noch ein zweites oder drittes Auto angeschafft, ein noch größerer Fernseher gekauft oder in ein noch moderneres Handy investiert. Wir erhoffen, dadurch Zufriedenheit und Glück zu erfahren. DOCH GLÜCK KANN MAN SICH NICHT KAUFEN. Die Menschen in den westlichen Industrienationen investieren sehr viel Zeit und Energie, Geld zu verdienen und materielle Güter anzuhäufen. Der Lebensstandard nimmt dabei stetig zu, doch gleichzeitig reduziert sich die Zeit, diese Dinge bewusst wahrnehmen und genießen zu können. »Ich gebe die nächsten zehn Jahre in meinem Job so richtig Gas und dann fange ich an, das Leben zu genießen«, lautet dabei das Motto.

UNSER EIGENER MASSSTAB FÜR »GENUG«.

EINFACH ZU SEIN, ALS IMMER NUR ZU TUN, ist eine Botschaft, mit der ich mich gut anfreunden kann. Wie oft genießen wir unser Leben, unsere Erfolge und das Erlebte? Viel zu selten, oder? Ich will dich damit nicht auffordern, dich auf deinen Lorbeeren auszuruhen und gar nichts mehr zu tun. Das ist sicherlich der falsche Weg. Natürlich müssen wir zunächst etwas tun, um etwas zu erreichen. Was hältst du davon, für sich selbst sinnvolle Grenzen zu finden und diese einzuhalten? SICH IMMER WIEDER SELBST HERAUSZUFORDERN UND TROTZDEM DAS ERREICHTE ZU GENIESSEN? GENUG ZU ARBEITEN UND TROTZDEM ZEIT FÜR ZUFRIEDENHEIT ÜBRIG ZU HABEN? Sich körperlich zu verausgaben und danach wieder Zeit für die Erholung zu gönnen?

Unter »break your limits« verstehe ich nicht, kopflos und um jeden Preis seine persönlichen Grenzen zu verschieben. Vielmehr möchte ich damit sagen, dass wir uns mit Verstand neuen Erfahrungen hingeben sollen, um auf diese Art und Weise persönlich zu wachsen. Persönlich sinnvolle Grenzen zu definieren und sich daran zu halten, ist in meinen Augen die große Herausforderung der heutigen Zeit. UNSE-

RE EIGENE GRENZE, UNSEREN EIGENEN MASSSTAB FÜR »GENUG« HERAUSZUFINDEN, IST DIE KUNST. Das kann bedeuten, auch einmal Nein zu einem lukrativen Vortragsangebot zu sagen, wenn ich davon nicht völlig überzeugt bin. Oder Nein zu einem Lauf zu sagen, wenn der Preis dafür für mich zu hoch erscheint.

Mein letzter Wille – oder um was es mir wirklich geht

»Wenn ich mein Leben noch einmal von vorne beginnen könnte, dann würde ich beim nächsten Mal riskieren, mehr Fehler zu machen. Ich würde die Reise entspannter, flexibler und unbekümmerter antreten. Ich würde weniger Dinge ernst nehmen. Ich würde mehr Chancen ergreifen, mehr Reisen unternehmen, mehr Berge besteigen und mehr Flüsse durchschwimmen. Ich würde mehr Eis essen und weniger Bohnen. Ich hätte vielleicht mehr echte Probleme, aber weniger eingebildete. Sie sehen, ich gehöre zu jenen Menschen, die vernünftig und besonnen sind, Stunde um Stunde, Tag um Tag. Oh, in meinem Leben gab es auch Augenblicke, die zählten. Wenn ich nochmals von vorne anfangen könnte, dann hätte ich gerne mehr davon. Ich würde sogar versuchen, nichts anderes zu erleben – nur Augenblicke, einen nach dem anderen, statt jeden Tag so viele Jahre im Voraus zu leben. Ich gehöre zu den Leuten, die nirgendwo hingehen ohne Thermometer, Wärmeflasche und Regenmantel. Wenn ich noch einmal die Wahl hätte, dann würde ich mit leichterem Gepäck reisen. Wenn ich mein Leben noch einmal von vorne beginnen könnte, dann würde ich im Frühling früher barfuß gehen und im Herbst erst später die Schuhe hervorholen. Ich würde mehr Tanzveranstaltungen besuchen, mehr Karussell fahren, mehr Gänseblümchen pflücken.«

Das sind nicht meine Worte, sondern die einer 86-jährigen Frau. Als ich diese Zeilen zum ersten Mal gelesen habe, musste ich lange darüber nachdenken. Worum geht es wirklich in unserem Leben? Was würdest du anders machen, wenn du dein Leben noch einmal beginnen könntest? Was würdest du unternehmen, wenn du eine Million Euro und alle Zeit der Welt zur Verfügung hättest? Welche Dinge würdest du tun, wenn du nur noch ein Jahr zu leben hättest? Die letzte Frage klingt zugegebenermaßen ein wenig makaber, doch sie zielt genau auf die Kernaussage, um die es mir in diesem Kapitel geht. Worum geht es in unserem Leben? Was ist wirklich wichtig?

Ist es wichtig, 166 Kilometer um den Mont Blanc zu laufen? Für mich schon. Ist es wichtig, stundenlang am Schreibtisch zu sitzen und Anträge zu bearbeiten? Für einen leidenschaftlichen Finanzbeamten schon. Ist es wichtig, Hunderte und Tausende von Kilometern zu fahren, um seinem Verein beim Auswärtsspiel zuzuschauen? Für einen begeisterten Fußballfan schon. Jeder definiert sein Leben anders. Und das ist gut so.

WENN ICH EINMAL VIEL GELD VERDIENE …

Wir Menschen in Westeuropa haben das Privileg, in einer Zeit leben zu dürfen, in der wir unglaublich viele Entfaltungsmöglichkeiten haben. Es gab noch nie so viele Gelegenheiten, sein Leben aktiv zu gestalten – in jede denkbare Richtung. Uns stehen alle Türen und Tore offen. Wenn ich nächste Woche nach Südafrika reisen möchte, dann steige ich in ein Flugzeug und bin ein paar Stunden später auf einem anderen Kontinent. Allein diese Tatsache sehe ich als großes Privileg. Solche schon selbstverständliche Dinge dürfen wir uns immer wieder bewusst machen.

Doch was machen viele Menschen aus diesen tollen Möglichkeiten? Ich höre immer wieder Aussagen wie »Wenn ich einmal viel Geld verdiene, dann reise ich um die Welt. Wenn ich erst einmal in Rente bin, dann erfülle ich mir meine Träume.« Wann wird dies der Fall sein? Unser Leben findet immer nur im Hier und Jetzt statt. GENAU IN DIESEM MOMENT, IN DEM DU DIESE ZEILEN LIEST, FINDET DEIN LEBEN STATT. Wenn ich eines in meinem Leben gelernt habe, ist es, nichts auf später zu verschieben. Das schlimmste Szenario für mich wäre, wenn ich mir im hohen Alter eingestehen müsste: »HÄTTE ICH DAMALS BLOSS…« DIESE VIER WORTE SIND FÜR MICH DER ABSOLUTE ALBTRAUM.

»Just do it!« Mach es einfach und denke nicht so lange darüber nach. Das Leben ist zu kurz, um sich immer nur Gedanken und Sorgen zu machen. Ich lebe heute viel entspannter und sehe die Dinge im Alltag lockerer als früher. Auch wenn ich ein sehr ehrgeiziger, zielstrebiger und leistungsorientierter Mensch bin, habe ich gelernt, mich nicht mehr so wichtig und viele Alltagssituationen nicht mehr so ernst zu nehmen. Ich mache mir bewusst, dass ich nur ein winzig kleiner Teil auf unserem riesigen Planeten bin und dass mein Leben nicht einmal einen Wimpernschlag in Anbetracht der Milliarden von Jahren unserer Weltevolution darstellt. Das relativiert einiges. Lieber lebe ich ein kurzes, dafür aber intensives und erfahrungsreiches Leben voller Höhepunkte, anstatt ein langes und langweiliges Dasein zu führen. In diesem Zusammenhang kommt mir immer wieder das Lebensmotto meiner Reisegefährtin Betty in den Sinn, das sie mir während meiner Zeit in Melbourne in mein Reisetagebuch geschrieben hat: »LEBE DEIN LEBEN, ALS WÜRDE ES KEIN NÄCHSTES GEBEN. DU LEBST NICHT FÜR DEN TOD, DOCH DU STIRBST FÜR DAS LEBEN.«

Wir leben nicht für den Tod, doch wir sterben für das Leben. Die Worte von Betty kommen mir von Zeit zu Zeit in den Sinn. Sie hat so recht! Die letzte Sekunde – nichts ist so sicher, wie dass sie kommt. Dass uns der Schlag trifft, der Blitz oder was auch immer. Leben ist vergänglich. WIR STERBEN TÄGLICH, TÄGLICH EIN KLEINES LEBEN. DER TODESTAG IST NUR DER LETZTE TAG UNSERES LEBENS. JEDER EINZELNE TAG ZUVOR IST SCHON GENAUSO VERGANGEN. Unsere große Angst ist nicht, dass wir sterben werden. Sie besteht vielmehr darin, dass wir am Ende unseres Lebens ankommen und erkennen, nicht gelebt zu haben. Wir fürchten den Tod, doch mir kommt es so vor, dass die Angst, nicht gelebt zu haben, noch stärker ist.

Die Bedeutung eines einzelnen Tages wird mir während meiner Abenteuer und Reisen noch viel bewusster als zu Hause im Alltagsleben. Ich habe an jedem neuen Tag wieder 24 Stunden zur Verfügung: zum Leben, Erleben, Erkunden, Erforschen, Laufen, Lachen. Nur 24 Stunden. Dann stirbt der Tag, dann geht wieder ein kleines Leben zu Ende. Anstatt uns über verflossene Tage und Jahre Gedanken zu machen, sollten wir uns dem Leben zuwenden, so wie Seneca es beschreibt. »Das Leben ist lang genug, wenn es nur gut angewendet wird.« Seneca war davon überzeugt, dass alle Menschen existieren, aber nur die wenigsten leben.

Das Leben – eine Aneinanderreihung von einzelnen, kleinen Augenblicken. Und jeder Augenblick kann so schnell und unwiderruflich vorbei sein wie ein einzelner Laufschritt. Ja, unser Leben ist etwas Einzigartiges und Kostbares. Auch der Satz meines Vaters, den er vor vielen Jahren zu mir gesagt hat, kommt mir häufig in den Sinn. Mein Vater muss es wissen, denn seine Geschichte, die ihn diesen Satz sagen ließ, ist einmalig. Sie hat mein Leben seit meinem 33. Lebensjahr tief geprägt.

EINE AUSSERGEWÖHNLICHE GESCHICHTE …

Mein Vater war über viele Jahre und Jahrzehnte ein passionierter Marathonläufer, Ultramarathonläufer und Bergsteiger. Er hat den Mont Blanc, das Matterhorn, den Eiger – alle großen Gipfel der Alpen – bestiegen. Seine letzte größere Bergtour sollte ihn am 23. September 2011 in die Allgäuer Alpen führen. Allein der Gedanke an die Ereignisse dieses Tages lässt mein Herz, selbst Jahre später, schneller schlagen. Bei Sonnenaufgang brach mein Vater an diesem klaren, sonnigen Septembertag von der Pension Boxler auf, um die Höfats zu besteigen, ein berüchtigter Grasberg, der für seine bis zu 80 Grad steilen Flanken bekannt ist. Das ist für routinierte Bergsteiger normalerweise ein Tagesprogramm, was er mit seiner Erfahrung vollkommen angemessen geplant hatte. Am selben Tag wollte er abends wieder zurück sein. War er aber nicht. Am nächsten Tag ging das volle Programm los: mit Polizei, Bergwacht, Spürhunden und Helikopter. Doch sie fanden nichts, bis auf das Fahrrad meines Vaters und eine Sennerin, die meinen Vater noch gesehen hatte, kurz bevor er in den Berg stieg.

Es gibt Momente in unserem Leben, die vergessen wir nie. Solch ein Augenblick war der Anruf meiner Mutter, die mir an diesem 24. September 2011 am späten Vormittag mitteilte – ich war gerade im Auto in meinem Heimatort Waldbronn unterwegs – dass mein Vater von der Bergtour nicht zurückgekehrt sei und vermisst werde. Ein ganzer Tag verging, keine Spur, und die Zeit rannte. Auf die Berichterstattung und Suchmeldungen in den Medien gab es keine Reaktionen, der Fall erregte nationales Interesse.

Der dritte Tag, 25. September 2011: Die Bergwacht teilte uns mit, dass wir uns auf das Schlimmste einstellen sollten. Am vierten Tag wurde die Suche eingestellt. FÜR DIE BERGWACHT WAR UNSER VATER TOT. ÜBERLEBENSCHANCE NULLKOMMANULL, JEDER WINKEL WAR ABGESUCHT, ES GAB EINFACH KEINE ANDERE SCHLUSSFOLGERUNG. Ich kann mich noch an schlaflose Nächte und Tage voller Verzweiflung erinnern. Mein Vater sollte tot sein? Ich konnte und wollte es nicht wahrhaben. Was war mit ihm passiert? Wo war er? Die Ungewissheit drohte mich innerlich aufzufressen. Wir alle – meine Mutter, mein Bruder und ich – waren am Boden zerstört.

Am 28. September 2011 machte sich mein Bruder, zusammen mit einem Kumpel, auf den Weg nach Oberstdorf. Unser Vater war jetzt fünf Tage verschollen. In Oberstdorf wurde mein Bruder von der Polizei und Horst Engelhardt, dem Leiter der Bergwacht, empfangen und bekam die gesamte Suche erklärt. Dann fuhren sie die Stationen ab, die mein Vater vor dem Aufstieg passiert haben musste. Horst Engelhardt lenkte den Jeep über holprige Schotterwege, sie wollten schon umdrehen und zurückfahren, als der Kumpel meines Bruders plötzlich in der Ferne jemanden liegen sah. »Da liegt doch einer!« Horst Engelhardt stoppte den Jeep, die drei stiegen aus und rannten den Hang hoch. Und da lag tatsächlich einer. Es war mein Vater. Und er lebte. Nach fünf Tagen und fünf Nächten ohne Wasser! Ein zertrümmertes Schulterblatt, mehrere Rippenbrüche, zwei gebrochene Halswirbel, ein sogenannter Kleinhirninfarkt, plus die furchtbaren Folgen der Dehydration brachte mein Vater von der Tour mit. FÜR TOT ERKLÄRT UND TROTZ ALLEDEM LEBENDIG VON HERZSCHLAG ZU HERZSCHLAG.

Zwei Wochen später. Auf der Intensivstation. Ich kann mich noch erinnern, wie mein Vater mir ins Ohr flüsterte, und er musste flüstern, weil er noch so schwach war: »Ich möchte wieder Rad fahren und Bücher lesen können.« Eine lange Operation lag bereits hinter ihm, eine weitere noch vor ihm. Ausgang ungewiss, es drohte eine Querschnittslähmung. Knapp sechs Wochen später machte mein Vater die ersten Gehversuche, weitere fünf Wochen später saß er wieder auf dem Rad, nach sechs Monaten ging er wieder arbeiten.

Ein großer Traum meines Vaters stand jedoch noch aus. Er wollte unbedingt einmal in seinem Leben dorthin. Als Bergsteiger und Naturmensch war es für ihn das Nonplusultra. Einmal auf dem Gipfel des Kilimanjaro, den höchsten Berg Afrikas, zu stehen. Nach dem schweren Unfall habe ich nicht mehr daran geglaubt, dass sich dieser Traum jemals erfüllen wird. Am 18. Juli 2015 standen wir, mein Bruder, mein Vater und ich, auf dem Gipfel des Kilimanjaro. Für uns alle war es ein sehr emotionaler und bewegender Moment. Für meinen Vater war es wohl der schönste Moment in seinem Leben, zusammen mit seinen Söhnen auf dem Dach Afrikas zu stehen. Selten zuvor habe ich meinen Vater so erschöpft und gleichzeitig so glücklich erlebt.

Seit dem Bergunfall höre ich meinen Vater, der heute 67 Jahre alt ist, während ich diese Zeilen schreibe, immer wieder diesen Satz sagen: »Unser Leben ist etwas Einzigartiges und Kostbares.«

WAS WÄRE, WENN DU IN DEINEM LEBEN MEHR FEHLER MACHST?

Wir alle haben zwei Leben. Das zweite Leben beginnt in dem Moment, wenn wir wirklich begreifen, dass wir nur eines haben. Und dass das Leben nicht ewig dauert.

Wir wissen alle nicht, wie viel Zeit wir in unserem Leben noch haben. Wir meinen immer, genügend Zeit zu haben. Wir meinen, es gäbe immer ein Morgen, immer einen neuen Tag.

Aber das stimmt nicht.

Und es ist eine furchtbare Wahrheit, dass du nicht weißt, was du verpasst, nur weil du etwas nicht versucht hast.

- Was wäre, wenn du deine Lebensreise in Zukunft ein wenig entspannter, flexibler, unbekümmerter antreten würdest?
- Was wäre, wenn du weniger Dinge ernst nimmst und viel öfter aus vollem Herzen lachst?
- Was wäre, wenn du den Mut hast, deinem Herzen zu folgen und dein eigenes Leben zu leben?
- WAS WÄRE, WENN DU IN DEINEM LEBEN MEHR RISKIERST, MEHR FEHLER MACHST?
- Was wäre, wenn du mehr Chancen ergreifst, mehr Reisen unternimmst, mehr Berge besteigst, mehr Flüsse durchschwimmst?
- Was wäre, wenn du jeden Tag von Augenblick zu Augenblick lebst anstatt so viele Jahre im Voraus?
- Was wäre, wenn du in deinem Leben mehr Eis und Schokolade isst anstatt Erbsen und Bohnen?

- Wie würdest du dann am Ende deiner Reise auf dein Leben zurückblicken?

Es ist nicht zu wenig Zeit, die wir haben, sondern es ist zu viel Zeit, die wir nicht nutzen.

AM ENDE UNSERES LEBENS BEREUEN WIR NICHT DIE DINGE, DIE WIR GETAN HABEN. AM ENDE UNSERES LEBENS BEREUEN WIR NUR DIE DINGE, DIE WIR NICHT GETAN HABEN.

Das Leben ist etwas ganz Besonderes.
Es ist etwas unglaublich Kostbares.
Etwas Einmaliges.
Lebe deshalb jeden einzelnen Tag.
Jede einzelne Stunde.
Jede einzelne Minute.
Jede einzelne Sekunde.
So, als würde es deine letzte sein.

Auslaufen

Der Kaffee duftet köstlich, der Marmorkuchen schmeckt vorzüglich. Bereits das zweite Stück liegt auf meinem Teller. Ich sitze auf dem Balkon unserer Wohnung in Waldbronn. Die Sonnenstrahlen kitzeln auf meiner Haut, die Tage werden wieder länger, die Blätter der Bäume allmählich grüner. Das Frühjahr hat Einzug gehalten. Während ich die letzten Zeilen zur Neuauflage dieses Buches schreibe, spüre ich, dass sich bei mir in den vergangenen Jahren einiges im Leben verändert hat. Auch mein Bezug zum Laufen und zum Sport hat sich gewandelt.

DAS »HÖHER, SCHNELLER UND WEITER«, WELCHES ÜBER VIELE JAHRE MEINE DEVISE WAR, TREIBT MICH NICHT MEHR AN.

Mehr Kilometer und mehr Höhenmeter – der sportliche Leistungsgedanke ist für mich in den letzten Jahren zunehmend in den Hintergrund getreten. Während es mir in meinen Anfangsjahren noch um persönliche Bestzeiten, Platzierungen oder Medaillen ging, ist es mittlerweile etwas anderes, das mich »Ich will« sagen lässt. Wenn ich an mein neues Projekt denke, beschleunigt sich mein Puls und mein Herz hüpft mir fast aus der Brust. Ja, meine eigene Motivation und meine Ziele haben sich verändert. Einen Beitrag leisten. Die Welt ein kleines Stück besser machen. Abenteuer mit Sinn – so lässt sich mein neuer Lebens- und Reiseabschnitt beschreiben.

Eine Mischung aus Demut, Freude, Nervosität, Ungeduld und Aufregung macht sich in mir breit. Habe ich mich dieses Mal übernommen? Sprengt dieses Projekt meine persönlichen Grenzen? Knapp 20.000 Kilometer, verschiedene Erdteile, gut 70 Länder, über sieben Jahre, eine Million Menschen. Dieses Vorhaben gibt mir so unglaublich viel Kraft und beansprucht mich gleichzeitig wie keines meiner Projekte zuvor: 7 CONTINENTS.

Aber das ist eine andere Geschichte und soll ein andermal erzählt werden. Bis dahin wünsche ich dir von ganzem Herzen alles Liebe und Gute!

DEIN NORMAN
Waldbronn, April 2023

Anhang

Norman Bücher – Abenteurer, Speaker, Social Entrepreneur

Norman Bücher ist Abenteurer und Extremläufer aus Leidenschaft. Seit über 20 Jahren läuft er Marathons und Ultramarathons und stellt sich den größten sportlichen Herausforderungen in der ganzen Welt. Nach erfolgreichen Jahren in der Unternehmensberatung gibt er im Jahr 2008 seine gesicherte Existenz auf, um sich ganz seiner großen Leidenschaft, dem Abenteuer und dem extremen Ausdauersport, zu widmen. Inzwischen hat sich Norman Bücher als Keynote-Speaker, Motivationsexperte und Buchautor einen exzellenten Namen erworben. Über ihn und seine Abenteuer sind unzählige Publikationen und Berichte in den Medien erschienen. Bis heute nahm Norman Bücher an mehr als 140 Marathon- und Ultramarathonläufen teil. Darüber hinaus führte er zahlreiche eigene Expeditionen in der ganzen Welt durch.

Norman Bücher ist ein preisgekrönter und mehrfach ausgezeichneter Redner. Seit 2010 zählt er zum exklusiven Kreis der 5-Sterne-Redner. Die jahrelange Erfahrung aus dem Extremsport sowie sein betriebswirtschaftliches Knowhow gibt er in spannenden, genussreichen und bildgewaltigen Vorträgen weiter.

Im Jahr 2020 gründete er die 7 CONTINENTS ACADEMY – ein gemeinnütziges Bildungsunternehmen, das jungen Menschen Wissen und Kompetenzen vermittelt, um das eigene Umfeld positiv zu verändern.

HTTPS://NORMAN-BUECHER.DE/
HTTPS://WWW.7-CONTINENTS.ACADEMY/

Firmenvorträge und Keynotes mit Norman Bücher

Authentisch, motivierend und bildgewaltig. Unter diesen Prämissen gestaltet Norman Bücher seine Vorträge. Er spricht darin ausschließlich aus eigener Erfahrung. Durch seine prägenden Erfahrungen als Extremsportler, sein Wissen als ehemaliger Unternehmensberater und seinen betriebswirtschaftlichen Hintergrund werden seine Vorträge zu einem authentischen, lehrreichen und unterhaltsamen Erlebnis. Durch den Transfer von Extremsport auf berufsbezogene Themen erhalten die Teilnehmer:innen seiner Vorträge wertvolle Impulse, neue Denkanstöße und ungewohnte Sichtweisen auf scheinbar schon bekannte Sachverhalte.

ADVENTURER MASTERCLASS – das Programm für Abenteurer, Sportler und Weltreisende

Du liebst das Reisen, bist gerne in der Welt unterwegs, lebst für deinen Sport und möchtest von deiner Leidenschaft leben? Nebenbei oder hauptberuflich damit Geld verdienen?

Wenn du mehr aus deinem Sport, deinen Reisen und

Abenteuern machen und damit ein Nebeneinkommen aufbauen möchtest, bist du bei uns genau richtig. Werde ein Teil unserer Community und tausche dich unter Gleichgesinnten aus! In der ADVENTURER MASTERCLASS teile ich meine Erfahrungen und mein komplettes Wissen aus über 15 Jahren als Extremläufer, Abenteurer, Speaker und Buchautor mit dir.

HTTPS://ADVENTURER-MASTERCLASS.DE/

MEIN GESCHENK AN DICH …

Unter https://adventurer-masterclass.de/ebook oder dem QR-Code schenke ich dir den Mini-Guide zur ADVENTURER MASTERCLASS. Darin findest du zahlreiche Beispiele und Wege, wie du den Sport und das Reisen mit Geldverdienen verbinden kannst.

Lade dir den Mini-Guide am besten gleich herunter. Ich wünsche dir viel Freude damit.

MINI-GUIDE
ADVENTURER MASTERCLASS